D1825520

1 MONTH OF
FREE
READING

at

www.ForgottenBooks.com

By purchasing this book you are eligible for one month membership to ForgottenBooks.com, giving you unlimited access to our entire collection of over 1,000,000 titles via our web site and mobile apps.

To claim your free month visit:

www.forgottenbooks.com/free370105

* Offer is valid for 45 days from date of purchase. Terms and conditions apply.

ISBN 978-0-265-31426-5
PIBN 10370105

This book is a reproduction of an important historical work. Forgotten Books uses
state-of-the-art technology to digitally reconstruct the work, preserving the original format
whilst repairing imperfections present in the aged copy. In rare cases, an imperfection in
the original, such as a blemish or missing page, may be replicated in our edition. We do,
however, repair the vast majority of imperfections successfully; any imperfections that
remain are intentionally left to preserve the state of such historical works.

Forgotten Books is a registered trademark of FB &c Ltd.
Copyright © 2018 FB &c Ltd.
FB &c Ltd, Dalton House, 60 Windsor Avenue, London, SW19 2RR.
Company number 08720141. Registered in England and Wales.

For support please visit www.forgottenbooks.com

48c

COMÉDIE CLASSIQUE EN FRANCE

ARRANGED AS A READER
WITH VOCABULARY

BY

EDITH HEALY

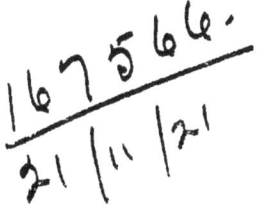

NEW YORK ·:· CINCINNATI ·:· CHICAGO

AMERICAN BOOK COMPANY

Copyright, 1907, by

EDITH HEALY.

Entered at Stationers' Hall, London.

———

COMÉDIE CLASSIQUE.

W. P. 1

PREFACE

THIS reader is presented to the High Schools in the hope that it will arouse a desire for serious work in the boys and girls who are preparing for their college entrance examinations, and also that it will facilitate the study of the French classics.

It is by no means intended, in this reader, to supply all that will be required at the college examination. The book is meant to be merely a help and stimulus to the pupils in the work which lies before them. Perhaps an example will serve to illustrate my meaning.

It was my good fortune to number among my friends a man of letters who for ten years before his death was a confirmed invalid. He could not read for any length of time, and he was compelled to dictate all his articles, not being able to hold a pen. His patience was a wonder to me, and I once said, " You must find that time sometimes weighs heavily upon you." His look of surprise abashed me, all the more so when he answered in a gentle voice : "I am never lonely, and certainly never bored. My memory is a storehouse full of the results of a lifetime of study. I call into existence, at will, any amount of company ; heroes of all ages are my friends, and when the spirit moves me, I recite either aloud or to myself whole scenes of plays as familiar to me as to any actor, and these recitations are a joy to me."

I then saw, as in a flash, this man sitting in a garden making hieroglyphics in the sand with his walking stick. I remembered his amused laughter as he quoted the lines of Molière's *Médecin malgré lui.* He spoke them with the same boyish delight which those scenes must have aroused in him when a child.

I said, not to him but to myself, that our modern way of teaching, in its neglect of the faculty of memory, deprives the student of much future happiness. To have read the classics suffices to-day, whereas some of the classics of all languages should, in early youth, be committed to memory.

I know that preaching is prosy work and that the seed thus sown falls usually on sterile soil; still, if my words can arouse in a few pupils the desire to memorize some of the French classics, I shall consider that I have secured a happy future for them. It requires little effort, when young, to learn whole pages by heart, and if this practice be continued through many years, think what a resource this accumulation becomes! I therefore appeal to young students in the name of self-interest to make a little effort in the right direction, and to furnish their memories with some of the sayings of great authors. Even for examination papers, it is well to be able to bring in an apt quotation; it proves that the study has been genuine and not superficial.

A word now to the teachers, to whom I recommend taking these French classics to class and supplementing the quotations used in this work by reading the entire plays. Perhaps class hours are short for this work of supererogation, but the complete works might be lent, as a reward, to a student especially interested, and a word of explanation from the teacher might greatly help and encourage the pupil.

I may speak too warmly on the subject, but my experience has been that books are good friends, and that to love them is a great privilege.

I am chiefly indebted in this compilation to Paul Albert, to Petit de Julleville, and to Gustave Lanson.

EDITH HEALY.

CONTENTS

6   Contents

LA COMÉDIE CLASSIQUE EN FRANCE

PREMIÈRE LEÇON

Farce: *Maître Patelin*
Comédie: *Le Menteur* (Corneille)
Comédie: *Les Plaideurs* (Racine)

Pour beaucoup d'étrangers, le théâtre en France se compose des œuvres de Corneille, de Racine, et de Molière. Souvent, même, on se contente de lire quelques fragments de chefs-d'œuvre qui se trouvent dans 5 les antologies. C'est une façon par trop sommaire d'étudier une littérature.

Les grands écrivains sont toujours précédés d'obscurs travailleurs et d'écrivains de talent qui préparent leur voie, et qui les expliquent. Les hautes montagnes s'élè- 10 vent au-dessus de collines et de cimes; elles ne se dressent pas au milieu de la plaine. Il en est ainsi de tous les arts: de la peinture, de la sculpture, de l'architecture, comme de la poésie.

Chaque nation a son caractère propre qui se ré- 15 flète dans sa littérature et chaque génération met sa marque sur les œuvres de ses grands hommes. Cepen-

dant, un même souffle se reconnaît à travers les âges.
Le caractère propre de la France est l'esprit.

L'esprit Français est difficile à définir. Il ressemble
fort peu à l'humour anglais, à la plaisanterie allemande,
5 ou à la verve satirique italienne. Il vient surtout d'un
bon sens aiguisé, qui saisit rapidement les idées, les
éclaire, les présente aux yeux sous un aspect piquant,
nouveau et inattendu. Aussi le génie de la nation se
révéle-t-il surtout dans les œuvres comiques, dans la
10 comédie.

En France, comme dans presque toute l'Europe, les
premiers poètes furent les trouvères qui s'en allaient de
château en château, chanter les prouesses des chevaliers
et la beauté de leurs "dames." Ces poèmes n'étaient
15 pas écrits: ils passaient de bouche en bouche, et étaient
parfois mimés par les "jongleurs." Le génie dramatique se fit donc jour dans ces poèmes, et par la suite
dans les pièces religieuses. Mais la chanson de gestes,
les mystères, les moralités, cessèrent bientôt de plaire au
20 peuple qui voulait être egayé.

Les Soties, genre de comédie politique, cédèrent la
place aux farces écrites et jouées par les Basochiens.
Les "Enfants de la Basoche" formaient une corporation
d'acteurs. Elle avait un roi, un drapeau et une
25 cocarde jaune et bleue, à laquelle chaque capitaine
ajoutait une couleur spéciale comme signe de sa compagnie.

Les premiers essais de farces n'étaient qu'un ressouvenir des anciennes moralités; les acteurs per-

sonnifiaient des vices, des vertus et des passions. Par
exemple, nous rencontrerons sur la scène, en chair
et en os, Mange-Tout, Lasoif, Gourmandise. On se
met à table. Une troupe de l'ennemi vient envahir
5 la salle. L'Indigestion, Lagoutte, saisissent les con-
vives; effrayés, ils se jettent dans les bras de Sobrieté
qui appelle ' Remède à son secours. Gros-Banquet,
traduit en jugement devant Expérience, est condamné à
mort. Ladiète est chargée des fonctions de bourreau.
10 De ces Moralités à la véritable farce, le passage était
facile. Le public fatigué demandait à rire; la farce
répondait à ce besoin.

Le mot farce vient de la cuisine: il signifie un hachis
de viande avec condiments, dont on remplit une volaille.
15 Beaucoup d'éléments divers entraient dans cette littérature. Le public en raffolait. La vie conjugale en faisait
surtout les frais; c'était un sujet inépuisable de plaisanteries, généralement peu édifiantes.

MAÎTRE PATELIN

La plus célèbre et de beaucoup la plus remarquable
20 de ces farces est intitulée: *L'Avocat Patelin* ou *Maître
Patelin*. L'intrigue n'est qu'un fil léger mais suffisant. Patelin est un vrai fripon, un avocat sans
causes, à qui sa femme reproche leur pauvreté. Par
son habileté malhonnête, Patelin s'arrange si bien qu'il
25 vole six aunes de drap à un marchand nommé Guillaume,
qu'il cajole en mêlant l'éloge de feu son père et de son
drap.

"Ah!   C'était un homme savant!
Je requiers Dieu qu'il en ait l'âme. . . .

.   .   .   .   .   .

C'était un bon marchand et sage
Vous lui ressemblez de visage."

5   Monsieur Guillaume se laisse prendre à tous ces compliments.   Maître Patelin, lancé dans cette voie malhonnête, encourage le berger du marchand de drap à
voler les moutons de son maître.   Guillaume, furieux
d'être la dupe de tout le monde, demande justice devant
10 la loi.   Il est consterné de trouver son voleur de drap
revêtu de la robe et plaidant devant le juge la cause du
berger.   Les idées du marchand se brouillent; sa tête
se perd, et il mêle dans sa plainte et son drap et ses brebis.
Le juge lui dit: —

15   "Il n'y a ni rime ni raison
          En tout ce que vous refardez.
          Qu'est-ceci?   Vous entrelardez
          Puis l'un, puis l'autre.   Somme toute,
          Par le sang bleu!   Je n'y vois goutte!"

20   Le berger, stylé par Maître Patelin, fait l'idiot et ne
répond à toutes questions que: Bée! imitant le bêle-
ment de ses brebis.

      La moralité de la farce est sauvée lorsque Patelin
ayant gagné le procès, réclame ses honoraires; le berger,
25 au lieu de les lui donner, ne répond que: Bée! Patelin,
agacé, lui dit: —

          "Viens ça viens.
          La besogne est-elle bien faite?
          Bée. . . . .

Ta partie est retraitée   (retirée)
Ne dis plus Bée. . .

.   .   .   .   .

Il est temps que je m'en aille.
Paye-moi.
5   Bée. . . . .

Il ne faut pas juger des farces du XVème siècle par
Maître Patelin qui reste à part — qui a, par hasard, touché
du doigt la vraie comédie et qui reste seule de son espèce.
Elle n'a pas eu d'imitateurs et nous ne savons même
10 pas le nom de son auteur.

Une autre farce qui coudoie la comédie, *Le Cuvier*
a été ressuscitée à la Comédie Française ainsi que la
farce de *Maître Patelin*. Le public moderne s'est
diverti à ces bouffonneries tout comme les bons Français
15 du XVème siècle.

Le Cuvier met en scène un mari mené par sa femme et
sa belle-mère. À bout de patience, il fait inscrire tout
ce qu'il doit faire, et s'acquitte fort bien de sa tâche; mais,
lorsque sa femme tombe dans une cuve d'eau, il regarde
20 sur sa liste et ne voit pas inscrit qu'il doive retirer qui
que ce soit de l'eau. Il se venge en laissant sa femme à
demi noyée, mais son bon cœur l'emporte. Il sauve sa
femme et le ménage retrouve la paix. Comme on le voit,
l'ancien théâtre en France était hostile aux femmes, incré-
25 dule au sujet de l'amour, irrespectueux envers le mariage.

L'extrême licence et la grossièreté devinrent telles
qu'une censure fut établie par François I. L'audace
qui s'attaquait à toutes choses, surtout dans les pièces

intitulées Soties, finit par inquiéter le gouvernement.
Pour les "sots" rien n'était sacré, ni événements poli-
tiques ni mœurs privées.

Vers le milieu du XVIème siècle, le théâtre se fit
5 plus sérieux. Les écrivains s'efforcèrent de traduire ou
d'imiter les poètes grecs ou latins. En 1540, Jean
Antoine de Baïf traduisit l'*Electre* de Sophocle et l'*Hécube*
d'Euripide; en 1550, Ronsard fit jouer une traduction
du *Plutus* d'Aristophane. Le grand réformateur du
10 Bellay demanda qu'on fît, non plus des traductions,
mais des imitations des classiques anciens. Un jeune
auteur, Jodelle (il n'avait pas vingt ans) donna sa
Cléopâtre, en 1552. Puis vint un auteur comique
Larivey, auquel Molière emprunta plusieurs des scènes
15 qui figurent dans l'*Avare*. De Larivey, dont l'immoralité
est révoltante, Sainte Beuve louait avec raison la vivacité,
la franchise, la verve rapide, abondante "qui tient à
la fois de Plaute et de Rabelais."

Ce fut Corneille, le grand tragique, qui, au siècle
20 suivant, donna à la comédie sa forme propre. Pour la
première fois, on vit sur la scène des gens du monde,
parlant une langue pure et savoureuse, placés dans
un milieu connu, et se comportant, non plus comme des
fantoches, voués d'avance au ridicule, mais comme
25 des hommes et des femmes en qui les spectateurs pou-
vaient se reconnaître. Cadre et fond, caractères et
milieux, tout était vrai.

Voici le jugement de la Harpe sur le *Menteur* de Corneille : —

"La comédie du *Menteur*, qui précéda de vingt ans celles de Molière fut empruntée aux Espagnols, comme le *Cid*. C'est dans le *Menteur* qu'on entendit pour la première fois sur la scène la conversation des honnêtes
5 gens. La facilité et l'agrément des mensonges de Dorante et la scène entre son père et lui, font encore voir cette pièce avec plaisir."

LE MENTEUR (CORNEILLE)

Dorante, le Menteur, vient de terminer son droit à Poitiers. De retour à Paris il veut devenir à la mode
10 et avoir grand succès auprès des dames. Pour cela il commence une série de mensonges. Quand par hasard, il rencontre Lucrèce et sa cousine Clarice, fiancée d'Alcippe, qu'il confond avec Lucrèce, il leur dit revenir d'Allemagne où il a soi-disant pris une part heroïque
15 aux guerres. Ensuite il rend Alcippe jaloux en prétendant avoir donné une fête magnifique sur l'eau en honneur de Clarice. L'idée de se marier est bien loin de la pensée, il dit à son valet : —

"... Je ne cherche, à vrai dire,
20 Que quelque connaissance où l'on se plaise à rire
Qu'on puisse en douceur couler quelque moment."

Plus tard, quand son père Géronte lui parle de mariage avec Clarice, il invente un mariage secret qui aurait eu lieu un an auparavant à Poitiers.
25 Lucrèce a un grand faible pour ce menteur aimable; elle et Clarice s'entendent pour le forcer à avouer ses

mensonges mais Dorante s'en tire en prétendant avoir
inventé ces histoires par amour pour Lucrèce.

Enfin la vérité se découvre. Géronte pardonne à
son menteur de fils; le père d'Alcippe signe le contrat
5 entre son fils et Clarice et Dorante épouse Lucrèce.

La pièce finit sur ces mots : —

> " Comme en sa propre fourbe un menteur s'embarrasse !
> Peu sauraient, comme lui, s'en tirer avec grâce.
> Vous autres, qui doutiez s'il en pourrait sortir
> 10   Par un si rare exemple apprenez à mentir."

Voici une scène où Dorante donne cours à son imagination; son domestique, Cliton, cherche à atténner ses
mensonges.   Alcippe et Philiste parlent d'une fête
donnée à Clarice.

ACTE I. Scène V

DORANTE, ALCIPPE, PHILISTE, CLITON

Phil., *à Alc.*
15 Quoi ! sur l'eau la musique et la collation ?

Alc., *à Phil.*
Oui, la collation avecque la musique.

Phil., *à Alc.*
Hier au soir ?

Alc., *à Phil.*   Hier au soir.

Phil., *à Alc.*   Et belle ?

Alc., *à Phil.*   Magnifique.

PHIL., *à Alc.* Et par qui?

ALC., *à Phil.* C'est de quoi je suis mal éclairci.

DOR., *les saluant.*

Que mon bonheur est grand de vous revoir ici!

ALC. Le mien est sans pareil puisque je vous embrasse.

DOR. J'ai rompu vos discours d'assez mauvaise grâce:
5 Vous le pardonnerez à l'aise de vous voir.

PHIL. Avec nous de tout temps vous avez tout pouvoir.

DOR. Mais de quoi parliez-vous?

ALC. D'une galanterie.

DOR. D'amour?

ALC. Je le présume.

DOR. Achevez, je vous prie.
Et souffrez qu'à ce mot ma curiosité
10 Vous demande sa part de cette nouveauté.

ALC. On dit qu'on a donné musique à quelque dame.

DOR. Sur l'eau?

ALC. Sur l'eau.

DOR. Souvent l'onde irrite la flamme.

PHIL. Quelquefois.

DOR. Et ce fut hier au soir?

ALC. Hier au soir.

DOR. Dans l'ombre de la nuit le feu se fait mieux voir;
15 Le temps était bien pris. Cette dame, elle est belle?

ALC. Aux yeux de bien du monde elle passe pour telle.

DOR. Et la musique?

ALC. Assez pour n'en rien dédaigner.

Dor. Quelque collation a pu l'accompagner?.

Alc. On le dit.

Dor.   Fort superbe?

Alc.   Et fort bien ordonée.

Dor. Et vous ne savez point celui qui l'a donnée?

Alc. Vous en riez!

Dor.   Je ris de vous voir étonné

5 D'un divertissement que je me suis donné.

Alc. Vous?

Dor.   Moi-même.

.   .   .   .   .

Cli., *à Dor., à l'oreille.*

           Vous ne savez, monsieur, ce que vous dites.

Dor. Tais-toi; si jamais plus tu me viens avertir. . .

Cli., *à part.*

J'enrage de me taire et d'entendre mentir.

Phil., *à Alc., tout bas.*

10 Voyez qu'heureusement dedans cette rencontre

Votre rival lui-même à vous-même se montre.

Dor., *revenant à eux.*

Comme à mes chers amis je vous veux tout conter.

J'avais pris cinq bateaux pour mieux tout ajuster:

Les quatre contenaient quatre chœurs de musique

15 Capables de charmer le plus mélancolique.

Au premier, violons; en l'autre, luths et voix;

Des flûtes au troisième; au dernier des hautbois.

.   .   .   .

Le cinquième était grand, tapissé tout exprès

De rameaux enlacés pour conserver le frais,
Dont chaque extrémité portait un doux mélange
De bouquets de jasmin, de grenade et d'orange.
Je fis de ce bateau la salle du festin:

.   .   .   .   .

5 Je ne vous dirai point les différents apprêts,
Le nom de chaque plat, le rang de chaque mets.

.   .   .   .   .

Après qu'on eut mangé, mille et mille fusées,
S'élançant vers les cieux, ou droites, ou croisées,
Firent un nouveau jour, d'où tant de serpenteaux
10 D'un déluge de flammes attaquèrent les eaux,
Qu'on crut que, pour leur faire une plus rude guerre,
Tout l'élément du feu tombait du ciel en terre.
Après ce passe-temps on dansa jusqu'au jour,
Dont le soleil jaloux avança le retour.
15 S'il eût pris notre avis, sa lumière importune
N'eût pas troublé sitôt ma petite fortune;
Mais, n'étant pas d'humeur à suivre nos désirs,
Il sépara la troupe et finit nos plaisirs.
ALC. Certes, vous avez grâce à conter ces merveilles:
20 Paris, tout grand qu'il est, en voit peu de pareilles.
DOR. J'avais été surpris; et l'objet de mes vœux
Ne m'avait tout au plus donné qu'une heure ou deux.
PHIL. Cependant l'ordre est rare et la dépense belle.
DOR. Il s'est fallu passer à cette bagatelle:
25 Alors que le temps presse on n'a pas à choisir.
ALC. Adieu; nous nous verrons avec plus de loisir.

COMÉDIE CLASSIQUE — 2

Dor. Faites état de moi.

Alc., *à Phil.*, *en s'en allant.*

Je meurs de jalousie!

Phil., *à Alc.*

Sans raison toutefois votre âme en est saisie;
Les signes du festin ne s'accordent pas bien.

Alc., *à Phil.*

Le lieu s'accorde, et l'heure, et le reste n'est rien.

------

5 Comme son grand devancier, Racine se montra, lui
aussi, excellent auteur comique. Les *Plaideurs* furent
joués en 1688, un an après *Andromaque.* Le public,
désorienté, resta froid; mais la pièce fut donnée à
Versailles et le roi daigna rire; son peuple tout entier
10 se mit à rire avec lui. Depuis ce jour, les *Plaideurs*
n'ont cessé d'amuser les Français. Dans cette satire
des avocats et de leurs clients, tout le monde plaide;
la chicane règne en maîtresse; le vieux Dandin, enfermé
par son fils, met la tête à la fenêtre et y débite sa plai-
15 doirie. Jeunes et vieux, hommes et femmes, tous se
ruent aux procès: c'est une manie, c'est une rage.

Voici, en gros, la donnée de la pièce: —

LES PLAIDEURS (RACINE)

DANDIN, vieux juge, a la manie de juger et ne veut même plus dormir sans arrêt. Son fils, Léandre, le fait enfermer chez lui et garder par Petit-Jean et L'Intimé. Léandre est amoureux d'Isabelle, fille de Chicaneau. 5 Mais ce dernier, plaideur enragé, réserve son argent pour des procès.

"L'un veut plaider toujours, l'autre toujours juger,"

et Chicaneau ne permet à sa fille de voir personne. Léandre pourtant pénètre chez elle et voici comment. 10 Chicaneau, allant trouver Dandin rencontre la Comtesse, autre plaideuse enragée; ils font cause commune et s'entendent admirablement jusqu'à ce qu'ils se prennent de querelle. Nouveau procès. Léandre se déguise en avocat et l'Intimé en huissier et tous 15 deux pénètrent ainsi chez Chicaneau où ils voient sa fille Isabelle. Chicaneau croyant signer une pièce du procès, signe en réalité un contrat de mariage entre Léandre et d'Isabelle.

Plus tard, pour donner satisfaction à son père, 20 Léandre lui propose de juger son chien qui a volé un poulet. Il invite Isabelle à assister au procès. Après ce fameux procès Dandin voit Isabelle; ravi de sa beauté il demande son nom et ajoute que tout ce qu'elle demandera lui sera accordé. Léandre alors 25 s'avance avec le contrat signé par Chicaneau, le présente à son père pour sa signature. Il est enchanté et

signe. Chicaneau furieux refuse de donner une dot à
sa fille. Léandre répond qu'il ne demande que la main
d'Isabelle et tout finit bien.

Voici une scène où une vieille plaideuse est bien
5 spirituellement raillée : —

ACTE I. Scène VI
CHICANEAU, PETIT-JEAN

Chic., *allant et revenant.*

. . . .

. . . . . Je crains que mon juge ne sorte.
Quatre heures vont sonner. Mais frappons à sa porte.
Petit-Jean, *entr'ouvrant la porte.*
Qui va là?

    Chic.   Peut-on voir monsieur?
Petit-Jean, *fermant la porte.*

                             Non.

Chic., *frappant à la porte.*

                             Pourrait-on

Dire un mot à monsieur son secrétaire?
Petit-Jean, *fermant la porte.*

                         Non.

Chic., *frappant à la porte.*
10 Et monsieur son portier?
    Petit-Jean.   C'est moi-même.
    Chic.   De grâce,
Buvez à ma santé, monsieur. ·
    Petit-Jean, *prenant l'argent.*

                  Grand bien vous fasse;

(Fermant la porte.)

Mais revenez demain.

CHIC.   Hé! rendez donc l'argent.

Le monde est devenu, sans mentir, bien méchant.

J'ai vu que les procès ne donnaient point de peine;

Six écus en gagnaient une demi-douzaine.

5 Mais, aujourd'hui, je crois que tout mon bien entier

Ne me suffirait pas pour gagner un portier,

Mais j'aperçois venir madame la comtesse

De Pimbesche.   Elle vient pour affaire qui presse.

SCÈNE VII

LA COMTESSE, CHICANEAU

CHIC.   Madame, on n'entre plus.

.   .   .   .

10 LA COMT. Pour moi, depuis deux jours je ne lui puis
     parler.

CHIC. Ma partie est puissante, et j'ai lieu de tout
     craindre.

LA COMT. Après ce qu'on m'a fait, il ne faut plus se
     plaindre.

CHIC. Si pourtant j'ai bon droit.

LA COMT.   Ah! monsieur, quel arrêt!

CHIC. Je m'en rapporte à vous: écoutez, s'il vous
     plaît.

15 LA COMT. Il faut que vous sachiez, monsieur, la
     perfidie. . .

CHIC. Ce n'est rien dans le fond.

LA COMT.   Monsieur, que je vous die. . .
CHIC. Voici le fait. Depuis quinze ou vingt ans en
   çà,
Au travers d'un mien pré certain ânon passa,
S'y vautra, non sans faire un notable dommage,
5 Dont je formai ma plainte au juge du village.
Je fais saisir l'ânon.   Un expert est nommé;
A deux bottes de foin le dégât estimé.
Enfin, au bout d'un an, sentence par laquelle
Nous sommes renvoyés hors de cour.   J'en appelle.

.   •   "   •   •   •   •   •

10 Et je gagne ma cause.   A cela que fait-on?
Mon chicaneur s'oppose à l'exécution.

   •   •   •   •   •   •   •

Quatorze appointements, trente exploits, six instances,
Six-vingt productions, vingt arrêts de défense,
Arrêt enfin.   Je perds ma cause avec dépens,
15 Estimés environ cinq à six mille francs.
Est-ce là faire droit? est-ce là comme on juge?
Après quinze ou vingt ans! il me reste un refuge;
La requête civile est ouverte pour moi,
Je ne suis pas rendu.   Mais vous, comme je voi,
20 Vous plaidez?
   LA COMT.   Plût à Dieu!

   •   •   •   •   •   •

CHIC. Deux bottes de foin cinq à six mille livres!
LA COMT. Monsieur, tous mes procès allaient être
   finis:
Il ne m'en restait plus que quatre ou cinq petits;

L'un contre mon mari, l'autre contre mon père,
Et contre mes enfants: ah! monsieur, la misère!
Je ne sais quel biais ils ont imaginé,
Ni tout ce qu'ils ont fait; mais on leur a donné
5 Un arrêt par lequel, moi vêtue et nourrie,
On me défend, monsieur, de plaider de ma vie.
   Chic. De plaider!
   La Comt.   De plaider.
   Chic.   Certes, le trait est noir.
J'en suis surpris.
   La Comt.   Monsieur, j'en suis au désespoir.
   Chic. Comment! lier les mains aux gens de votre
    sorte!
10 Mais cette pension, madame, est-elle forte?
   La Comt. Je n'en vivrais, monsieur, que trop hon-
   nêtement.
Mais vivre sans plaider, est-ce contentement?

      .   .   .   .

   Chic. Et quel âge avez-vous? Vous avez bon visage.
   La Comt. Hé! quelque soixante ans.
   Chic.   Comment! c'est le bel âge
15 Pour plaider.
   La Comt.   Laissez faire, ils ne sont pas au bout.
J'y vendrai ma chemise; et je veux rien ou tout.
   Chic. Madame, écoutez-moi. Voici ce qu'il faut
   faire.
   La Comt. Oui, monsieur, je vous crois comme mon
   propre père.
   Chic. J'irais trouver mon juge.

La Comt.   Oh! oui, monsieur, j'irai.

Chic. Me jeter à ses pieds.

La Comt.   Oui, je m'y jetterai.
Je l'ai bien résolu.

Chic.   Mais daignez donc m'entendre.

La Comt. Oui, vous prenez la chose ainsi qu'il la faut
prendre.

5 Chic. Avez-vous dit, madame!

La Comt.   Oui.

Chic.   J'irais sans façon
Trouver mon juge.

La Comt.   Hélas! que ce monsieur est bon.

Chic. Si vous parlez toujours, il faut que je me taise.

La Comt. Ah! que vous m'obligez! Je ne me sens
pas d'aise.

Chic. J'irais trouver mon juge et lui dirais. . .

La Comt.   Oui.

Chic.   Voi!

10 Et lui dirais: Monsieur. . .

La Comt.   Oui, monsieur.

Chic.   Liez-moi.

La Comt. Monsieur, je ne veux point être liée.

Chic.   A l'autre!

La Comt. Je ne le serai point.

Chic.   Quelle humeur est la vôtre?

La Comt. Non.

Chic.   Vous ne savez pas, madame, où je viendrai.

La Comt.   Je plaiderai, monsieur, ou bien je ne pourrai.

CHIC. Mais. . .

LA COMT.   Mais je ne veux point, monsieur, que
l'on me lie.

CHIC. Enfin quand une femme en tête a sa folie. . .

LA COMT. Fou vous-même.

CHIC.   Madame !

LA COMT.   Et pourquoi me lier ?

CHIC. Madame. . .

LA COMT.   Voyez-vous ! il se rend familier.

5 CHIC. Mais, madame. . .

LA COMT.   Un crasseux, qui n'a que sa chicane,
Veut donner des avis !

CHIC.   Madame !

LA COMT.   Avec son âne !

CHIC. Vous me poussez.

LA COMT.   Bonhomme, allez garder vos foins.

CHIC. Vous m'excédez.

LA COMT.   Le sot !

CHIC.   Que n'ai-je des témoins ?

DEUXIÈME LEÇON

MOLIÈRE (1622–1673)

JEAN POQUELIN, dit Molière, naquit à Paris en 1622.
Son père, tapissier et valet de chambre du roi Louis
XIII, voulait que son fils lui succédât; mais l'enfant
montra peu de dispositions pour le métier paternel et
5 obtint de faire ses études au collège Louis-le-Grand.
Élève de Gassendi, il se trouva le condisciple du Prince de
Conti, de Chapelle, de La Fontaine, de Racine et de
Boileau.   Ses classes terminées, il dut servir le roi, qu'il
accompagna à Narbonne.   Dès ce moment, il ouvrit
10 tout grands ses yeux et ses oreilles, observa, nota, em-
magasina ses impressions qui, plus tard, lui furent de
grand service.

De tout temps, le jeune Poquelin avait adoré le théâtre.
Bientôt, entraîné par une irrésistible vocation, il ras-
15 sembla une troupe, prit le nom de Molière, fonda l'Illustre Théâtre et ne tarda pas à faire faillite.   Il fut même
emprisonné pour dettes.   Mais la vocation ne sombra
pas, et sitôt libéré, il reprit sa vie de comédien.

Première Période

La vie militante de Molière peut se diviser en deux parties bien distinctes: la première de 1645 à 1658; la seconde de 1658 à sa mort, en 1673.

En 1645, à l'âge de vingt-trois ans, Molière quitta
5 Paris et, avec sa troupe, mena en province une vie agitée et aventureuse. Il débuta par des farces et des comédies à l'italienne. Mais il ne se contentait pas de jouer les pièces d'autrui; il en écrivait pour son compte. De cette époque date le *Fagotier*, qui devint ensuite le *Médecin*
10 *malgré lui;* puis vinrent le *Médecin volant*, le *Médecin amoureux* et deux grandes comédies: *l'Etourdi*, donné à Lyon en 1653, et le *Dépit amoureux* (1656).

Cependant le jeune auteur dramatique aspirait à rentrer à Paris. Grâce à la protection de son ancien
15 condisciple, le Prince de Conti, il obtint, en 1658, la permission de jouer devant le roi Louis XIV et sa cour; il eut un franc succès. Le roi, qu'il avait beaucoup amusé, lui permit de s'installer avec sa troupe au théâtre du Petit Bourbon, et plus tard au Palais
20 Royal.

Seconde Période

Pour son malheur, Molière épousa, en 1662, une comédienne, beaucoup plus jeune que lui, aussi coquette que jolie, nommée Armande Béjart. Ses infortunes conjugales, dont il souffrit cruellement, ne l'empêchèrent

nullement d'utiliser comme auteur dramatique les obser-
vations prises sur le vif dans son propre interieur. Il
étudia sa femme, qui lui servit de modèle pour Célimène,
pour bien d'autres encore, sans doute.

5   Les comédies maintenant se succédèrent rapidement: les *Précieuses ridicules*, dont le succès fut éclatant,
sont de 1659; *Sganarelle* (1660); *Don Garcie de Navarre* et *l'Ecole des maris* de 1661; *l'Ecole des femmes*
(1662); la *Critique de l'Ecole des femmes* (1663); *Don
10 Juan ou le Festin de pierre* (1665); le *Misanthrope* (1666);
Tartuffe (1667); *Amphitryon* et *l'Avare* (1668); le
Bourgeois Gentilhomme (1670); les *Femmes savantes*
(1672). Le *Malade imaginaire* est sa dernière œuvre
(1673). A la quatrième représentation de cette pièce
15 il tomba malade; quelques heures après il mourait.

L'AUTEUR

Peu d'existences furent plus remplies, plus rudes aussi
que celle de Molière. La vie nomade qu'il mena pendant
douze ans fut particulièrement dure. Presque toutes ses
pièces lui attirèrent la haine et les vengeances de gens
20 haut placés. *L'Ecole des femmes* déchaîna une véritable
tempête; l'homme privé ne fut pas plus épargné que
l'auteur et l'acteur. *Tartuffe* souleva tous les dévots, vrais
et faux, Jésuites et Jansénistes, chrétiens rigoristes comme
aussi les auteurs jaloux. Après *Don Juan*, le roi lui-
25 même, bien à contre-cœur, l'abandonna. Même après

sa mort, ses ennemis ne désarmèrent pas; la permission
de l'ensevelir ne fut obtenue qu'à grand'peine.

Dans le tumulte de cette existence précaire et difficile,
tout en jouant les pièces d'autrui et les siennes, en dirige-
5 ant sa troupe, en se déplaçant souvent, Molière dans
l'espace de quatorze ans écrivit une trentaine de çomé-
dies, dont beaucoup sont des chefs-d'œuvre.

Il eut à un degré rare le courage et la persévérance.
De ses chagrins privés, comme de ses déboires publics,
10 il sut tirer la vie et le mouvement de ses personnages.
Il était véritablement l'artiste qui se dédouble, se regarde
agir, comme il regarde agir les autres, apprend à connaître ainsi à fond la nature humaine, à analyser les
sentiments, les passions, les travers des hommes, et à
15 les peindre avec une étonnante intensité de couleurs.

S'il faut en croire les ennemis de Molière, et nous avons
vu qu'il n'en manquait pas, il n'était pas exempt de
faiblesses humaines. C'est bien possible. Les mœurs
du XVIIème siècle n'étaient pas austères et Molière
20 faisait partie d'un monde assez relâché. Sa nature
pourtant était généreuse et saine. D'instinct, il prenait
la défense des gens simples et bons contre les esprits
retors; des faibles contre les forts; des natures franches
contre les hypocrites et les astuciers. Malgré une cer-
25 taine grossièreté, qui subsistait encore dans les écrits
dramatiques du siècle, l'œuvre de Molière n'a jamais
fait de mal à personne; la leçon qui s'en dégage est
virile et honnête.

D'un autre côté, les puristes comme La Bruyère,

Fénelon, Vauvenargues, chacun à son tour, ont accusé
Molière de mal écrire; ils lui ont reproché ses barbarismes,
son jargon, ses entassements de métaphores, ses ré-
pétitions. Molière écrivait avec une extrême rapidité,
5 et se négligeait parfois. Il avait les défauts de ses
qualités. Malgré tout, c'est un admirable écrivain; sa
langue est savoureuse, sonore, franche; il fait parler
chacun selon sa nature; il a le mot juste, frappant,
familier; il dit ce qu'il veut dire, ni plus ni moins.

10   Pendant sa longue absence de Paris la langue française
avait subi de grands changements ; les poètes et les
femmes l'avaient polie et repolie. A ces raffinés, le
style franc et ferme de Molière, plus chaud que fin, plus
coloré que pur, sembla fruste et grossier. Il laissa dire et
15 n'en continua pas moins son chemin, sûr d'être dans le
vrai. Il savait mieux que personne la langue qui convenait au théâtre, celle qui " passe le rampe " pour
employer le terme technique.

Le génie de Molière est exclusivement celui d'un
20 auteur comique. Il excite le rire même lorsque le sujet,
au fond, est plus triste que gai. Il ne permet jamais à
son inspiration de le faire dévier de sa ligne propre.
Telle de ses comédies, traitée par un Balzac, devlen-
drait sinistre. Molière a le don de faire rire là où d'autres
25 feraient pleurer. Parfois, emporté par la passion, il
coudoie le drame, comme dans le *Misanthrope, Don
Juan, Tartuffe*, le *Malade imaginaire;* mais, tout de suite,
il se ressaisit, il retrouve la gaieté, la fait jaillir des situations les plus difficiles, les moins réjouissantes. Et

cette gaieté n'a rien de forcé; elle est naturelle, spontanée, copieuse. L'esprit de Molière n'est jamais cet esprit de mots, qui est pour ainsi dire, de l'esprit extérieur. Marivaux, Beaumarchais, et de notre temps, Dumas fils 5 et Pailleron sont infiniment plus spirituels que Molière. Mais l'esprit de Molière est incomparablement supérieur au leur, car il jaillit des situations, des caractères; il éclaire les tréfonds de la nature humaine; il est, en son genre, analogue au sublime de Corneille et de Racine.

10 L'intrigue de ses pièces préoccupe peu Molière; il la prend telle que l'ancienne comédie la lui offre: les mésaventures de deux amants; les roueries du valet et de la suivante; un père ou un tuteur à berner; une femme acariâtre ou un mari jaloux à mettre à la raison — il 15 ne lui en faut pas plus. Rien n'importe, sauf le jeu des caractères, le travail de l'âme humaine.

Comme Shakspeare, Molière devance son temps. Dans les *Femmes savantes*, dans les *Précieuses ridicules*, par exemple il voit, au delà de la préciosité, le pédantisme 20 scientifique qui, en réalité, se développera au siècle suivant.

LE MISANTHROPE

Parmi toutes les comédies de Molière, la plus parfaite au point de vue de l'art, celle qui nous touche le plus aussi, est le *Misanthrope*. Alceste, qu'on appelle "l'homme 25 aux rubans verts," est en guerre avec le monde entier. Il dit la vérité alors qu'autour de lui tous mentent, hommes et femmes également. On se moque du "mis-

anthrope," car dans sa colère, Alceste reste comique —
et c'est là que nous voyons l'art de l'auteur dramatique —
mais on l'estime, quand même, on voudrait être bien vu
de lui, on recherche sa société. Et nous, les spectateurs,
5 tout en riant de ses extravagances, nous.l'aimons, nous
voudrions le voir triompher, nous souffrons de sa défaite.

Molière, qui dit-on, s'est peint sous les traits d'Alceste, a
montré sa connaissance du cœur humain en donnant au
misanthrope une passion profonde et sincère pour une
10 coquette. Célimène est aussi charmante qu'elle est
spirituelle; elle veut une cour, mais elle tient à ce qu'-
Alceste y ait la première place. Si elle ne se décide pas
à l'épouser, elle veut au moins qu'il soit à ses ordres.
Alceste gronde, s'emporte, jure de ne jamais revenir, et
15 revient toujours. Il faut des faits graves, la coalition des
autres amoureux, à qui Célimène a fait les mêmes pro-
messes qu' à Alceste, qu'elle a trompés, comme lui, et
qui se révoltent à la fin, pour ouvrir les yeux de l'amant
loyal et ardent. Cette fois, Alceste s'éloigne réellement.
20 Mais les spectateurs se demandent encore " ne reviendra-
t-il pas ?"

Autour d'Alceste et de Célimène s'agitent d'autres
personnages, tous marqués d'un trait net. C'est Philinte,
l'homme du monde aimable, sensé, politique, ami d'Al-
25 ceste et fort malmené par lui. C'est Oronte qui débite
un sonnet qu'Alceste trouve mauvais. C'est la charmante
Eliante, d'une si douce philosophie qui, volontiers, aimer-
ait Alceste et qui épouse Philinte sans trop de répugnance.
C'est la sèche et pointue Arsinoë qui donne des conseils

à Célimène et qui se voit si poliment et si malicieusement
éconduite par celle-ci. Ce sont les petits marquis amoureux de Célimène, et dont les ridicules sont très lestement
relevés. Tous ces gens vivent d'une vie intense, disent
5 ce qu'ils doivent dire et font ce qu'ils doivent faire.
Après plus de deux siècles, ils sont plus près de nous que
maint personnage de la comédie contemporaine. C'est
qu'en eux nous voyons la vérité éternelle, non les travers
d'une génération.

10 Choisissons, d'abord, la scène du premier acte, où
sont admirablement posés les caractères d'Alceste et
de Philinte.

ACTE I. Scène I

PHILINTE, ALCESTE

Phil. Qu'est-ce donc? qu'avez-vous?
Alc., *assis.*

Laissez-moi, je vous prie.
Phil. Mais encor, dites-moi, quelle bizarrerie. . .
15 Alc. Laissez-moi là, vous dis-je, et courez vous cacher.
Phil. Mais on entend les gens au moins sans se
fâcher.
Alc. Moi, je veux me fâcher, je ne veux point
entendre.
Phil. Dans vos brusques chagrins je ne puis vous
comprendre,
Et, quoiqu'amis, enfin, je suis tout des premiers. . .

Alc., *se levant brusquement.*

Moi, votre ami ? rayez cela de vos papiers.
J'ai fait jusques ici profession de l'être ;
Mais, après ce qu'en vous je viens de voir paraître,
Je vous déclare net que je ne le suis plus.
5 Et ne veux nulle place en des cœurs corrompus.

    Phil. Je suis donc bien coupable, Alceste, à votre
    compte ?

    Alc. Allez, vous devriez mourir de pure honte :

Je vous vois accabler un homme de caresses,
Et témoigner pour lui les dernières tendresses ;
10 De protestations, d'offres et de serments,
Vous chargez la fureur de vos embrassements ;
Et quand je vous demande après quel est cet homme,
A peine pouvez-vous dire comme il se nomme ;
Votre chaleur pour lui tombe en vous séparant,
15 Et vous me le traitez, à moi, d'indifférent.
Morbleu ! c'est une chose indigne, lâche, infâme,
De s'abaisser ainsi jusqu'à trahir son âme ;
Et si par malheur j'en avais fait autant
Je m'irais de regret pendre tout à l'instant.

20   Phil. Je ne vois pas, pour moi, que le cas soit pendable :
Et je vous supplierai d'avoir pour agréable,
Que je me fasse un peu grâce sur votre arrêt,
Et ne me pende pas pour cela, s'il vous plaît.

    Alc. Que la plaisanterie est de mauvaise grâce !

Comme nous l'avons vu, Alceste est amoureux de
Célimène. Philinte lui reproche cette passion peu
raisonnable.

———

PHIL.   Mais cette rectitude
5 Que vous voulez en tout avec exactitude,
  Cette pleine droiture, où vous vous renfermez,
  La trouvez-vous ici dans ce que vous aimez?
  Je m'étonne, pour moi, qu'étant, comme il le semble,
  Vous et le genre humain, si fort brouillés ensemble,
10 Malgré tout ce qui peut vous le rendre odieux,
  Vous ayez pris chez lui ce qui charme vos yeux;
  Et ce qui me surprend encore davantage,
  C'est cet étrange choix où votre cœur s'engage.
  La sincère Eliante a du penchant pour vous,
15 La prude Arsinoë vous voit d'un œil fort doux;
  Cependant à leurs vœux votre âme se refuse,
  Tandis qu'en ses liens Célimène l'amuse,
  De qui l'humeur coquette, et l'esprit médisant,
  Semble si fort donner dans les mœurs d'à présent.
20 D'où vient que, leur portant une haine mortelle,
  Vous pouvez bien souffrir ce qu'en tient cette belle?
  Ne sont-ce pas défauts dans un objet si doux?
  Ne les voyez-vous pas, ou les excusez-vous?
  ALC. Non, l'amour que je sens pour cette jeune veuve
25 Ne ferme point mes yeux aux défauts qu'on lui treuve;
  Et je suis, quelque ardeur qu'elle m'ait pu donner,
  Le premier à les voir comme à les condamner.

Mais, avec tout cela, quoi que je puisse faire,
Je confesse mon faible; elle a l'art de me plaire;
J'ai beau voir ses défauts, et j'ai beau l'en blâmer,
En dépit qu'on en ait, elle se fait aimer;
5 Sa grâce est la plus forte, et sans doute ma flamme
De ces vices du temps pourra purger son âme.

    PHIL. Si vous faites cela, vous ne ferez pas peu,
Vous croyez être donc aimé d'elle?

    ALC.   Oui, parbleu!
Je ne l'aimerais pas si je ne croyais l'être.

10   PHIL. Mais si son amitié pour vous se fait paraître,
D'où vient que vos rivaux vous causent de l'ennui?

    ALC. C'est qu'un cœur bien atteint veut qu'on soit
        tout à lui,
Et je ne viens ici qu'à dessein de lui dire
Tout ce que là-dessus ma passion m'inspire.

ACTE II. SCÈNE I

ALCESTE, CÉLIMÈNE

15   ALC. Madame, voulez-vous que je vous parle net?
De vos façons d'agir je suis mal satisfait,

    .   .   .   "   .   .   .

    CÉLI. C'est pour me quereller donc, à ce que je voi,
Que vous avez voulu me ramener chez moi?

    ALC. Je ne querelle point. Mais votre humeur,
        madame,
20 Ouvre au premier venu trop d'accès dans votre âme;

Vous avez trop d'amants qu'on voit vous obséder,
Et mon cœur de cela ne peut s'accommoder.

CÉLI. Des amants que je fais me rendez-vous coupable?
Puis-je empêcher les gens de me trouver aimable?
5 Et lorsque pour me voir ils font de doux efforts,
Dois-je prendre un bâton pour les mettre dehors?

ALC. Non, ce n'est pas, madame, un bâton qu'il
    faut prendre,
Mais un cœur à leurs vœux moins facile et moins tendre.

  .   .   .   .

Le trop riant espoir que vous leur présentez
10 Attache autour de vous leurs assiduités;
Et votre complaisance un peu moins étendue,
De tant de soupirants chasserait la cohue.
Mais au moins dites-moi, madame, par quel sort
Votre Clitandre a l'heur de vous plaire si fort?
15 Sur quel fonds de mérite et de vertu sublime
Appuyez-vous en lui l'honneur de votre estime?
Est-ce par l'ongle long qu'il porte au petit doigt,
Qu'il s'est acquis chez vous l'estime où l'on le voit?
Vous êtes-vous rendue, avec tout le beau monde,
20 Au mérite éclatant de sa perruque blonde?

  .   .   .   .

Ou sa façon de rire, et son ton de fausset
Ont-ils de vous toucher su trouver le secret?

CÉLI. Qu'injustement de lui vous prenez de l'ombrage!
Ne savez-vous pas bien pourquoi je le ménage?
25 Et que dans mon procès, ainsi qu'il m'a promis,
Il peut intéresser tout ce qu'il a d'amis?

ALC. Perdez votre procès, madame, avec constance,
Et ne ménagez point un rival qui m'offense.
CÉLI. Mais de tout l'univers vous devenez jaloux.
ALC. C'est que tout l'univers est bien reçu de vous.
5 CÉLI. C'est ce qui doit rasseoir votre âme effarouchée,
Puisque ma complaisance est sur tous épanchée:
Et vous auriez plus lieu de vous en offenser,
Si vous me la voyiez sur un seul ramasser.
ALC. Mais, moi, que vous blâmez de trop de jalousie,
10 Qu'ai-je de plus qu'eux tous, madame, je vous prie?
CÉLI. Le bonheur de savoir que vous êtes aimé.
ALC. Et quel lieu de le croire a mon cœur enflammé?
CÉLI. Je pense qu'ayant pris le soin de vous le dire,
Un aveu de la sorte a de quoi vous suffire.

----

15 Alceste voit arriver Eliante, Philinte, Clitandre;
d'autres encore. Il veut partir. Célimène le force à
rester. Les admirateurs de la jeune veuve la poussent
à faire le portrait de ses amis.

Scène IV

BASQUE, DOMESTIQUE, LES MÊMES

BASQUE. Voici Clitandre encor, Madame.
ALC.   Justement.
20 CÉLI. Où courez-vous?
ALC.   Je sors.
CÉLI.   Demeurez.
ALC.   Pourquoi faire?

Céli. Demeurez.

Alc.   Je ne puis.

Céli.   Je le veux.

.   ,   .   .   .

Scène V

ACASTE, CLITANDRE, ELIANTE, PHILINTE, ALCESTE, CELIMÈNE

Acaste. Et Géralde, madame?

Céli.   Oh! l'ennuyeux conteur!
Jamais on ne le voit sortir du grand seigneur,
Dans le brillant commerce il se mêle sans cesse,
5 Et ne cite jamais que duc, prince ou princesse,
La qualité l'entête, et tous ses entretiens
Ne sont que de chevaux, d'équipage, et de chiens;
Il tutoye, en parlant, ceux du plus haut étage,
Et le nom de Monsieur est chez lui hors d'usage.
10   Clit. On dit qu'avec Bélise il est du dernier bien.
    Céli. Le pauvre esprit de femme et le sec entretien!
Lorsqu'elle vient me voir, je souffre le martyre,
Il faut suer sans cesse à chercher que lui dire,
Et la stérilité de son expression
15 Fait mourir à tous coups la conversation.
En vain, pour attaquer son stupide silence,
De tous les lieux communs vous prenez l'assistance:
Le beau temps et la pluie, et le froid et le chaud
Sont des fonds qu'avec elle on épuise bientôt.

.   .   .   .

0   Clit. Mais le jeune Cléon, chez qui vont aujourd'hui
Nos plus honnêtes gens, que dites-vous de lui?

CÉLI. Que de son cuisinier il s'est fait un mérite,
Et que c'est à sa table à qui l'on rend visite.
    ÉLI. Il prend soin d'y servir des mets fort délicats.
    CÉLI. Oui; mais je voudrais bien qu'il ne s'y servît
        pas;
5 C'est un fort méchant plat que sa sotte personne,
Et qui gâte, à mon goût, tout les repas qu'il donne.

CLIT., *à Célimène.*
Pour bien peindre les gens vous êtes admirable.
    ALC. Allons, ferme, poussez, mes bons amis de coùr,
Vous n'en épargnez point, et chacun a son tour:
10 Cependant aucun d'eux à vos yeux ne se montre,
Qu'on ne vous voie, en hâte, aller à sa rencontre,
Lui présenter la main, et d'un baiser flatteur,
Appuyer les serments d'être son serviteur.
    CLIT. Pourquoi s'en prendre à nous? Si ce qu'on
        dit vous blesse,
15   Il faut que le reproche à madame s'adresse.
    ALC. Non, morbleu! c'est à vous; et vos ris com-
        plaisants
Tirent de son esprit tous ces traits médisants.
Son humeur satirique est sans cesse nourrie
Par le coupable encens de votre flatterie:
20 Et son cœur à railler trouverait moins d'appas,
S'il avait observé qu'on ne l'applaudit pas.
C'est ainsi qu'aux flatteurs on doit partout se prendre
Des vices où l'on voit les humains se répandre.

Phil. Mais pourquoi pour ces gens un intérêt si
  grand,
Vous qui condamneriez ce qu'en eux on reprend?
  Céli. Et ne faut-il pas bien que monsieur con-
  tredise?
A la commune voix veut-on qu'il se réduise,
5 Et qu'il ne fasse pas éclater en tous lieux
L'esprit contrariant qu'il a reçu des cieux?
Le sentiment d'autrui n'est jamais pour lui plaire,
Il prend toujours en main l'opinion contraire,
Et penserait paraître un homme du commun
10 Si l'on voyait qu'il fût de l'avis de quelqu'un.
L'honneur de contredire a pour lui tant de charmes,
Qu'il prend contre lui-même assez souvent les armes
Et ses vrais sentiments sont combattus par lui
Aussitôt qu'il les voit dans la bouche d'autrui.
15   Alc. Les rieurs sont pour vous, madame, c'est tout dire,
Et vous pouvez pousser contre moi la satire.

. . . .

ACTE III. Scène III

CÉLIMÈNE, ACASTE, CLITANDRE, BASQUE

Basque.   Arsinoë, madame,
Monte ici pour vous voir.
  Céli.   Que me veut cette femme?
  Basque. Eliante là-bas est à l'entretenir.
20 Céli. De quoi s'avise-t-elle? et qui la fait venir?

Scène IV

ARSINOË, CÉLIMÈNE, CLITANDRE, ACASTE

CÉLI.   Ah ! quel heureux sort en ce lieu vous amène ?
Madame, sans mentir, j'étais de vous en peine.

ARS.   Je viens pour quelqu'avis que j'ai cru vous devoir.

CÉLI. Ah, mon Dieu ! que je suis contente de vous
voir !

(Clitandre et Acaste sortent en riant.)

Scène V

ARSINOË, CÉLIMÈNE

5   ARS. Leur départ ne pouvait plus à propos se faire.

CÉLI. Voulons-nous nous asseoir ?

ARS.   Il n'est pas nécessaire.
Madame, l'amitié doit surtout éclater
Aux choses qui le plus nous peuvent importer,
Et comme il n'en est point de plus grande importance
10 Que celles de l'honneur et de la bienséance,
Je viens, par un avis qui touche votre honneur,
Témoigner l'amité que pour vous a mon cœur.
Hier, j'étais chez des gens de vertu singulière,
Où sur vous, du discours, on tourna la matière,
15 Et là, votre conduite, avec ses grands éclats,
Madame, eut le malheur qu'on ne la loua pas.
Cette foule de gens dont vous souffrez visite,
Votre galanterie, et les bruits qu'elle excite,

Trouvèrent des censeurs plus qu'il n'aurait fallu,
Et bien plus rigoureux que je n'eusse voulu.
Vous pouvez bien penser quel parti je sus prendre :
Je fis ce que je pus pour vous pouvoir défendre,
5 Je vous excusai fort sur votre intention,
Et voulus de votre âme être la caution.
Mais vous savez qu'il est des choses dans la vie
Qu'on ne peut excuser quoiqu'on en ait envie ;
Et je me vis contrainte à demeurer d'accord
10 Que l'air dont vous vivez vous faisait un peu tort ;
Qu'il prenait dans le monde une méchante face,
Qu'il n'est conte fâcheux que partout on n'en fasse :
Et que, si vous vouliez, tous vos déportements
Pourraient moins donner prise aux mauvais jugements.
15 Non que j'y croie au fond l'honnêteté blessée :
Me préserve le ciel d'en avoir la pensée !
Mais aux ombres du crime on prête aisément foi,
Et ce n'est pas assez de bien vivre pour soi.
Madame, je vous crois l'âme trop raisonnable
20 Pour ne pas prendre bien cet avis profitable.

    .   .   .   .

    CÉLI. Madame, j'ai beaucoup de grâces à vous rendre.
Un tel avis m'oblige ; et, loin de le mal prendre,
J'en prétends reconnaître à l'instant la faveur
Par un avis aussi qui touche votre honneur ;
25 Et comme je vous vois vous montrer mon amie,
En m'apprenant les bruits que de moi l'on publie,
Je veux suivre, à mon tour, un exemple si doux,
En vous avertissant de ce qu'on dit de vous.

En un lieu, l'autre jour, où je faisais visite,
Je trouvai quelques gens d'un très rare mérite,
Qui, parlant des vrais soins d'une âme qui vit bien,
Firent tomber sur vous, madame, l'entretien.
5 Là, votre pruderie et vos éclats de zèle
Ne furent pas cités comme un fort bon modèle;
Cette affectation d'un grave extérieur,
Vos discours éternels de sagesse et d'honneur,

.   .   .   .

Et ces yeux de pitié que vous jetez sur tous,
10 Vos fréquentes leçons et vos aigres censures
Sur des choses qui sont innocentes et pures,
Tout cela, si je puis vous parler franchement,
Madame, fut blâmé d'un commun sentiment.
"A quoi bon, disaient-ils, cette mine modeste,
15 Et, ce sage dehors que dément tout le reste?
Elle est à bien prier exacte au dernier point;
Mais elle bat ses gens, et ne les paye point.
Dans tous les lieux dévots elle étale un grand zèle;
Mais elle met du blanc, et veut paraître belle."

.   .   .   .

20 Madame, je vous crois aussi trop raisonnable
Pour ne pas prendre bien cet avis profitable,
Et pour l'attribuer qu'aux mouvements secrets
D'un zèle qui m'attache à tous vos intérêts.
    ARS. A quoi qu'en reprenant on soit assujettie,
25 Je ne m'attendais pas à cette repartie,
Madame, et je vois bien, par ce qu'elle a d'aigreur,
Que mon sincère avis vous a blessée au cœur.

Céli. Au contraire, madame; et si l'on était sage,
Ces avis mutuels seraient mis en usage.
On détruirait par là, traitant de bonne foi,
Ce grand aveuglement où chacun est pour soi.
5 Il ne tiendra qu'à vous qu'avec le même zèle
Nous ne continuions cet office fidèle,
Et ne prenions grand soin de nous dire entre nous
Ce que nous entendrons, vous de moi, moi de vous.

ACTE IV Scène III
CÉLIMÈNE, ALCESTE

Alceste a reçu un billet de la main de Célimène et
10 qu'il croit destiné à Oronte. Il le montre à la jeune
femme.

_____

Céli. Oronte! qui vous dit que la lettre est pour lui?
Alc. Les gens qui, dans mes mains, l'ont remise
aujourd'hui;
Mais je veux consentir qu'elle soit pour un autre,
15 Mon cœur en a-t-il moins à se plaindre du vôtre?
Et serez-vous vers moi moins coupable en effet?
Céli. Mais si c'est une femme à qui va ce billet,
En quoi vous blesse-t-il, et qu'a-t-il de coupable?
Alc. Ah! le détour est bon, et l'excuse admirable!
20 Je ne m'attendais pas, je l'avoue, à ce trait,
Et me voilà, par là, convaincu tout à fait.

. . . .

Ajustez, pour couvrir un manquement de foi,
Ce que je m'en vais lire. . .

CÉLI.   Il ne me plaît pas, moi;
Je vous trouve plaisant d'user d'un tel empire,
Et de me dire au nez ce que vous m'osez dire.
   ALC. Non, non, sans s'emporter, prenez un peu
   souci
5 De me justifier les termes que voici.
   CÉLI. Non, je n'en veux rien faire; et, dans cette
   occurrence,
Tout ce que vous croirez m'est de peu d'importance.
   ALC. De grâce, montrez-moi, je serai satisfait,
Qu'on peut pour une femme expliquer ce billet.
10   CÉLI. Non, il est pour Oronte, et je veux qu'on le
   croie.
Je reçois tous ses soins avec beaucoup de joie;
J'admire ce qu'il dit, j'estime ce qu'il est,
Et je tombe d'accord de tout ce qu'il vous plaît;
Faites, prenez parti, que rien ne vous arrête,
15 Et ne me rompez pas davantage la tête.
   ALC., à part.
Ciel! rien de plus cruel peut-il être inventé?
Et jamais cœur fut-il de la sorte traité?
Quoi! d'un juste courroux je suis ému contre elle,
C'est moi qui me viens plaindre, et c'est moi qu'on
   querelle!
     •   •   •   •   •   •   •
20 Défendez-vous au moins d'un crime qui m'accable,
Et cessez d'affecter d'être envers moi coupable.
Rendez-moi, s'il se peut, ce billet innocent;
A vous prêter les mains ma tendresse consent;

Efforcez-vous ici de paraître fidèle,
Et je m'efforcerai, moi, de vous croire telle.

CÉLI. Allez, vous êtes fou dans vos transports jaloux,
Et ne méritez pas l'amour qu'on a pour vous.
5 Je voudrais bien savoir qui pourrait me contraindre
A descendre pour vous aux bassesses de feindre,
Et pourquoi, si mon cœur penchait d'autre côté,
Je ne le dirais pas avec sincérité.

.   .   .   .   .   .

Allez, de tels soupçons méritent ma colère,
10 Et vous ne valez pas que l'on vous considère;
Je suis sotte, et veux mal à ma simplicité
De conserver encor pour vous quelque bonté;
Je devrais autre part attacher mon estime,
Et vous faire un sujet de plainte légitime.
15   ALC. Ah! traîtresse, mon faible est étrange pour
      vous,
Vous me trompez sans doute avec des mots si doux;
Mais il n'importe, il faut suivre ma destinée.

TROISIÈME LEÇON

MOLIÈRE (*Continuation*)

MOLIÈRE, avec toute sa verve, avec son besoin de faire rire, est essentiellement un moraliste. En fustigeant les travers humains, il cherche à les corriger: les coups portés en riant ne sont pas les moins cinglants. Il n'est
5 pas moraliste à la façon chrétienne; à vrai dire, il semble en dehors du christianisme. La vie religieuse, le mysticisme, l'ascétisme lui sont livre clos. Parfois, à travers Molière, on pressent Voltaire. Ce qu'il prêche, c'est la bonne nature, la morale saine, un peu terre-à-terre,
10 peut-être, mais accessible à tous. Il propose un idéal de bonté et d'indulgence. Il veut que chacun s'efforce d'être heureux et de donner le bonheur aux autres. Les actes qui n'influent pas sur la société lui sont indifférents.

15 Les personnages ridiculisés par Molière sont tous ceux qui cherchent à supprimer la nature: les parents qui veulent faire servir leurs enfants à leurs intérêts; les dévots qui prêchent l'indifférence envers le monde; les tyrans qui font souffrir leurs femmes et leurs enfants;
20 les charlatans qui s'imposent à la crédulité publique.

48

Le bonheur domestique, la douceur de la vie familiale, n'ont pas de plus éloquent défenseur que Molière.

Molière a étudié non seulement les vices et les travers de l'humanité mais leurs funestes résultats aussi: la de-
5 struction ou l'altération des sentiments naturels; la longue traînée de misère et de mal qu'entraîne un seul acte. Tartuffe, corrompt son ami Orgon, tue en lui tout sentiment humain et le rend sottement, dûrement égoïste. Dans l'*Avare*, la plus cruelle des comédies de Molière,
10 l'avarice d'Harpagon détruit en lui honneur, dignité personnelle, affection paternelle. Bien plus, cette avarice éloigne de lui ses enfants, les transforme en étrangers, bientôt en ennemis.

L'AVARE

Cette comédie, jouée en 1668, fut retirée presque aus-
15 sitôt, n'ayant eu aucun succès. Elle était trop âpre, trop cruelle pour plaire au public d'alors. Au moment où Molière allait mourir, elle fut pourtant reprise, et fort applaudie. Mais si de bons juges, tels que Boileau, la prisaient fort, elle dérouta la plupart des spec-
20 tateurs par la grandeur tragique de certaines situations.

La pièce, inspirée de l'*Aululaire* de Plaute, s'écarte pourtant beaucoup de ce modèle. Dans la comédie latine, il s'agit d'une marmite d'or, présent du dieu Lare, et un sentiment religieux se mêle, chez le héros de Plaute,
25 à son adoration de l'or même.

Harpagon, au contraire, aime sa cassette pour l'or qu'elle contient, rêve de son trésor, lui sacrifie tout, voit dans ceux qui l'entourent, dans son fils, dans sa fille, des voleurs qui cherchent à lui dérober son bien.

Naturellement, il est berné par tout le monde. L'amoureux de sa fille s'introduit chez lui comme in-
5 tendant et flatte sa manie pour mieux le tromper. Son fils fait la cour à la jeune fille dont il est lui-même amour-eux. Le valet de son fils dérobe la chère cassette et par là le met à la raison. Plutôt que de perdre son or, Har-pagon capitule, consent à tout. Voici à peu près la
10 donnée de la pièce.

Harpagon, l'avare, est le rival de son fils, Cléante, pour la main de Mariane. L'avare a aussi une fille, Élise, qu'il veut marier à un vieillard Anselme, parce qu'il ne demande pas de dot. Mais Élise a promis
15 d'épouser Valère qui s'est introduit chez Harpagon à titre d'intendant. Cléante, au bout de son latin, com-plote avec un ancien valet de son père; ils découvrent la cachette d'une cassette de dix mille écus, et la dérobent. Rendu fou par la perte de sa cassette, Harpagon consent
20 au mariage de Cléante avec Mariane; et Anselme, qui a retrouvé en Valère un fils longtemps perdu, obtient pour lui Élise en promettant de faire les frais des deux noces.

ACTE I. Scène V

HARPAGON, CLÉANTE, ÉLISE

Les enfants de l'avare se décident à avouer à leur père qu'ils sont amoureux, Cléante de Mariane, et Élise de

Valère. Harpagon, sans vouloir rien écouter, reproche à son fils l'argent qu'il dépense.

HARP. Oui. De pareils discours, et les dépenses que vous faites, seront cause qu'un de ces jours on viendra 5 chez moi me couper la gorge, dans la pensée que je suis tout cousu de pistoles.

CLÉANTE. Quelle grande dépense est-ce que je fais?

HARP. Quelle? Est-il rien de plus scandaleux que ce somptueux équipage que vous promenez par la ville?

10 Je vous l'ai dit vingt fois, mon fils, toutes vos manières me déplaisent fort; vous donnez furieusement dans le marquis; et, pour aller ainsi vêtu, il faut bien que vous me dérobiez.

CLÉANTE. Hé! comment vous dérober?

15 HARP. Que sais-je, moi? Où pouvez-vous donc prendre de quoi entretenir l'état que vous portez?

CLÉANTE. Moi, mon père? c'est que je joue; et, comme je suis fort heureux, je mets sur moi tout l'argent que je gagne.

20 HARP. C'est fort mal fait. Si vous êtes heureux au jeu, vous devriez en profiter, et mettre à honnête intérêt l'argent que vous gagnez, afin de le trouver un jour.

Laissons cela, et parlons d'autres affaires. (*Apercevant Cléante et Élise qui se font des signes.*) Hé! 25 (*Bas, à part.*) Je crois qu'ils se font signe l'un à l'autre de me voler ma bourse. (*Haut.*) Que veulent dire ces gestes-là ?

ÉLISE. Nous marchandons, mon frère et moi, à qui parlera le premier; nous avons tous deux quelque chose
5 à vous dire.

HARP. Et moi, j'ai quelque chose aussi à vous dire à tous deux.

CÉANTE. C'est de mariage, mon père, que nous, désirons vous parler.

10   HARP. Et c'est de mariage aussi que je veux vous entretenir.

ÉLISE. Ah ! mon père !

HARP. Pourquoi ce cri ? Est-ce le mot, ma fille, ou la chose, qui vous fait peur ?

15   CLÉANTE. Le mariage peut nous faire peur à tous deux, de la façon que vous pouvez l'entendre; et nous craignons que nos sentiments ne soient pas d'accord avec votre choix.

HARP. Un peu de patience. Ne vous alarmez point. Je sais ce qu'il faut à tous deux, et vous n'aurez, ni l'un ni
20 l'autre, aucun lieu de vous plaindre de tout ce que je prétends faire; et, pour commencer par un bout (*à Cléante*), avez-vous vu, dites-moi, une jeune personne appelée Mariane, qui ne loge pas loin d'ici ?

CLÉANTE. Oui, mon père.

25   HARP. Et vous ?

ÉLISE. J'en ai ouï parler.

HARP. Comment, mon fils, trouvez-vous cette fille ?

CLÉANTE. Une fort charmante personne.

HARP. Sa physionomie ?

CLÉANTE. Tout honnête et pleine d'esprit.

HARP. Son air et sa manière?

CLÉANTE. Admirables, sans doute.

HARP. Ne croyez-vous pas qu'une fille comme cela
5 mériterait assez que l'on songeât à elle?

CLÉANTE. Oui, mon père.

HARP. Que ce serait un parti souhaitable?

CLÉANTE. Très souhaitable.

HARP. Qu'elle a toute la mine de faire un bon ménage?

10 CLÉANTE. Sans doute.

HARP. Et qu'un mari aurait satisfaction avec elle?

CLÉANTE. Assurément.

HARP. Il y a une petite difficulté: c'est que j'ai
peur qu'il n'y ait pas, avec elle, tout le bien qu'on pour-
15 rait prétendre.

CLÉANTE. Ah! mon père, le bien n'est pas considérable, lorsqu'il est question d'épouser une honnête personne.

HARP. Pardonnez-moi, pardonnez-moi. Mais ce qu'il
20 y a à dire, c'est que, si l'on n'y trouve pas tout le bien
qu'on souhaite, on peut tâcher de regagner cela sur autre
chose.

CLÉANTE. Cela s'entend.

HARP. Enfin je suis bien aise de vous voir dans mes
25 sentiments; car son maintien honnête et sa douceur
m'ont gagné l'âme, et je suis résolu de l'épouser, pourvu
que j'y trouve quelque bien.

CLÉANTE. Hé!

HARP. Comment?

CLÉANTE. Vous êtes résolu, dites-vous? . . .

HARP. D'épouser Mariane.

CLÉANTE. Qui? vous? vous?

HARP. Oui, moi, moi, moi. Que veut dire cela?

5 CLÉANTE. Il m'a pris tout à coup un éblouissement, et je me retire d'ici.

HARP. Cela ne sera rien. Allez vite boire dans la cuisine un grand verre d'eau claire.

SCÈNE VI

HARPAGON, ÉLISE

HARP. Voilà de mes damoiseaux fluets, qui n'ont 10 non plus de vigueur que des poules. C'est là, ma fille, ce que j'ai résolu pour moi. Quant à ton frère, je lui destine une certaine veuve dont ce matin on m'est venu parler; et, pour toi, je te donne au seigneur Anselme.

ÉLISE. Au seigneur Anselme?

15 HARP. Oui. Un homme mûr, prudent et sage, qui n'a pas plus de cinquante ans, et dont on vante les grands biens.

ÉLISE, *faisant la révérence.*

Je ne veux point me marier, mon père, s'il vous plaît.

HARP., *contrefaisant Élise.*

Et moi, ma petite fille, ma mie, je veux que vous vous 20 mariiez, s'il vous plaît.

ÉLISE, *faisant encore la révérence.*

Je vous demande pardon, mon père.

HARP., *contrefaisant Élise.*

Je vous demande pardon, ma fille.

ÉLISE. Je suis très humble servante au seigneur Anselme; mais (*faisant encore la révérence*) avec votre permission, je ne l'épouserai point.

HARP. Je suis votre très humble valet; mais (*contrefaisant encore Élise*) avec votre permission, vous l'épouserez dès ce soir.

ÉLISE. Dès ce soir?

HARP. Dès ce soir.

ÉLISE, *faisant encore la révérence.*

Cela ne sera pas, mon père.

HARP., *contrefaisant encore sa fille.*

Cela sera, ma fille.

.   .   .   .

ÉLISE. Je me tuerai plutôt que d'épouser un tel mari.

HARP. Tu ne te tueras point, et tu l'épouseras.

.   .   .   .

HARP., *apercevant Valère de loin.*

Voilà Valère. Veux-tu qu'entre nous deux nous le fassions juge de cette affaire?

ÉLISE. J'y consens.

HARP. Te rendras-tu à son jugement?

ÉLISE. Oui; j'en passerai par ce qu'il dira.

HARP. Voilà qui est fait.

Scène VII

VALÈRE, HARPAGON, ÉLISE

HARP. Ici, Valère. Nous t'avons élu pour nous dire qui a raison, de ma fille ou de moi.

Val. C'est vous, monsieur, sans contredit.

Harp. Je veux ce soir lui donner pour époux un homme aussi riche que sage: et la coquine me dit au nez qu'elle se moque de le prendre.   Que dis-tu de cela?
5 Val. Ce que j'en dis?
Harp. Oui.
Val. Hé! Hé!
Harp. Quoi?
Val. Je dis que, dans le fond, je suis de votre
10 sentiment; et vous ne pouvez pas que vous n'ayez raison; mais aussi n'a-t-elle pas tort tout à fait; et. . .
Harp. Comment! le seigneur Anselme est un parti considérable: c'est un gentilhomme qui est noble, doux, posé, sage et fort accommodé, . . . et il s'engage à la
15 prendre sans dot.
Val. Sans dot?
Harp. Oui.

Val. Assurément; cela ne reçoit point de contradiction.   Il est vrai que votre fille vous peut représen-
20 ter que le mariage est une plus grande affaire qu'on ne peut croire; qu'il y va d'être heureux ou malheureux toute sa vie.

Harp. Sans dot!
Val. Vous avez raison.   Voilà qui décide tout; cela
25 s'entend.   Il y a des gens qui pourraient vous dire qu'en de telles occasions l'inclination d'une fille est une

chose, sans doute, où l'on doit avoir de l'égard, et que cette grande inégalité d'âge, d'humeur et de sentiments, rend un mariage sujet à des accidents très fâcheux.

5   HARP. Sans dot!

VAL. Ah! il n'y a pas de réplique à cela.

———

Harpagon, pour faire sa cour à Mariane, veut lui offrir à souper.   Ici, son avarice et son désir de plaire à la jeune fille, se combattent de la façon la plus
10 plaisante.   Il appelle son cuisinier, Maître Jacques.

ACTE III. Scène V

HARPAGON, MAÎTRE JACQUES

HARP. . . . Or çà, maître Jacques, approchez-vous. . . .

MAÎTRE JACQUES. Est-ce à votre cocher, monsieur, ou bien à votre cuisinier que vous voulez parler? car
15 je suis l'un et l'autre.

HARP. C'est à tous les deux.

MAÎTRE JACQUES. Mais à qui des deux le premier?

HARP. Au cuisinier.

MAÎTRE JACQUES. Attendez donc, s'il vous plaît.

(*Maître Jacques ôte sa casaque de cocher, et paraît vêtu en cuisinier.*)

20   HARP. Quelle diantre de cérémonie est-ce là?

MAÎTRE JACQUES. Vous n'avez qu'à parler.

HARP. Je me suis engagé, maître Jacques, à donner ce soir à souper.

MAÎTRE JACQUES, *à part.*

Grande merveille!

HARP. Dis-moi un peu, nous feras-tu bonne chère?

5 MAÎTRE JACQUES. Oui, si vous me donnez bien de l'argent.

HARP. Que diable! toujours de l'argent! Il semble qu'ils n'aient rien autre chose à dire: de l'argent! de l'argent! de l'argent! Ah! ils n'ont que ce mot à la

10 bouche: de l'argent! Toujours parler d'argent!

. . . .

MAÎTRE JACQUES. Combien serez-vous de gens à table?

HARP. Nous serons huit ou dix; mais il ne faut prendre que pour huit. Quand il y a à manger pour

15 huit, il y en a bien pour dix.

. . . .

MAÎTRE JACQUES. Eh bien, il faudra quatre grands potages et cinq assiettes. . . . Potages . . . entrées. . .

HARP. Que diable! voilà pour traiter une ville tout entière.

20 MAÎTRE JACQUES. Rôt. . . .

HARP., *mettant la main sur la bouche de maître Jacques.*

Ah! traître! tu manges tout mon bien!

MAÎTRE JACQUES. Entremets . . .

HARP., *mettant encore la main sur la bouche de maître Jacques.*

Encore!

. . . .

HARP. Maintenant, maître Jacques, il faut nettoyer
mon carrosse.

MAÎTRE JACQUES. Attendez. Ceci s'adresse au cocher.
(*Maître Jacques remet sa casaque.*) Vous dites? . . .

5 HARP. Qu'il faut nettoyer mon carrosse et tenir mes
chevaux tout prêts pour conduire à la foire. . . .

MAÎTRE JACQUES. Vos chevaux, monsieur! Ma foi,
ils ne sont point du tout en état de marcher. . . . vous
leur faites observer des jeûnes si austères que ce ne sont
10 plus rien que des idées ou des fantômes, des façons de
chevaux.

HARP. Les voilà bien malades! ils ne font rien.

MAÎTRE JACQUES. Et pour ne faire rien, monsieur,
est-ce qu'il ne faut rien manger? . . . c'est être, mon-
15 sieur, d'un naturel trop dur, que de n'avoir nulle pitié
de son prochain.

HARP. Le travail ne sera pas grand d'aller jusqu'à
la foire.

MAÎTRE JACQUES. Non, monsieur, je n'ai pas le
20 courage de les mener. . . . comment voudriez-vous
qu'ils traînassent un carrosse? Ils ne peuvent se traîner
eux-mêmes.

SCÈNE XI

HARPAGON, MARIANE, FROSINE, CLÉANTE

Mariane se rend chez Harpagon qui lui présente son
fils et sa fille. Voici la scène où Cléante trouve moyen de

plaider sa propre cause, tout en ayant l'air de parler au nom de son père.

HARP. Voici mon fils aussi, qui vous vient faire la révérence.

5 MAR., *bas, à Frosine* [*sa femme de chambre*].

Ah! Prosine, quelle rencontre! C'est justement celui dont je t'ai parlé.

FROS., *à Mar.*

L'aventure est merveilleuse.

HARP. Je vois que vous vous étonnez de me voir de 10 si grands enfants; mais je serai bientôt défait de l'un et de l'autre.

CLÉANTE *à Mar.*

Madame, à vous dire le vrai, c'est ici une aventure où, sans doute, je ne m'attendais pas; et mon père ne m'a pas peu surpris lorsqu'il m'a dit tantôt le dessein 15 qu'il avait formé.

MAR. Je puis dire la même chose: c'est une rencontre imprévue qui m'a surprise autant que vous; et je n'étais point préparée à une pareille aventure.

CLÉANTE. Il est vrai que mon père, madame, ne peut 20 pas faire un plus beau choix, et que ce m'est une sensible joie que l'honneur de vous voir; mais, avec tout cela, je ne vous assurerai point que je me réjouis du dessein où vous pourriez être de devenir ma belle-mère.

. . . .

HARP. Voilà un compliment bien impertinent! Quelle 25 belle confession à lui faire!

MAR. Et moi, pour vous répondre, j'ai à vous dire que les choses sont fort égales; et que, si vous auriez de la répugnance à me voir votre belle-mère, je n'en aurais pas moins, sans doute, à vous voir mon beau-fils.

. . . .

5 HARP. Elle a raison; à sot compliment il faut une réponse de même. Je vous demande pardon, ma belle, de l'impertinence de mon fils. C'est un jeune sot qui ne sait pas encore la conséquence des paroles qu'il dit.

MAR. Je vous promets que ce qu'il m'a dit ne m'a 10 point du tout offensée, au contraire, il m'a fait plaisir de m'expliquer ses véritables sentiments. J'aime de lui un aveu de la sorte; et, s'il avait parlé d'une autre façon, je l'en estimerais bien moins.

HARP. C'est beaucoup de bonté à vous de vouloir 15 ainsi excuser ses fautes. Le temps le rendra plus sage, et vous verrez qu'il changera de sentiments.

CLÉANTE. Non, mon père, je ne suis point capable d'en changer, et je prie instamment madame de le croire.

HARP. Mais voyez quelle extravagance! il continue 20 encore plus fort.

CLÉANTE. Voulez-vous que je trahisse mon cœur?

HARP. Encore! Avez-vous envie de changer de discours?

CLÉANTE. Eh bien! puisque vous voulez que je parle 25 d'autre façon: souffrez, madame, que je me mette ici à la place de mon père, et que je vous avoue que je n'ai rien vu dans le monde de si charmant que vous; que je ne conçois rien d'égal au bonheur de vous plaire, et

que le titre de votre époux est une gloire, une félicité que je préférerais aux destinées des plus grands princes de la terre. Oui, madame, le bonheur de vous posséder est, à mes regards, la plus belle de toutes les fortunes;
5 c'est où j'attache toute mon ambition. Il n'y a rien que je ne sois capable de faire pour une conquête si précieuse; et les obstacles les plus puissants. . . .

HARP. Doucement, mon fils, s'il vous plaît.

CLÉANTE. C'est un compliment que je fais pour vous
10 à madame.

HARP. Mon Dieu! j'ai une langue pour m'expliquer moi-même, et je n'ai pas besoin d'un procureur comme vous. Allons, donnez des sièges.

ACTE IV. SCÈNE VII
HARPAGON

Pour mettre son père à la raison, Cléante, avec l'aide
15 de son valet, dérobe la cassette de l'avare. Harpagon devient presque fou de douleur.

———

HARP., *criant au voleur dès le jardin.*

Au voleur! au voleur! à l'assassin! au meurtrier! Justice, juste ciel! Je suis perdu, je suis assassiné; on m'a coupé la gorge, on m'a dérobé mon argent.
20 Qui peut-ce être? Qu'est-il devenu? Où est-il? Où se cache-t-il? Que ferai-je pour le trouver? Où courir? Où ne pas courir? N'est-il point là? N'est-il point ici? Qui est-ce? Arrête. (*A lui-même, se prenant par le bras.*) Rends-moi mon argent, coquin! . . .

Ah! c'est moi!... Mon esprit est troublé, et j'ignore
où je suis, qui je suis, et ce que je fais. Hélas! mon
pauvre argent, mon pauvre argent, mon chèr ami, on
m'a privé de toi! Et, puisque tu m'es enlevé, j'ai perdu
5 mon support, ma consolation, ma joie; tout est fini
pour moi.... C'en est fait! je n'en puis plus, je
me meurs, je suis mort, je suis enterré.... Sortons.
Je veux aller quérir la justice, et faire donner la question
à toute ma maison: à servantes, à valets, à fils, à fille,
10 et à moi aussi. Que de gens assemblés! Je ne jette
mes regards sur personne qui ne me donne des soupçons, et tout me semble mon voleur. Eh! de quoi est-ce
qu'on parle là? de celui qui m'a dérobé? Quel bruit
fait-on là-haut? Est-ce mon voleur qui y est? De
15 grâce, si l'on sait des nouvelles de mon voleur, je sup-
plie que l'on m'en dise. N'est-il point caché là parmi
vous? Ils me regardent tous, et se mettent à rire.
Vous verrez qu'ils ont part, sans doute, au vol que l'on
m'a fait. Allons vite, des commissaires, des archers,
20 des prévôts, des juges, des gênes, des potences et des
bourreaux. Je veux faire pendre tout le monde; et,
si je ne trouve mon argent, je me pendrai moi-même,
après.

ACTE V. Scène I

HARPAGON, UN COMMISSAIRE

Le Com. Laissez-moi faire, je sais mon métier,
25 Dieu merci.

HARP. Tous les magistrats sont intéressés à prendre cette affaire en main; et, si l'on ne me fait retrouver mon argent, je demanderai justice de la justice.

LE COM. . . . Vous dites qu'il y avait dans cette
5 cassette? . . .

HARP. Dix mille écus bien comptés.

LE COM. Dix mille écus!

HARP. Dix mille écus.

LE COM. Le vol est considérable.

10 HARP. Il n'y a point de supplice assez grand pour l'énormité de ce crime; . . .

LE COM. Qui soupçonnez-vous de ce vol?

HARP. Tout le monde; et je veux que vous arrêtiez prisonniers la ville et les faubourgs.

•   ·   ·   ·   ·   •

SCÈNE II

HARPAGON, MAÎTRE JACQUES, COMMISSAIRE

MAÎTRE JACQUES, *au bout du théâtre, en se retournant du côté dont il sort.*

15 Je m'en vais revenir. Qu'on me l'égorge tout à l'heure; qu'on me lui fasse griller les pieds; qu'on me le mette dans l'eau bouillante, et qu'on me le pende au plancher.

HARP., à *maître Jacques.*

Qui? celui qui m'a dérobé?

20 MAÎTRE JACQUES. Je parle d'un cochon de lait que

votre intendant me vient d'envoyer, et je veux vous l'accomoder à ma fantaisie.

HARP. Il n'est pas question de cela; et voilà monsieur, à qui il faut parler d'autre chose.

.   .   -   .   -   -

5 MAÎTRE JACQUES. Monsieur est de votre souper?

LE COM. Il faut ici, mon cher ami, ne rien cacher à votre Maître.

MAÎTRE JACQUES. Ma foi, monsieur, je montrerai tout ce que je sais faire, et je vous traiterai du mieux 10 qu'il me sera possible. •

HARP. Ce n'est pas là l'affaire.

MAÎTRE JACQUES. Si je ne vous fais pas aussi bonne chère que je voudrais, c'est la faute de monsieur votre intendant, qui m'a rogné les ailes avec les ciseaux de 15 son économie.

HARP. Traître! il s'agit d'autre chose que de souper; et je veux que tu me dises des nouvelles de l'argent qu'on m'a pris.

MAÎTRE JACQUES. On vous a pris de l'argent?

0 HARP. Oui, coquin! et je m'en vais te faire pendre si tu ne me le rends.

. -   :   =   -

MAÎTRE JACQUES, *bas, à part.*

Voici justement ce qu'il me faut pour me venger de notre intendant.

HARP. Qu'as-tu à ruminer?

.   .   .   .

COMÉDIE CLASSIQUE — 5

MAÎTRE JACQUES. Monsieur, si vous voulez que je vous dise les choses, je crois que c'est monsieur votre cher intendant qui a fait le coup.

HARP. Valère?

5 MAÎTRE JACQUES. Oui.

HARP. Lui qui me paraît si fidèle.

MAÎTRE JACQUES. Lui-même. Je crois que c'est lui qui vous a dérobé.

HARP. Et sur quoi le crois-tu?

10 MAÎTRE JACQUES. Sur quoi?

HARP. Oui.

MAÎTRE JACQUES. Je le crois . . . sur ce que je le crois.

LE COM. Mais il est nécessaire de dire les indices 15 que vous avez.

HARP. L'as-tu vu rôder autour du lieu où j'avais mis mon argent?

MAÎTRE JACQUES. Oui, vraiment. Où était-il, votre argent?

20 HARP. Dans le jardin.

MAÎTRE JACQUES. Justement. Je l'ai vu rôder dans le jardin. Et dans quoi est-ce que cet argent était?

HARP. Dans une cassette.

MAÎTRE JACQUES. Voilà l'affaire. Je lui ai vu une 25 cassette.

HARP. Et cette cassette, comment est-elle faite? Je verrai bien si c'est la mienne.

MAÎTRE JACQUES. Comment elle est faite?

HARP. Oui.

MAÎTRE JACQUES. Elle est faite . . . elle est faite comme une cassette.

LE COM. Cela s'entend. Mais dépeignez-la un peu pour voir.

5 MAÎTRE JACQUES. C'est une grande cassette. . . .

HARP. Celle qu'on m'a volée est petite.

MAÎTRE JACQUES. Eh! oui, elle est petite, si on le veut prendre par là; mais je l'appelle grande pour ce qu'elle contient.

10 LE COM. Et de quelle couleur est-elle?

MAÎTRE JACQUES. De quelle couleur?

LE COM. Oui.

MAÎTRE JACQUES. Elle est de couleur . . . là, d'une certaine couleur. . . . Ne sauriez-vous m'aider à 15 dire?

HARP. Euh!

MAÎTRE JACQUES. N'est-elle pas rouge?

HARP. Non, grise.

MAÎTRE JACQUES. Eh! oui, gris-rouge. C'est ce 20 que je voulais dire.

HARP. Il n'y a point de doute. C'est elle assurément. Ecrivez, monsieur, écrivez sa déposition. Ciel! à qui désormais se fier? Il ne faut plus jurer de rien; et je crois, après cela, que je suis homme à me voler moi-5 même.

MAÎTRE JACQUES, à *Har.*

Monsieur, le voici qui revient. Ne lui allez pas dire, au moins, que c'est moi qui vous ai découvert cela.

Scène III

HARPAGON, UN COMMISSAIRE, VALÈRE, MAÎTRE JACQUES

HARP. Approche; viens confesser l'action la plus noire, l'attentat le plus horrible qui jamais ait été commis.

VAL. Que voulez-vous, monsieur?

HARP. Comment! traître, tu ne rougis pas de ton 5 crime?

VAL. De quel crime voulez-vous donc parler?

HARP. De quel crime je veux parler, infâme!... l'affaire est découverte, et l'on vient de m'apprendre tout.

.   .   .   .

10 VAL. Monsieur, puisqu'on vous a découvert tout, je ne veux point chercher de détours, et vous nier la chose.

.   .   .   .

————

Valère, accusé du vol, croit qu'on lui reproche d'avoir conquis le cœur d'Élise.

————

HARP. Et quelles belles raisons peux-tu me donner, 15 voleur infâme?

.   .   .   .   .

VAL. De grâce, ne vous mettez point en colère. Quand vous m'aurez ouï, vous verrez que le mal n'est pas si grand que vous le faites.

HARP. Le mal n'est pas si grand que je le fais! Quoi!
mon sang, mes entrailles, pendard!

.   .   .   .

VAL. Votre honneur, monsieur, sera pleinement
satisfait.

5 HARP. Il n'est pas question d'honneur là-dedans.
Mais, dis-moi, qui t'a porté à cette action?

VAL. Hélas! me le demandez-vous?

HARP. Oui, vraiment, je te le demande.

VAL. Un dieu qui porte les excuses de tout ce qu'il
10 fait faire: l'Amour.

HARP. L'Amour!

VAL. Oui.

HARP. Bel amour! bel amour, ma foi! l'amour de
mes louis d'or!

15 VAL. Non, monsieur, ce ne sont point vos richesses
qui m'ont tenté, ce n'est pas cela qui m'a ébloui; et je
proteste de ne prétendre rien à tous vos biens, pourvu
que vous me laissiez celui que j'ai.

HARP. Non, de par tous les diables! je ne te le lais-
20 serai pas. Mais voyez quelle insolence, de vouloir
retenir le vol qu'il m'a fait! . . . un trésor comme
celui-là!

VAL. C'est un trésor, il est vrai, et le plus précieux
que vous ayez sans doute; mais ce ne sera pas le perdre
25 que de me le laisser. . . . nous nous sommes engagés
d'être l'un à l'autre à jamais.

HARP. Je vous en empêcherai bien, je vous assure.

VAL. Rien que la mort ne nous peut séparer.

HARP. C'est être bien endiablé après mon argent.

. . . .

VAL. . . . je vous prie de croire au moins que, s'il y a du mal, ce n'est que moi qu'il en faut accuser, et que votre fille, en tout ceci, n'est aucunement coupable.

5 HARP. Je le crois bien, vraiment; il serait fort étrange que ma fille eût trempé dans ce crime. Mais je veux ravoir mon affaire, et que tu me confesses en quel endroit tu me l'as enlevée.

VAL. Moi? je ne l'ai point enlevée, et elle est encore 10 chez vous.

HARP., à part.

O ma chère cassette! (*Haut.*) Elle n'est point sortie de ma maison?

VAL. Non, monsieur. . . . et c'est d'une ardeur toute pure et respectueuse que j'ai brûlé pour elle.

HARP., à part.

15 Brûlé pour ma cassette!

. . . . .

VAL. Tous mes désirs se sont bornés à . . . la passion que ses beaux yeux m'ont inspirée.

HARP., à part.

Les beaux yeux de ma cassette! Il parle d'elle comme un amant d'une maîtresse.

20 VAL. . . . et c'est seulement depuis hier qu'elle a pu se résoudre à nous signer mutuellement une promesse de mariage.

HARP. Ma fille t'a signé une promesse de mariage?

VAL. Oui, monsieur, comme de ma part je lui en ai
signé une.

Scène IV

HARPAGON, ÉLISE, MARIANE, VALÈRE, FROSINE, MAÎTRE
JACQUES, LE COMMISSAIRE

HARP. Ah! fille scélérate! fille indigne d'un père
5 comme moi! c'est ainsi que tu pratiques les leçons que
je t'ai données!... Mais vous serez trompés l'un
et l'autre. (A *Élise*.) Quatre bonnes murailles me
répondront de ta conduite; (*à Valère*) et une bonne
potence, pendard effronté, me fera raison de ton audace.

.   .   .   .

10   Tout s'arrange à la fin. Harpagon, pour rentrer en
possession de sa chère cassette, consent à donner Mariane
à Cléante et Élise à Valère.

QUATRIÈME LEÇON

MOLIÈRE (*Continuation*)

Lorsque Molière écrivit le *Bourgeois Gentilhomme* (1670), il était en pleine possession de son génie, de sa maîtrise du théâtre. Il se jouait des difficultés d'un art difficile entre tous, et se permettait toutes les audaces. 5 Dans cette nouvelle pièce, il mêla deux genres, dans lesquels il excellait tout particulièrement: la comédie et la farce.

La Comédie de Caractère

Après avoir démasqué les faux dévots, tourné les Précieuses en ridicule, bafoué les poètes prétentieux et 10 niais, fustigé les petits marquis, Molière, dans le *Bour-geois Gentilhomme*, s'attaque à cette classe moyenne, dont il était, et qu'il avait pu étudier de près. Peut-être, aussi, songeait-il à faire plaisir à ses grands patrons en se moquant gaiement des gens de petite naissance qui 15 singeaient les "gens de qualité."

De son temps, bien plus que du nôtre, les castes étaient divisées par des barrières à peu près infranchis-sables. La Fontaine le proclame bien haut dans sa

72

fable de la *Grenouille qui se veut faire aussi grosse que le bœuf.*

Dans le *Bourgeois Gentilhomme*, Molière ne s'occupe plus des grands vices de l'humanité; c'est à la vanité qu'il en veut, défaut ridicule, irritant, insupportable, et qui peut avoir des conséquences presque aussi déplorables que l'hypocrisie, l'avarice ou la cruauté.

M. Jourdain est resté le type immuable du parvenu. Il est très riche et se persuade qu'avec beaucoup d'argent on peut tout acquérir, même l'esprit, même les belles manières. Il cherche à refaire son éducation, fort négligée dans sa jeunesse, et se met entre les mains de maîtres de musique, de danse, de grammaire et de philosophie. Au fond, c'est encore à son tailleur qu'il se fie de préférence pour se transformer en "homme de qualité."

A côté de ce bourgeois ridicule, sa femme représente le gros bon sens de sa classe; tandis que sa fille Lucile nous montre que la grâce et le charme sont de toutes les classes. La servante, Nicole, vrai porte-voix de la saine logique du peuple, dit son fait à son maître, avec beaucoup de sans-gêne. Ces personnages, ainsi que les professeurs et certain grand seigneur fripon, sont admirablement dessinés.

Le Chevalier d'Arvieux, que sa connaissance de la langue turque avait designé pour conclure un traité avec la Porte, raconte ce qui suit:

"Sa Majesté m'ordonna, à l'occasion de l'arrivée de l'ambassadeur turc, de me joindre à MM. Molière et de Lulli pour composer une pièce de théâtre ou l'on pût

faire entrer quelque chose des habillements et des manières des Turcs."

La collaboration du chevalier se borna à fournir
certains détails de couleur locale et des mots turcs.

5   Si, pour le goût moderne, la farce imaginée par Mokère
semble plus folle que réjouissante, il faut se souvenir que
le goût a beaucoup changé. Louis XIV et sa cour, en
tout cas, s'amusèrent franchement de cette "turquerie."

Afin de rattacher la farce à la comédie réelle, Molière
10 imagina de faire servir la monstrueuse vanité de M.
Jourdain aux amours de Lucile. Elle aime le jeune
Cléonte, mais celui-ci n'est pas titré et le bourgeois le
met à la porte. On persuade au bonhomme que le
fils du Grand Turc est à Paris et demande la main de
15 Lucile; seulement, pour se rendre digne d'un tel honneur
il faut que M. Jourdain devienne mamamouchi. L'initiation se fait avec un grand luxe de cérémonies burlesques.
Lucile reconnait Cléonte sous un déguisement de prince
turc, elle consent de bon cœur à l'épouser, et tout se
20 termine le plus gaiement du monde.

Dans aucune de ses comédies, Mokère n'a montré plus
de verve, de vivacité, de naturel que dans le *Bourgeois
Gentilhomme.* Sa langue est merveilleusement franche
et souple; il n'y a pas un mot de trop; pas un non plus
25 qui ne réponde au sentiment du personnage et de la
situation. Chacun parle selon sa nature et selon son
monde. C'est la vraie langue française, à la fois naïve
et forte, dont la belle société du XVIIème siècle n'a
pas encore prescrit les hardiesses.

LE BOURGEOIS GENTILHOMME

Les professeurs de musique et de danse, en causant de
M. Jourdain, nous le font connaître. Ils lui donnent une
leçon de danse et de musique.

ACTE I. Scène I

MAÎTRE À DANSER, MAÎTRE DE MUSIQUE

LE MAÎTRE À DANSER. Nos occupations, à vous et à
5 moi, ne sont pas petites maintenant.

LE MAÎTRE DE MUSIQUE. Il est vrai. Nous avons
trouvé ici un homme comme il nous le faut à tous deux.
Ce nous est une douce rente que ce M. Jourdain, avec les
visions de noblesse et de galanterie qu'il est allé se mettre
10 en tête; et votre danse et ma musique auraient à souhaiter
que tout le monde lui ressemblât.

LE MAÎTRE À DANSER. Non pas entièrement; et je
voudrais, pour lui, qu'il se connût mieux qu'il ne fait
aux choses que nous lui donnons.

15 LE MAÎTRE DE MUSIQUE. Il est vrai qu'il les connaît
mal, mais il les paye bien, . . . C'est un homme, à la
vérité, dont les lumières sont petites; qui parle à tort
et à travers de toutes choses et n'applaudit qu'à contre-
sens; mais son argent redresse les jugements de son
20 esprit: . . . et ce bourgeois ignorant nous vaut mieux,
comme vous voyez, que le grand seigneur éclairé qui
nous a introduits ici.

LE MAÎTRE À DANSER. Il y a quelque chose de vrai

dans ce que vous dites; mais je trouve que vous appuyez un peu trop sur l'argent. . . . Le voilà que vient.

SCÈNE II

MONSIEUR JOURDAIN, LES MÊMES, LAQUAIS

M. JOURDAIN. Eh bien, messieurs, qu'est-ce? Me ferez-vous voir votre petite drôlerie?

5 LE MAÎTRE À DANSER. Comment! quelle petite drôlerie?

M. JOURDAIN. Hé! là.... Comment appelez-vous cela? Votre prologue ou dialogue de chansons et de danse?

10 LE MAÎTRE À DANSER. Ah! ah!

LE MAÎTRE DE MUSIQUE. Vous nous y voyez préparés.

M. JOURDAIN. Je vous ai fait un peu attendre; mais c'est que je me fais habiller aujourd'hui comme les gens de qualité, et mon tailleur m'a envoyé des bas de soie que 15 j'ai pensé ne mettre jamais.

LE MAÎTRE DE MUSIQUE. Nous ne sommes ici que pour attendre votre loisir.

M. JOURDAIN. Je vous prie tous deux de ne vous point en aller qu'on ne m'ait apporté mon habit, afin que vous 20 me puissiez voir.

LE MAÎTRE À DANSER. Tout ce qu'il vous plaira.

M. JOURDAIN. Vous me verrez équipé comme il faut, depuis les pieds jusqu'à la tête.

LE MAÎTRE DE MUSIQUE. Nous n'en doutons point.

25 M. JOURDAIN. Je me suis fait faire cette indienne-ci.

LE MAÎTRE À DANSER. Elle est fort belle.

M. Jourdain. Mon tailleur m'a dit que les gens de qualité étaient comme cela le matin.

Le Maître de Musique. Cela vous sied à merveille.

5 M. Jourdain. Laquais, holà! mes deux laquais!

Premier Laquais. Que voulez-vous, monsieur?

M. Jourdain. Rien. C'est pour voir si vous m'entendez bien. (*Au Maître de musique et au Maître à danser.*) Que dites-vous de mes livrées?

10 Le Maître à Danser. Elles sont magnifiques.

ACTE II. Scène I
LES MÊMES MOINS LE LAQUAIS

Le Maître à Danser. (*Il lui prend les mains et le fait danser sur un air de menuet qu'il chante.*)

La, la, la, la, la, la,
La, la, la, la, la, la, la,
La, la, la, la, la, la,
La, la, la, la, la, la,
La, la, la, la, la.

15 En cadence, s'il vous plaît.

La, la, la, la, la.

La jambe droite.

La, la, la.

20 Ne remuez point tant les épaules.

La, la, la, la, la, la, la, la, la, la,

Vos deux bras sont estropiés.

                La, la, la, la.

Haussez la tête.   Tournez la pointe du pied en dehors.

                La, la, la.

5 Dressez votre corps.

M. JOURDAIN. Hé!

LE MAÎTRE DE MUSIQUE. Voilà qui est le mieux du monde.

M. JOURDAIN. A propos, apprenez-moi comme il
10 faut faire une révérence pour saluer une marquise;
j'en aurai besoin tantôt.

LE MAÎTRE À DANSER. Une révérence pour saluer une marquise?

M. JOURDAIN. Oui, une marquise qui s'appelle
15 Dorimène.

LE MAÎTRE À DANSER. Donnez-moi la main.

M. JOURDAIN. Nòn, vous n'avez qu'à faire; je le retiendrai bien.

LE MAÎTRE À DANSER. Si vous voulez la saluer avec
20 beaucoup de respect, il faut faire d'abord une révérence
en arrière, puis marcher vers elle avec trois révérences en
avant, et, à la dernière, vous baisser jusqu'à ses genoux.

M. JOURDAIN. Faites un peu.   (*Après que le Maître
à danser a fait trois révérences.*)   Bon.

SCÈNE VI

JOURDAIN, MAÎTRE DE PHILOSOPHIE

25   Lorsque le maître de philosophie entre, M. Jourdain,
après avoir appris ce que sont les voyelles la poésie et

la prose, demande au professeur de lui tourner un billet doux, en termes galants.

LE MAÎTRE DE PHILOSOPHIE. Demain, nous verrons les autres lettres, qui sont les consonnes.

5 M. JOURDAIN. Est-ce qu'il y a des choses aussi curieuses qu'à celles-ci?

. . . .

LA MAÎTRE DE PHILOSOPHIE. Je vous expliquerai à fond toutes ces curiosités.

M. JOURDAIN. Je vous en prie. Au reste, il faut que 10 je vous fasse une confidence. Je suis amoureux d'une personne de grande qualité, et je souhaiterais que vous m'aidassiez à lui écrire quelque chose dans un petit billet que je veux laisser tomber à ses pieds.

LE MAÎTRE DE PHILOSOPHIE. Fort bien.

15 M. JOURDAIN. Cela sera galant; oui.

LE MAÎTRE DE PHILOSOPHIE. Sans doute. Sont-ce des vers que vous lui voulez écrire?

M. JOURDAIN. Non, non, point de vers.

LE MAÎTRE DE PHILOSOPHIE. Vous ne voulez que de 20 la prose?

M. JOURDAIN. Non, je ne veux ni prose ni vers.

LE MAÎTRE DE PHILOSOPHIE. Il faut bien que ce soit l'un ou l'autre.

M. JOURDAIN. Pourquoi?

25 LE MAÎTRE DE PHILOSOPHIE. Par la raison, monsieur, qu'il n'y a, pour s'exprimer, que la prose ou les vers.

M. Jourdain. Il n'y a que la prose ou les vers?

Le Maître de Philosophie. Non, monsieur. Tout ce qui n'est point prose est vers, et tout ce qui n'est point vers est prose.

5   M. Jourdain. Et comme l'on parle, qu'est-ce que c'est donc que cela?

Le Maître de Philosophie. De la prose.

M. Jourdain. Quoi! quand je dis: "Nicole, apportez-moi mes pantoufles et me donnez mon bonnet de nuit," 10 c'est de la prose?

Le Maître de Philosophie. Oui, monsieur.

M. Jourdain. Par ma foi, il y a plus de quarante ans que je dis de la prose, sans que j'en susse rien; et je vous suis le plus obligé du monde de m'avoir appris cela. 15 Je voudrais donc lui mettre dans un billet: *Belle marquise, vos beaux yeux me font mourir d'amour;* mais je voudrais que cela fût mis d'une manière galante, que cela fût tourné gentiment.

Le Maître de Philosophie. Mettre que les feux de 20 ses yeux réduisent votre cœur en cendre; que vous souffrez nuit et jour pour elle les violences d'un . . .

M. Jourdain. Non, non, non; je ne veux point tout cela. Je ne veux que ce que je vous ai dit: *Belle marquise, vos beaux yeux me font mourir d'amour.*

25   Le Maître de Philosophie. Il faut bien étendre un peu la chose.

M. Jourdain. Non, vous dis-je; je ne veux que ces seules paroles-là dans le billet, mais tournées à la mode, bien arrangées comme il faut. Je vous prie de me dire un peu, pour voir, les diverses manières dont on les peut mettre.

LE MAÎTRE DE PHILOSOPHIE. On peut les mettre, premièrement, comme vous avez dit: *Belle marquise,* 5 *vos beaux yeux me font mourir d'amour;* ou bien: *D'amour mourir me font, belle marquise, vos beaux yeux;* ou bien: *Vos yeux beaux d'amour me font, belle marquise, mourir;* ou bien: *Mourir vos beaux yeux, belle marquise, d'amour me font;* ou bien: *Me font vos yeux* 10 *beaux mourir, belle marquise, d'amour.*

M. JOURDAIN. Mais, de toutes ces façons-là, laquelle est la meilleure?

LE MAÎTRE DE PHILOSOPHIE. Celle que vous avez dite: *Belle marquise, vos beaux yeux me font mourir* 15 *d'amour.*

M. JOURDAIN. Cependant je n'ai point étudié, et j'ai fait cela tout du premier coup. Je vous remercie de tout mon cœur, et je vous prie de venir demain de bonne heure.

20 LE MAÎTRE DE PHILOSOPHIE. Je n'y manquerai pas.

SCÈNE IX

M. JOURDAIN, LE MAÎTRE TAILLEUR, LE GARÇON TAILLEUR; GARÇONS TAILLEURS, *dansants;* UN LAQUAIS

LE MAÎTRE TAILLEUR, *à ses Garçons.*
Mettez cet habit à monsieur, de la manière que vous faites aux personnes de qualité.

PREMIÈRE ENTRÉE DE BALLET

(*Les quatre garçons tailleurs, dansants, s'approchent de M. Jourdain. Deux lui arrachent le haut-de-chausses de ses exercices; les deux autres lui ôtent la camisole; après quoi, toujours en cadence, ils lui mettent son habit neuf. M. Jourdain se promène au milieu d'eux et leur montre son habit pour voir s'il est bien fait.*)

GARÇON TAILLEUR. Mon gentilhomme, donnez, s'il vous plaît, aux garçons, quelque chose pour boire.

M. JOURDAIN. Comment m'appelez-vous?

GARÇON TAILLEUR. Mon gentilhomme.

5 M. JOURDAIN. Mon gentilhomme! Voilà ce que c'est que de se mettre en personne de qualité. Allez-vous-en demeurer toujours habillé en bourgeois, on ne vous dira point: Mon gentilhomme. (*Donnant de l'argent.*) Tenez, voilà pour mon gentilhomme.

10 GARÇON TAILLEUR. Monseigneur, nous vous sommes bien obligés.

M. JOURDAIN. Monseigneur! Oh! oh! monseigneur! Attendez, mon ami, monseigneur mérite quelque chose; et ce n'est pas une petite parole que mon-15 seigneur. Tenez, voilà ce que monseigneur vous donne.

GARÇON TAILLEUR. Monseigneur, nous allons boire tous à la santé de votre grandeur.

M. JOURDAIN. Votre grandeur! Oh! oh! oh! Attendez; ne vous en allez pas. A moi, votre grandeur! 20 (*Bas, à part.*) Ma foi, s'il va jusqu'à l'altesse, il aura toute la bourse. (*Haut.*) Tenez, voilà pour ma grandeur.

GARÇON TAILLEUR. Monseigneur, nous la remercions très humblement de ses libéralités.

M. JOURDAIN. Il a bien fait, je lui allais tout donner.

ACTE III. SCÈNE III

JOURDAIN, MADAME JOURDAIN, NICOLE

Lorsque la servante, Nicole, voit son maître habillé
5 en gentilhomme elle éclate de rire. Mme. Jourdain cherche à faire honte à son fou de mari.

MADAME JOURDAIN. . . . Qu'est-ce que c'est donc, mon mari, que cet équipage-là? Vous moquez-vous du monde, de vous être fait enharnacher de la sorte? et
10 avez-vous envie qu'on se raille partout de vous?

M. JOURDAIN. Il n'y a que des sots et des sottes, ma femme, qui se railleront de moi.

MADAME JOURDAIN. Vraiment, on n'a pas attendu jusqu'à cette heure, et il y a longtemps que vos façons
15 de faire donnent à rire à tout le monde.

M. JOURDAIN. Qui est donc tout ce monde-là, s'il vous plaît?

MADAME JOURDAIN. Tout ce monde-là est un monde qui a raison, et qui est plus sage que vous. Pour moi,
20 je suis scandalisée de la vie que vous menez. Je ne sais plus ce que c'est que notre maison.

.   .   .   .   "   .   .

NICOLE. Madame parle bien. Je ne saurais plus voir mon ménage propre avec cet attirail de gens que vous faites venir chez vous.

M. Jourdain. Ouais! notre servante Nicole, vous avez le caquet bien affilé pour une paysanne!　　·

Madame Jourdain. Nicole a raison, et son sens est meilleur que le vôtre. Je voudrais bien savoir ce que vous
5 pensez faire d'un maître à danser, à l'âge que vous avez?

Nicole. Et d'un grand maître tireur d'armes.

　·　　　:　　·　　　　　·　　·

M. Jourdain. Taisez-vous, ma servante et ma femme.

Madame Jourdain. Est-ce que vous voulez apprendre à danser pour quand vous n'aurez plus de jambes?

10 Nicole. Est-ce que vous avez envie de tuer quelqu'un?

M. Jourdain. Taisez-vous, vous dis-je; vous êtes des ignorantes l'une et l'autre.

　·　　·　　-　　·　　　·　　　·

Nicole. J'ai encore ouï dire, madame, qu'il a pris
15 aujourd'hui, pour renfort de potage, un maître de philosophie.

M. Jourdain. Fort bien. Je veux avoir de l'esprit et savoir raisonner des choses parmi les honnêtes gens.

　·　　·　　-　　·　　·　　·　　·

Madame Jourdain. Tout cela est fort nécessaire
20 pour conduire votre maison.

M. Jourdain. Assurément. Vous parlez toutes deux comme des bêtes, et j'ai honte de votre ignorance. Par exemple (à Madame Jourdain) savez-vous, vous, ce que c'est que vous dites à cette heure?

25 Madame Jourdain. Oui, je sais que ce que je dis est

fort bien dit, et que vous devriez songer à vivre d'autre sorte.

M. Jourdain. Je ne parle pas de cela. Je vous demande ce que c'est que les paroles que vous dites ici.

5   Madame Jourdain. Ce sont des paroles bien sen-·sées, et votre conduite ne l'est guère.

M. Jourdain. Hé! non, ce n'est pas cela. Ce que nous disons tous deux, le langage que nous parlons à cette heure?...

10   Madame Jourdain. Eh bien?

M. Jourdain. Comment est-ce que cela s'appelle?

Madame Jourdain. Cela s'appelle comme on veut l'appeler.

M. Jourdain. C'est de la prose, ignorante.

15   Madame Jourdain. De la prose?

M. Jourdain. Oui, de la prose. Tout ce qui est prose n'est point vers; et tout cc qui n'est point vers est prose. Et voilà ce que c'est que d'étudier. (A Nicole.) Et toi, sais-tu bien comme il faut faire pour dire un U?

20   Nicole. Comment?

M. Jourdain. Oui, qu'est-ce que tu fais quand tu dis U?

Nicole. Quoi?

M. Jourdain. Dis un peu U, pour voir.

25   Nicole. Eh bien, U.

M. Jourdain. Qu'est-ce que tu fais?

Nicole. Je dis U.

M. Jourdain. Oui; mais, quand tu dis U, qu'est ce que tu fais?

NICOLE. Je fais ce que vous me dites.

M. JOURDAIN. Oh! l'étrange chose que d'avoir affaire à des bêtes! Tu allonges les lèvres en dehors, et approches la mâchoire d'en haut de celle d'en bas. U, 5 vois-tu? je fais la moue, U.

. . . .

MADAME JOURDAIN. Qu'est-ce que c'est donc que tout ce galimatias-là.

NICOLE. De quoi est-ce que tout cela guérit?

M. JOURDAIN. J'enrage quand je vois des femmes 10 ignorantes.

.

SCÈNE XI

MADAME JOURDAIN, CLÉONTE

MADAME JOURDAIN. Je suis bien aise de vous voir, Cléonte; et vous voilà tout à propos. Mon mari vient; prenez vite votre temps pour lui demander Lucile en mariage.

15 CLÉONTE. Ah! madame, que cette parole m'est douce, et qu'elle flatte mes désirs! Pouvais-je recevoir un ordre plus charmant, une faveur plus précieuse?

SCÈNE XII

MONSIEUR JOURDAIN, MADAME JOURDAIN, CLÉONTE

CLÉONTE. Monsieur, je n'ai voulu prendre personne pour vous faire une demande que je médite il y a long-20 temps. Elle me touche assez pour m'en charger moi-même; et, sans autre détour, je vous dirai que l'honneur d'être votre gendre est une faveur glorieuse que je vous prie de m'accorder.

M. Jourdain. Avant que de vous rendre réponse, 5 monsieur, je vous prie de me dire si vous êtes gentil-homme.

.   .   .   .

Cléonte. Je suis né de parents, sans doute, qui ont tenu des charges honorables; je me suis acquis dans les armes l'honneur de six ans de service, et je me trouve 10 assez de bien pour tenir dans le monde un rang assez passable; mais, . . . je vous dirai franchement que je ne suis point gentilhomme.

M. Jourdain. Touchez là, monsieur: ma fille n'est pas pour vous.

15   Cléonte. Comment?

M. Jourdain. Vous n'êtes point gentilhomme, vous n'aurez point ma fille.

Madame Jourdain. Que voulez-vous donc dire avec votre gentilhomme? Est-ce que nous sommes, nous 0 autres, de la côte de saint Louis?

M. Jourdain. Taisez-vous, ma femme.

.   .   .   .

Madame Jordain. Il faut à votre fille un mari qui lui soit propre; et il vaut mieux pour elle un honnête homme riche et bien fait qu'un gentilhomme gueux et mal bâti.

.   .   .   .

5   M. Jourdain. J'ai du bien assez pour ma fille; je n'ai besoin que d'honneurs, et je la veux faire marquise.

MADAME JOURDAIN. Marquise?

M. JOURDAIN. Oui, marquise.

MADAME JOURDAIN. Hélas! Dieu m'en garde!

M. JOURDAIN. C'est une chose que j'ai résolue.

5 MADAME JOURDAIN. C'est une chose, moi, où je ne consentirai point. Les alliances avec plus grand que soi sont sujettes toujours à de fâcheux inconvénients. Je ne veux point qu'un gendre puisse à ma fille reprocher ses parents, et qu'elle ait des enfants qui aient honte de 10 m'appeler leur grand'maman. S'il fallait qu'elle me vînt visiter en équipage de grande dame, et qu'elle manquât, par mégarde, à saluer quelqu'un du quartier, on ne manquerait pas aussitôt de dire cent sottises. "Voyez-vous, dirait-on, cette madame la marquise qui fait tant 15 la glorieuse; c'est la fille de M. Jourdain, . . . qui était trop heureuse, étant petite, de jouer à la madame avec nous. Elle n'a pas toujours été si relevée que la voilà, et ses deux grands-pères vendaient du drap auprès de la porte Saint-Innocent. Ils ont amassé du bien à 20 leurs enfants qu'ils payent maintenant peut-être bien cher en l'autre monde; et l'on ne devient guère si riche à être honnêtes gens."

.   .   .   .

M. JOURDAIN. Voilà bien les sentiments d'un petit esprit, de vouloir toujours demeurer dans la bassesse. 25 Ne me répliquez pas davantage: ma fille sera marquise en dépit de tout le monde; et, si vous me mettez en colère, je la ferai duchesse.

Covielle, valet de Cléonte, prend en main la cause de son maître, qui, est amoureux de Lucile, et lui fait jouer le rôle du fils du Grand Turc. M. Jourdain se laisse facilement persuader que ce prince étranger demande
5 la main de sa fille.

ACTE IV. Scène V

Monsieur Jourdain, Covielle

.   .   .   .

COVIELLE. Vous savez que le fils du Grand-Turc est ici?

M. JOURDAIN. Moi? Non.

COVIELLE. Comment! il a un train tout à fait magni-
10 fique; tout le monde le va voir; et il a été reçu en ce pays comme un seigneur d'importance.

M. JOURDAIN. Par ma foi, je ne savais pas cela.

COVIELLE. Ce qu'il y a d'avantageux pour vous, c'est qu'il est amoureux de votre fille.

15   M. JOURDAIN. Le fils du Grand-Turc?

COVIELLE. Oui; et il veut être votre gendre.

M. JOURDAIN. Mon gendre, le fils du Grand-Turc!

COVIELLE. Le fils du Grand-Turc, votre gendre. Comme je le fus voir, et que j'entends parfaitement sa
20 langue, il s'entretint avec moi; et, après quelques autres discours, il me dit:

.   .   .   .

"N'as-tu pas vu une jeune belle personne, qui est la fille de M. Jourdain, gentilhomme parisien?"

M. Jourdain. . Le fils du Grand-Turc dit cela de moi?

Covielle. Oui. Comme je lui eus répondu que je vous connaissais particulièrement, et que j'avais vu votre fille: "Ah! me dit-il, marababa sahem!" C'est-à-dire:
5 "Ah! que je suis amoureux d'elle!"

M. Jourdain. *Marababa sahem* veut dire: Ah! que je suis amoureux d'elle?

Covielle. Oui.

M. Jourdain. Par ma foi, vous faites bien de me le
10 dire, car, pour moi, je n'aurais jamais cru que "marababa sahem" eût voulu dire: Ah! que je suis amoureux d'elle! Voilà une langue admirable que ce turc!

Covielle. Plus admirable qu'on ne peut croire. . . . Enfin, pour achever mon ambassade, il vient vous de-
15 mander votre fille en mariage; et, pour avoir un beau-père qui soit digne de lui, il veut vous faire *mamamouchi*, qui est une certaine grande dignité de son pays.

M. Jourdain. *Mamamouchi?*

Covielle. Oui, *mamamouchi*, c'est-à-dire, en notre
20 langue, paladin. Paladin, ce sont de ces anciens. . . . Paladin, enfin.

.   .   .   .

M. Jourdain. Le fils du Grand-Turc m'honore beau-coup, et je vous prie de me mener chez lui pour lui en faire mes remerciements.

25 Covielle. Comment! le voilà qui va venir ici.

M. Jourdain. Il va venir ici?

Covielle. Oui; et il a amené toutes choses pour la cérémonie de votre dignité.

M. JOURDAIN. Voilà qui est bien prompt.

COVIELLE. Son amour ne peut souffrir aucun retardement.

M. JOURDAIN. Tout ce qui m'embarrasse ici, c'est
5 que ma fille est une opiniâtre qui s'est allée mettre dans
la tête un certain Cléonte, et elle jure de n'épouser
personne que celui-là.

COVIELLE. Elle changera de sentiment quand elle
verra le fils du Grand-Turc; et puis il se rencontre ici une
10 aventure merveilleuse, c'est que le fils du Grand-Turc
ressemble à ce Cléonte à peu de chose près. Je viens de
le voir, on me l'a montré; et l'amour qu'elle a pour l'un
pourra passer aisément à l'autre, et . . . Je l'entends
venir; le voilà.

---

15 Après la cérémonie turque qui doit faire de M. Jourdain un *mamamouchi*, il fait venir sa fille et la donne
au fils du Grand-Turc. Lucile, reconnaissant Cléonte,
ne s'oppose en aucune façon à ce mariage.

ACTE V. SCÈNE VI

MONSIEUR JOURDAIN, LUCILE, CLÉONTE

M. JOURDAIN. Venez, ma fille; approchez-vous, et
20 venez donner la main à monsieur, qui vous fait l'honneur
de vous demander en mariage.

LUCILE. Comment, mon père ! . . .

M. JOURDAIN, *montrant Cléonte.*

Voilà le mari que je vous donne.

LUCILE. À moi, mon père?

M. JOURDAIN. Oui, à vous. Allons, touchez-lui dans la main, et rendez grâce au ciel de votre bonheur.

LUCILE. Je ne veux point me marier.

5 M. JOURDAIN. Je le veux, moi, qui suis votre père.

LUCILE. Je n'en ferai rien.

M. JOURDAIN. Ah! que de bruit! Allons, vous dis-je; çà, votre main.

LUCILE. Non, mon père: je vous l'ai dit, il n'est 10 point de pouvoir qui me puisse obliger à prendre un autre mari que Cléonte; et je me résoudrai plutôt à toutes les extrémités, que de... (*Reconnaissant Cléonte.*) Il est vrai que vous êtes mon père; je vous dois entièrement obéissance; et c'est à vous à disposer de moi 15 selon vos volontés.

M. JOURDAIN. Ah! je suis ravi de vous voir si promptement revenue dans votre devoir; et voilà qui me plaît, d'avoir une fille obéissante.

SCÈNE VII

MONSIEUR JOURDAIN, MADAME JOURDAIN, LUCILE, COVIELLE, DORANTE

MADAME JOURDAIN. Comment donc! qu'est-ce que 20 c'est que ceci? . . .

M. JOURDAIN. Voulez-vous vous taire, impertinente? Vous venez toujours mêler vos extravagances à toutes choses, et il n'y a pas moyen de vous apprendre à être raisonnable.

MADAME JOURDAIN. C'est vous qu'il n'y a pas moyen de rendre sage, et vous allez de folie en folie. Quel est votre dessein? et que voulez-vous faire avec cet assemblage?

5   M. JOURDAIN. Je veux marier notre fille avec le fils du Grand-Turc.

MADAME JOURDAIN. Avec le fils du Grand-Turc?

M. JOURDAIN. Oui. (*Montrant Covielle.*) Faites-lui faire vos compliments par le truchement que voilà.

10   MADAME JOURDAIN. Je n'ai que faire du truchement; et je lui dirai bien moi-même, à son nez, qu'il n'aura point ma fille.

.   .   .   .

DORANTE. Voilà votre fille qui consent aux volontés de son père.

15   MADAME JOURDAIN. Ma fille consent à épouser un Turc?

DORANTE. Sans doute.

MADAME JOURDAIN. Elle peut oublier Cléonte?

DORANTE. Que ne fait-on pas pour être grande dame?

20   MADAME JOURDAIN. Je l'étranglerais de mes mains, si elle avait fait un coup comme celui-là.

M. JOURDAIN. Voilà bien du caquet. Je vous dis que ce mariage-là se fera.

MADAME JOURDAIN. Je vous dis, moi, qu'il ne se
25 fera point.

.   .   .   .   .

COVIELLE, *à madame Jourdain.*
Madame...

MADAME JOURDAIN. Que voulez-vous me conter, vous?

COVIELLE. Un mot.

MADAME JOURDAIN. Je n'ai que faire de votre
5 mot.

COVIELLE, à M. Jourdain.

Monsieur, si elle veut écouter une parole en particulier, je vous promets de la faire consentir à ce que vous
voulez.

MADAME JOURDAIN. Je n'y consentirai point.

10 COVIELLE. Écoutez-moi seulement.

MADAME JOURDAIN. Non.

M. JOURDAIN, à madame Jourdain.
Écoutez-le.

MADAME JOURDAIN. Non; je ne veux pas l'écouter.

M. JOURDAIN. Il vous dira. . .

15 MADAME JOURDAIN. Je ne veux point qu'il me dise rien.

M. JOURDAIN. Voilà une grande obstination de femme. Cela vous fera-t-il mal de l'entendre?

COVIELLE. Ne faites que m'écouter; vous ferez
20 après ce qu'il vous plaira.

MADAME JOURDAIN. Eh bien! quoi?

COVIELLE, bas, à madame Jourdain.

Il y a une heure, madame, que nous vous faisons signe. Ne voyez-vous pas bien que tout ceci n'est fait que pour nous ajuster aux visions de votre mari, que nous l'abu-
25 sons sous ce déguisement, et que c'est Cléonte lui-même qui est le fils du Grand-Turc?

MADAME JOURDAIN, *bas, à Covielle.*

Ah! ah!

COVIELLE, *bas, à madame Jourdain.*

Et moi, Covielle, qui suis le truchement?

MADAME JOURDAIN, *bas, à Covielle.*

Ah! comme cela, je me rends.

COVIELLE, *bas, à madame Jourdain.*

Ne faites pas semblant de rien.

MADAME JOURDAIN, *haut.*

5 Oui, voilà qui est fait; je consens au mariage.

M. JOURDAIN. Ah! voilà tout le monde raisonnable. (*A madame Jourdain.*) Vous ne vouliez pas l'écouter. Je savais bien qu'il vous expliquerait ce que c'est que le fils du Grand-Turc.

10 MADAME JOURDAIN. Il me l'a expliqué comme il faut, et j'en suis satisfaite. Envoyons quérir un notaire.

CINQUIÈME LEÇON

COMÉDIES DE TRANSITION

Montfleury, Regnard, Dancourt, Lesage, Destouches, La Chaussée, Gresset

Comme nous l'avons vu, Mokère ne fit pas école. Après lui, il y eut beaucoup de faiseurs de pièces; il y eut même des hommes de talent; mais le génie fit défaut. Sur les nombreuses comédies données à la fin
5 du XVIIème siècle et pendant la première moitié du XVIIIème l'influence du grand homme se fit peu sentir. Le théâtre sembla renouer la tradition italienne et ignorer, pour ainsi dire, l'œuvre de Molière.

Antoine-Jacob Montfleury (1640–1685)

Montfleury, il est vrai, imita Mokère dans son
10 *Impromptu de l'hôtel de Condé* (1663). Mais une telle imitation ne peut guère compter.

Montfleury avait dix-huit ans de moins que Molière et se posa comme son rival. Sa grosse verve le poussait à la charge, à la farce. Dans *Trigaudin*, qui fut joué
15 après la mort de Molière, Montfleury met en scène un abominable fripon qui pousse sa jeune femme dans les

96

bras d'un vieillard riche à qui il saura, à temps, administrer

> . . . douze grains d'une poudre
> Qui fait des héritiers du soir au lendemain.

5 Tout s'arrange et la pièce finit sur ce vers : —

> Vous serez du festin, mais surtout pas de poudre !

Dans toute l'œuvre de Montfleury, il n'y a aucune
psychologie. Certaines professions, telles que la médecine ou la loi, sont ridiculisées ; les travers bien apparents
10 des hommes et des femmes de son temps sont mis en
relief ; mais ce qui dure, c'est à dire l'observation réelle
de l'humanité, est absente.

Jean François Regnard (1655–1709)

Regnard, parmi les écrivains de son temps, a souvent
été comparé à Molière, dont il rappelle la verve et l'en-
15 train.

Fils d'un riche négociant de Paris, Regnard se lança,
tout jeune, dans une vie d'aventures qui le jeta comme
esclave à Alger, puis comme voyageur au Nord de la
Suède. Revenu à Paris, à la mort de son père, maître
20 d'une belle fortune, il partagea son temps entre les
plaisirs et le travail. A vrai dire, son travail même
n'était qu'un plaisir de plus. Il s'amusait de ses propres inventions plus encore que ne le faisait son public.
Le rire, le rire énorme, fou, le tentait ; il lui sacrifiait

vraisemblance, réalité, psychologie — tout. En 1696
Regnard donna *Le Joueur;* en 1704 *Les Folies amoureuses,* et en 1708 *Le Légataire universel.*

Le "joueur," Valère, est aimé d'une jeune fille qui,
5 cependant, ne consent à l'épouser que s'il abandonne
son vice. Mais le jeu l'emporte sur l'amour et Valère
en vient à engager chez une brocanteuse le portrait
d'Angélique.

La jeune fille, désespérant de corriger l'homme qu'elle
10 aime encore, se décide à épouser Dorante, rival de Valère.
Voici une scène d'explication entre elle et sa sœur.

ACTE II. Scène II

LA COMTESSE, ANGÉLIQUE

LA COMT. On dit partout, ma sœur, qu'un peu moins
    prévenue,
Vous épousez Dorante?
ANG.   Oui, j'y suis résolue.
LA COMT. Mon cœur en est ravi. Valère est un vrai
    fou,
15 Qui jouerait votre bien jusques au dernier sou.
ANG. D'accord.
LA COMT. J'aime à vous voir vaincre votre tendresse,
Cet amour, entre nous, était une faiblesse.
Il faut se dégager de ces attachements
20 Que la raison condamne, et qui flattent nos sens.
ANG. Il est vrai.

La Comt.   Rien n'est plus à craindre, dans la vie,
Qu'un époux qui du jeu ressent la tyrannie.
J'aimerais mieux qu'il fût gueux, avaricieux,
Coquet, fâcheux, mal fait, brutal, capricieux,
5 Ivrogne, sans esprit, débauché, sot, colère,
Que d'être un emporté joueur comme est Valère.
  Ang. Je sais que ce défaut est le plus grand de tous.
  La Comt. Vous ne voulez donc plus en faire votre
    époux?
  Ang. Moi, non: dans ce dessein nos humeurs sont
    conformes?
           .   .   .   .   "   "
10 La Comt. C'est bien fait. Puisque enfin vous re-
    noncez à lui,
Je vais l'épouser, moi.
  Ang.   L'épouser?
  La Comt.   Aujourd'hui.
  Ang. Ce joueur qu'à l'instant...
  La Comt.   Je saurai le réduire.
On sait sur les maris ce que l'on a d'empire.

  Valère se console gaillardement de ses déboires amour-
15 eux et dit: —
        "Le jeu m'acquittera des pertes de l'amour."

  Les Folies amoureuses nous ramènent à la comédie
italienne; elles sont en réalité imitées d'un vieil opéra
italien, *La Folle supposée*. Regnard, sans le moindre
20 scrupule, s'empara de ce canevas, le broda, l'embellit
de toutes les façons. Comme il avait infiniment d'esprit,
notre auteur fit de cette folie quelque chose d'extraordi-

nairement drôle. Son héroïne, Agathe, a l'horreur de toute contrainte et trouve mille inventions plaisantes pour s'y soustraire.

Albert, le tuteur d'Agathe, s'imaginant qu'Éraste et
5 le valet de celui-ci, Crispin, sont de son parti, leur confie que sa pupille est devenue folle. En effet, pour mieux se rapprocher d'Éraste qu'elle aime, Agathe simule la folie. Crispin promet de la guérir; il ne faut pour cela que faire passer le démon de la folie dans le corps
10 d'un autre.

ACTE III. Scène X

ALBERT (TUTEUR), ÉRASTE (AMOUREUX D'AGATHE), CRISPIN (VALET), LISETTE (FEMME DE CHAMBRE D'AGATHE)

CRISPIN. Ce démon violent, dont il la faut sauver,
Est bien fort, et pourrait dans peu nous l'enlever.
Si j'avais un sujet, dans cette maladie,
En qui je fisse entrer cet esprit de folie,
15 Je vous répondrais bien...
ALBERT.   Lisette est un sujet
Qui, sans aller plus loin, vous servira d'objet.
LISETTE. Je vous baise les mains, et vous donne parole
Que je n'en ferai rien: je ne suis que trop folle.
ÉRASTE, à Crispin.
Hâtez-vous donc. Son mal augmente à chaque instant.
20 CRISPIN. Malepeste! ceci n'est pas un jeu d'enfant.
On ne saurait agir avec trop de prudence.

.   .   .

ÉRASTE, *à Albert.*

Pour savoir aujourd'hui jusqu'où va sa science,
Je veux bien me livrer à son expérience.
Je commence à douter de l'effet; et je croi
Qu'il s'est voulu moquer et de vous et de moi.
5 Je veux l'embarrasser.

    CRISPIN.   Moi, je veux vous confondre
Et vous mettre en état de ne pouvoir répondre.
Mettez-vous auprès d'elle. Eh! non; comme cela,
Un genou contre terre, et vous tenez bien là,
Toujours sur ses beaux yeux votre vue assurée,
10 Votre main dans la sienne étroitement serrée.

(*À Albert.*)

Ne consentez-vous pas qu'il lui donne la main,
Pour que l'attraction se fasse plus soudain?

    ALBERT. Oui, je consens à tout.

    CRISPIN.   Tant mieux. Sans plus attendre,
Vous verrez un effet qui pourra vous surprendre.

(*Il fait quelques cercles avec sa baguette sur les deux
amants, en disant:*)

        .   MICROC, SALAM, HYPOCRATA

AGATHE, *se levant de son fauteuil.*

15 Ciel! quel nuage épais se dissipe à mes yeux!

ÉRASTE, *se levant.*

Quelle sombre vapeur vient obscurcir ces lieux!

    AGATHE. Quel calme en mon esprit vient succéder
    au trouble!

ÉRASTE. Quel tumulte confus dans mes sens se
   redouble!
Quels abîmes profonds s'entr'ouvrent sous mes pas!
Quel dragon me poursuit! Ah! traître, tu mourras:
D'un monstre tel que toi je veux purger le monde.
            (*Il poursuit Albert l'épée à la main.*)
   CRISPIN, *se mettant au-devant d'Éraste, à Albert.*
5 Ah! monsieur, évitez sa rage furibonde.
Sauvez-vous, sauvez-vous.
   ÉRASTE.   Laissez-moi de son flanc
Tirer des flots mêlés de poison et de sang.
   CRISPIN, *retenant Eraste.*
Aux accès violents dont son cœur se transporte,
Je vois que j'ai donné la dose un peu trop forte.
10   ÉRASTE. Je le veux immoler à ma juste fureur.
   CRISPIN, *de même.*
N'auriez-vous point chez vous quelque forte liqueur,
De bon esprit-de-vin, des gouttes d'Angleterre,
Pour calmer cet esprit et ces vapeurs de guerre?
Il s'en va m'échapper.
   ALBERT, *tirant sa clef.*
                    Oui, j'ai ce qu'il lui faut.
15 Lisette, tiens ma clef; va, cours vite là-haut;
Prends la fiole où...
   LISETTE.   Je crains, en ce désordre extrême,
De faire un *quiproquo;* vous feriez mieux vous-même.
   CRISPIN, *de même.*
      Courez donc au plus tôt. Laisserez-vous périr
Un homme qui, pour vous, s'est offert à mourir?

LISETTE, *poussant Albert.*
Allez vite; allez donc.
ALBERT, *sortant.*   Je reviens tout à l'heure.

SCÈNE XI

ÉRASTE, AGATHE, LISETTE, CRISPIN

ÉRASTE. Ne perdons point de temps, quittons cette
   demeure
Ce bois nous favorise; Albert ne saura pas
De quel côté l'amour aura tourné nos pas.
5 AGATHE. Je mets entre vos mains et mon sort et ma
   vie.
LISETTE. Vive, vive Crispin! et *vivat* la Folie!
.Allons courir les champs, pour remplir notre sort,
Et le laissons tout seul exhaler son transport.

SCÈNE XII

ALBERT, *seul, tenant une fiole.*
J'apporte un élixir d'une force étonnante...
10 Mais je ne vois plus rien. Quel soupçon m'épouvante!
Lisette! Agathe! O ciel! tout est sourd à mes cris.
Que sont-ils devenus! Quel chemin ont-ils pris?
Au voleur! à la force! au secours! Je succombe.
Où marcher? où courir? Je chancelle, je tombe.
15 Par leur feinte folie ils m'ont enfin séduit;
Et moi seul en ce jour j'avais perdu l'esprit.
Voilà de mon amour la suite ridicule.
Ah! maudite bouteille, et vieillard trop crédule!

Allons, suivons leurs pas ; ne nous arrêtons plus.
Traîtres de ravisseurs, vous serez tous pendus.
Et toi, sexe trompeur, plus à craindre sur terre
Que le feu, que la faim, que la peste et la guerre,
5 De tous les gens de bien tu dois être maudit;
Je te rends pour jamais au diable qui te fit.

Dans le *Légataire universel*, la gaieté est doublée d'un
cynisme assez révoltant. Il s'agit de voler un vieillard
que l'on croit sur le point de mourir; tous s'en mêlent:
10 parents, amis, domestiques. Il nous est assez difficile,
à nous autres modernes, de rire bien franchement aux
plaisanteries, même très drôles, qui se font aux dépens
d'un moribond.

Florent Carton Dancourt (1661–1725)

Dancourt, quoiqu'il appartînt à une famille riche,
15 subit la fascination du théâtre; il se fit acteur, et bientôt
devint auteur dramatique. En 1687, on joua de lui
Le Chevalier à la mode, et en 1700, les *Bourgeoises de
qualité*. Dancourt était observateur, et ses peintures
de mœurs sont vives. Mais cette observation était
20 toute extérieure; elle relevait un travers, un tic, une
façon d'être; elle n'allait pas, comme celle de Molière,
au fond du cœur humain. Ses personnages ne sont
que des costumes bien observés.

Comme Regnard, Dancourt a beaucoup d'esprit;
25 c'est ce qui le rend encore lisible de nos jours. Il a

même plus d'esprit que de gaieté, tandis que Regnard a plus de gaieté que d'esprit. Dancourt se rapproche de nos écrivains modernes, car il a surtout l'esprit de mots.

5 Comme nos auteurs modernes, aussi, il a mis à la scène la toute puissance de l'argent. Dans les *Bourgeoises de qualité* et le *Chevalier à la mode*, l'argent joue un grand rôle.

Le style de Dancourt est son plus grand mérite: il est pur, vif et net.

ALAIN RENÉ LESAGE (1668–1747)

10 Lesage est connu surtout comme auteur de l'immortel roman *Gil Blas*. Mais il fut aussi auteur dramatique.

Il avait près de quarante ans lorsqu'il obtint son premier succès au théâtre avec une petite pièce intitulée *Crispin rival de son maître*.

15 *Turcaret*, joué deux ans plus tard (1709), est une satire contre les financiers du jour qu'on appelait "traitants." Il est dit que ceux-ci offrirent à l'auteur cent mille francs s'il consentait à retirer sa pièce. Il n'en fit rien. On était en plein dans la guerre de la Succession d'Espagne.

20 Les hommes d'affaires faisaient leur profit des misères du temps et le peuple était poussé à bout. Toutes les allusions amères de la pièce portèrent et le succès fut très grand. *Turcaret* est une œuvre d'un réalisme sans pitié. En voici la donnée: —

25 Le traitant Turcaret est berné et pillé par une aventurière qui se fait appeler baronne; celle-ci, à son tour, est pillée par un chevalier d'industrie; un valet et une

soubrette fripons volent tout le monde, tandis qu'un
faiseur nommé Rafle aide Turcaret à faire de l'usure.
Turcaret reste tout-à-fait indifférent aux ruines qu'il
provoque. Mais ce monstre sait aimer. Auprès de la
5 baronne, il est sans force et crédule comme un enfant.
Venu pour lui reprocher sa trahison, il se traîne à ses
genoux, implorant le pardon. La scène est aussi
âpre que si elle eut été faite pour le théâtre réaliste.

ACTE I. Scène IV

LA BARONNE, MARINE (FEMME DE CHAMBRE DE LA
BARONNE)

10 Turcaret a envoyé à la baronne un coffre contenant
des cadeaux et des vers.

LA Baronne, *montrant le coffre à Marine.*
Considère, Marine, admire le travail de ce petit coffre:
as-tu rien vu de plus délicat?
MARINE. Ouvrez, ouvrez, je réserve mon admiration
15 pour le dedans; le cœur me dit que nous en serons plus
charmées que du dehors.
LA Baronne *l'ouvre.*
Que vois-je! un billet au porteur! l'affaire est sérieuse.
MARINE. De combien, madame?
LA Baronne. De dix mille écus.

.   .   .   .   .   .

20 Je vois un autre billet.

MARINE. Encore au porteur?

LA BARONNE. Non; ce sont des vers que M. Turcaret m'adresse. •

MARINE. Des vers de M. Turcaret!

LA BARONNE, *lisant.*

5 "A Philis... Quatrain..." Je suis la Philis, et il me prie en vers de recevoir son billet en prose. '

MARINE. Je suis fort curieuse d'entendre des vers d'un auteur qui envoie de si bonne prose.

LA BARONNE. Les voici ; écoute. (*Elle lit.*)

10   " Recevez ce billet, charmante Philis,
     " Et soyez assurée que mon âme
     " Conservera toujours une éternelle flamme,
     " Comme il est certain que trois et trois font six."

MARINE. Que cela est finement pensé!

5   LA BARONNE. Et noblement exprimé! Les auteurs se peignent dans leurs ouvrages... Allez, portez ce coffre dans mon cabinet, Marine.

(*Marine sort.*)

•   •

SCÈNE VII

LA BARONNE, MONSIEUR TURCARET

LA BARONNE. Je suis ravie de vous voir, monsieur Turcaret, pour vous faire des compliments sur les vers 20 que vous m'avez envoyés.

M. TURCARET, *riant.*

Ho, ho!

LA BARONNE. Savez-vous bien qu'ils sont du dernier galant? Jamais les Voiture ni les Pavillon n'en ont fait de pareils.

M. TURCARET. Vous plaisantez, apparemment?

5   LA BARONNE. Point du tout.

M. TURCARET. Sérieusement, madame, les trouvez-vous bien tournés?

LA BARONNE. Le plus spirituellement du monde.

M. TURCARET. Ce sont pourtant les premiers vers
10 que j'aie faits de ma vie.

LA BARONNE. On ne le dirait pas.

M. TURCARET. Je n'ai pas voulu emprunter le secours de quelque auteur, comme cela se pratique.

LA BARONNE. On le voit bien: les auteurs de pro-
15 fession ne pensent et ne s'expriment pas ainsi; on ne saurait les soupçonner de les avoir faits.

M. TURCARET. J'ai voulu voir, par curiosité, si je serais capable d'en composer, et l'amour m'a ouvert l'esprit.

20   LA BARONNE. Vous êtes capable de tout, monsieur, et il n'y a rien d'impossible pour vous.

ACTE V. SCÈNE X

M. TURCARET, LA BARONNE, LE MARQUIS, LE CHEVALIER,
MADAME TURCARET, MADAME JACOB, LISETTE

M. TURCARET, à la baronne.

J'ai renvoyé l'huissier, madame, et terminé... (Aper-cevant sa sœur.) Ahi! en croirai-je mes yeux? ma

sœur ici! (*apercevant sa femme*) et, qui pis est, ma
femme!

Le Marquis. Vous voilà en pays de connaissance,
monsieur Turcaret : vous voyez une belle comtesse
5 dont je porte les chaînes; vous voulez bien que je vous
la présente, sans oublier madame Jacob.

Madame Jacob, *à M. Turcaret.*

Ah! mon frère!

M. Turcaret, *à madame Jacob.*

Ah! ma sœur! (*À lui-même.*) Qui diable les a
amenées ici?

10 Le Marquis. C'est moi, monsieur Turcaret, vous
m'avez cette obligation-là; embrassez ces deux objets
chéris. Ah! qu'il paraît ému! j'admire la force du
sang et de l'amour conjugal.

M. Turcaret, *bas.*

Je n'ose la regarder, je crois voir mon mauvais génie.

Madame Turcaret, *bas.*

15 Je ne puis l'envisager sans horreur.

Le Marquis. Ne vous contraignez point, tendres
époux, laissez éclater toute la joie que vous devez sentir
de vous revoir après dix années de séparation.

La Baronne, *à M. Turcaret.*

Vous ne vous attendiez pas, monsieur, à rencontrer
20 ici madame Turcaret; et je conçois bien l'embarras
où vous êtes; mais pourquoi m'avoir dit que vous
étiez veuf?

Le Marquis, *à la baronne.*

Il vous a dit qu'il était veuf! Hé! parbleu! sa femme

m'a dit aussi qu'elle était veuve. Ils ont la rage tous deux de vouloir être veufs.

LA BARONNE, *à M. Turcaret.*

Parlez: pourquoi m'avez-vous trompée?

M. TURCARET, *tout interdit, à la baronne.*

J'ai cru, madame... qu'en vous faisant accroire que...
5 je croyais être veuf... vous croiriez que... je n'aurais point de femme... (*Bas.*) J'ai l'esprit troublé, je ne sais ce que je dis.

LA BARONNE. Je devine votre pensée, monsieur, et je vous pardonne une tromperie que vous avez crue
10 nécessaire pour vous faire écouter; je passerai même plus avant: au lieu d'en venir aux reproches, je veux vous raccommoder avec madame Turcaret.

M. TURCARET. Qui? moi, madame! Oh! pour cela, non; vous ne la connaissez pas, c'est un démon;
15 j'aimerais mieux vivre avec la femme du Grand Mogol.

MADAME TURCARET, *à son mari.*

Oh! monsieur, ne vous en défendez pas tant: je n'en ai pas plus d'envie que vous, au moins; et je ne viendrais point à Paris troubler vos plaisirs, si vous étiez plus exact à payer la pension que vous me faites
20 pour me tenir en province.

LE MARQUIS. Pour la tenir en province! Ah! monsieur Turcaret, vous avez tort: madame mérite qu'on lui paye les quartiers d'avance.

MADAME TURCARET, *au marquis.*

Il m'en est dû cinq; s'il ne me les donne pas, je
25 ne pars point, je demeure à Paris pour le faire enrager.

(Ici elle se sert de mots insultants envers la baronne.)
. . . et je commencerai par cette maison-ci, je vous en avertis.

M. TURCARET. Ah! l'insolente!

LISETTE, *bas.*

La conversation finira mal.

LA BARONNE, *à madame Turcaret.*

5   Vous m'insultez, madame.

MADAME TURCARET, *à la baronne.*

J'ai des yeux, Dieu merci, j'ai des yeux; je vois bien tout ce qui se passe en cette maison; mon mari est la plus grande dupe...

M. TURCARET. Quelle impudence! Ah! ventre-
10 bleu! coquine, sans le respect que j'ai pour la compagnie...

(Il veut frapper sa femme; le chevalier le retient.)

LE MARQUIS. Qu'on ne vous gêne point, monsieur Turcaret; vous êtes avec vos amis, usez-en librement.

LE CHEVALIER, *se mettant au-devant de M. Turcaret.*

Monsieur . . .!

LA BARONNE, *à M. Turcaret.*

15   Songez que vous êtes chez moi.

SCÈNE XI

M. TURCARET, LA BARONNE, LE MARQUIS, LE CHEVALIER, MADAME TURCARET, MADAME JACOB, JASMIN, LISETTE

JASMIN, *à M. Turcaret.*

Il y a, dans un carrosse qui vient de s'arrêter à la porte

deux gentilshommes qui se disent vos associés; ils
veulent vous parler d'une affaire importante.

M. TURCARET. Ah! (*À madame Turcaret.*) Je vais
revenir; je vous apprendrai, impudente, à respecter une
maison. . . .

(*Il sort.*)

MADAME TURCARET, *à son mari.*

5 Je crains peu vos menaces.

(*Jasmin sort.*)

SCÈNE XIII

LA BARONNE, LE CHEVALIER, LE MARQUIS, MADAME
TURCARET, MADAME JACOB, FRONTIN, LISETTE

FRONTIN. O malheur imprévu! ô disgrâce cruelle!

LE CHEVALIER. Qu'y a-t-il, Frontin?

FRONTIN, *au chevalier.*

Les associés de M. Turcaret ont mis garnison chez
lui pour deux cent mille écus que leur emporte un caissier
10 qu'il a cautionné.   Je venais ici en diligence pour l'avertir
de se sauver; mais je suis arrivé trop tard, ses créanciers
se sont déjà assurés de sa personne.

MADAME JACOB. Mon frère entre les mains de ses
créanciers! Tout dénaturé qu'il est, je suis touchée
15 de son malheur: je vais employer pour lui tout mon
crédit; je sens que je suis sa sœur.

(*Elle sort.*)

MADAME TURCARET. Et moi, je vais le chercher pour l'accabler d'injures; je sens que je suis sa femme.

(*Elle sort.*)

PH. NÉRICAULT DESTOUCHES (1680–1754)

LES comédies de Destouches, de nos jours, sont plus vantées qu'elles ne sont lues. Cependant cet auteur 5 mérite qu'on s'arrête un instant à l'étudier. De lui date la comédie sentimentale.

Destouches était un homme du monde, appartenant à une bonne famille. En 1717, il fut chargé d'une mission diplomatique en Angleterre. Il épousa une jeune 10 Anglaise et à son retour en France, il donna sa comédie du *Philosophe marié* (1727) où l'on se plut à reconnaître sa propre histoire. Les bonnes intentions de l'auteur, son effort pour faire aimer la vertu et détester le vice, ne l'empêchent pas d'être souvent fort ennuyeux. Le 15 *Glorieux* est, de toutes les œuvres de Destouches, celle que l'on peut encore lire le plus aisément sans pour cela y trouver beaucoup d'agrément. Or, au théâtre, lorsque l'on ne fait pas rire ou pleurer, l'ennui n'est pas loin. Voici une scène du *Glorieux:*—

ACTE II. SCÈNE X

LE COMTE, PASQUIN, SIX LAQUAIS

20 Le comte a gagné 400 pistoles à un jeune campagnard, qui se plaint.

LE COMTE, *entre marchant à grands pas.*
L'impertinent!
PASQUIN, *lui présentant une lettre.*
Monsieur . . .
    LE COMTE, *marchant toujours.*
          Le fat!
PASQUIN.   Monsieur . . .
  LE COMTE.   Tais-toi.
Un petit campagnard s'emporter devant moi!
Me manquer de respect pour quatre cents pistoles!
    PASQUIN. Il a tort.
5 LE COMTE.   Hem! à qui s'adressent ces paroles?
    PASQUIN. Au petit campagnard.
    LE COMTE.   Soit. Mais d'un ton plus bas,
S'il vous plaît. Vos propos ne m'intéressent pas.
Tenez, serrez cela.
                (*Il lui donne une grosse bourse.*)
    PASQUIN.   Peste! qu'elle est dodue!
A ce charmant objet je me sens l'âme émue.
      (*Il ouvre la bourse et en tire quelques pièces.*)
    LE COMTE, *lui reprenant la bourse.*
10 Vous êtes curieux.
      (*A un signe, ses laquais approchent la table et lui
        donnent du papier et une plume. Il se met à écrire.*)
    PASQUIN.   Monsieur, je puis, je crois, .
Sans manquer au respect, vous donner cette lettre
Que pour vous à l'instant on vient de me remettre.
    LE COMTE, *continuant d'écrire.*
Ah! c'est du petit duc?

PASQUIN.   Non, un homme est venu. . . .

LE COMTE. C'est donc de la princesse. . . .

PASQUIN.   Elle est d'un inconnu
Qui ne se nomme pas.

LE COMTE.   Qui vous l'a remise?

PASQUIN. Un laquais mal vêtu. . . .

LE COMTE.   C'est assez; qu'on la lise,
5 Et qu'on m'en rende compte.   Entendez-vous?

PASQUIN.   J'entends.
(*Il lit la lettre bas.*)

LE COMTE, *toujours écrivant.*
Monsieur Pasquin?

PASQUIN.   Monsieur.

LE COMTE.   Faîtes sortir mes gens.

PASQUIN, *d'un air suffisant.*
Sortez...

SCÈNE XI

LE COMTE, PASQUIN

LE COMTE. Ôte-moi cette table.   Eh bien, que dit
l'épitre?

PASQUIN. Elle roule, Monsieur, sur un certain chapitre
10 Qui ne vous plaira point.

LE COMTE.   Pourquoi donc?   Lis toujours.

PASQUIN. Vous me l'ordonnez, mais . . .

LE COMTE.   Oh! trêve de discours.

PASQUIN, *lit.*
Celui qui vous écrit . . .

LE COMTE.   Qui vous écrit! Le style est
familier.

PASQUIN.   Il va vous échauffer la bile.

(*Il lit.*)

Celui qui vous écrit, s'intéressant à vous,
5 Monsieur, vous avertit sans crainte et sans scrupule
Que par vos procédés, dont il est en courroux,
Vous vous rendez très ridicule.

LE COMTE.   Si je tenais le fat qui m'ose écrire ainsi ...

PASQUIN. Poursuivrai-je?

LE COMTE.   Oui, voyons la fin de tout ceci.

PASQUIN, *lit.*

10 Vous ne manquez pas de mérite,
Mais . . .

LE COMTE. Vous ne manquez pas! Ah! vraiment
je le croi.

Bel éloge! en parlant d'un homme comme moi.

PASQUIN, *lit.*

Vous ne manquez pas de mérite,
15 Mais, bien loin de vous croire un prodige étonnant,
Apprenez que chacun s'irrite
De votre orgueil impertinent.

LE COMTE, *donnant un soufflet à Pasquin.*

Comment, maraud? . . .

PASQUIN.   Fort bien, le trait est impayable,
De ce qu'on vous écrit suis-je responsable?
20 Au diable l'écrivain avec ses vérités!

(*Il jette la lettre sur la table.*)

LE COMTE. Ah! je vous apprendrai ...

PASQUIN.   Quoi! vous me maltraitez
Pour les fautes d'autrui?   Si jamais je m'avise
D'être votre lecteur . . .
LE COMTE, *lui donnant sa bourse.*
                     Faut-il que je vous dise
Une seconde fois de serrer cet argent?
5 Tenez, voilà ma clef, et soyez diligent.
PASQUIN. Savez-vous à combien cette somme se
    monte?
LE COMTE. Non, pas exactement.
PASQUIN.   Je vous en rendrai compte.
       .   (*À part.*)
Je m'en vais du soufflet me payer par mes mains.

NIVELLE DE LA CHAUSSÉE (1692–1754)

De son temps, Nivelle de la Chaussée eut fort grand
10 succès, surtout auprès des femmes. De nos jours, il
est presque illisible. Sa grande originalité fut de mêler
le comique au pathétique. Il chercha des sujets dans
la vie domestique, et tourna au larmoyant: un mari
libertin ramené à sa femme par la jalousie; un fils de
15 famille épris d'une jeune fille pauvre — de telles intrigues
plaisaient aux âmes sensibles. Vingt ans plus tard,
Diderot, avec son *Fils naturel* (1757); son *Père de
famille* (1758), introduisit en France la tragédie bourgeoise. Il ne faisait que reprendre l'idée mal dégrossie
20 de Nivelle de la Chaussée. Plus tard encore, Sedaine,
avec son *Philosophe sans le savoir*, emboîta le pas à

La Chaussée et à Diderot. De nos jours, Augier et
Dumas fils ont rajeuni l'inspiration de leurs aînés.

J. B. Louis Gresset (1709–1777)

Gresset devint célèbre, grâce à un petit poème satirique intitulé *Vert-vert* (1733). Sa comédie le *Méchant*
5 date de 1745. Plus tard, des scrupules lui vinrent, et,
suivant l'exemple du grand Racine, il brûla deux comédies, réputées fort belles.

Le *Méchant* est une satire cinglante de l'homme
galant, égoïste, persifleur et cynique. Il fait la cour à
10 une mère et à sa fille, car l'une ou l'autre doit hériter
d'un vieillard. La suivante, Lisette, selon la tradition
du genre, dénoue l'intrigue et le Méchant, découvert
et bafoué, n'a plus qu'à se retirer.

ACTE IV. Scène IX

CLÉON, LISETTE

CLÉON. Heureusement nous voilà sans témoins ::
15 Achève de m'instruire, et ne fais aucun doute...

LISETTE. Laissez-moi voir d'abord si personne n'écoute.

.   .   ʽ   ʼ   .   .

(*À part, en revenant.*)

Tout va bien.

.   .   ʼ   .   .

Cléon, parle ici de Chloé, fille de madame Florise.

CLÉON.   Tu me vois dans la plus douce ivresse.
Je l'aimais, sans oser lui dire ma tendresse.
Sonde encor ses désirs: s'ils répondent aux miens,
Dis-lui que dès longtemps j'ai prévenu les siens.
5 LISETTE. Je crains pourtant toujours.
CLÉON.   Quoi?
LISETTE.   Ce goût pour madame.
CLÉON. Si tu n'as pour raison que cette belle flamme...
Je te l'ai déjà dit; non, je ne l'aime pas.
LISETTE. Ma foi, ni moi non plus. Je suis dans
      l'embarras,
Je veux sortir d'ici, mais je crains ma franchise.
10 Si vous redeveniez amoureux de Florise . . .
Car vous l'avez été sûrement; et je croi . . .
CLÉON. Moi, Lisette, amoureux! tu te moques de
      moi: .

.   .   .   .

Il faut, pour m'attacher, une âme simple et pure,
Comme Chloé, qui sort des mains de la nature.

.   .   .   .

15 Mais madame Florise! . . .
LISETTE.   Elle est insupportable;
Rien n'est bien. Autrefois je la croyais aimable.

.   .   .   .

Comment la trouvez-vous?
CLÉON.   Ridicule, odieuse . . .
L'air commun, qu'elle croit avoir noble pourtant;
Ne pouvant se guérir de se croire un enfant.
20 Tant de prétentions, tant de petites grâces,

Que je mets, vu leur date, au nombre des grimaces,
Tout cela, dans le fond, m'ennuie horriblement.

.   .   .   .

LISETTE. Au fond je ne vois pas ce qui la rend si vaine.

.   .   .   .

(Allant vers le cabinet où est cachée Florise.)
Paix! j'entends là-dedans . . . ˙ Je crains quelque
aventure.

.   .   .   .   .

(À part, en revenant.)
Elle est, ma foi, partie,
5 De rage, apparemment . . .

.   .   .   .

CLÉON. Compte sur les effets de ma reconnaissance
Si tu peux réussir à faire mon bonheur.
LISETTE. Je ne demande rien; j'oblige pour l'honneur.
(À part, en sortant.)
Ma foi, nous le tenons.

ACTE V. SCÈNE VII

FLORISE, CLÉON

10 CLÉON. Vous venez à propos: j'allais chez vous,
madame . . .
Mais quelle rêverie occupe donc votre âme?
Qu'avez-vous? vos beaux yeux me semblent moins
sereins:
Faite pour les plaisirs, auriez-vous des chagrins?
FLORISE. J'en ai de trop réels.

CLÉON.   Dites-les-moi, de grâce,
Je les partagerai, si je ne les efface,
Vous connaissez . . .
     FLORISE.   J'ai fait bien des réflexions,
Et je ne trouve pas que nous nous convenions.
5 CLÉON. Comment, belle Florise! et quel affreux
     caprice
Vous force à me traiter avec tant d'injustice?
Quelle était mon erreur! quand je vous adorais
Je me croyais aimé . . .
     FLORISE.   Je me l'imaginais;
Mais je vois à présent que je me suis trompée:
10 Par d'autres sentiments mon âme est occupée;
Des folles passions j'ai reconnu l'erreur,
Et ma raison enfin a détrompé mon cœur.
     CLÉON. Mais est-ce bien à moi que ce discours
     s'adresse?
A moi dont vous savez l'estime et la tendresse,
15 Qui voulais à jamais tout vous sacrifier,
Qui ne voyais que vous dans l'univers entier?
Ne me confirmez pas l'arrêt que je redoute;
Tranquillisez mon cœur; vous l'éprouvez, sans doute?
     FLORISE. Une autre vous aurait fait perdre votre
     temps,
20 Ou vous amuserait par l'air des sentiments;
Moi qui ne suis point fausse . . .
     CLÉON, à genoux, et de l'air le plus affligé.
                    Et vous pouvez, cruelle,
M'annoncer froidement cette affaire nouvelle?

FLORISE. Il ne faut plus nous voir.

CLÉON, *se relevant, et éclatant de rire.*

Ma foi, si vous voulez
Que je vous parle aussi très vrai, vous me comblez.
Vous m'avez épargné, par cet aveu sincère,
Le même compliment que je voulais vous faire.

.   .   .   .   .   .

FLORISE.

.   .   .   .

5 Eh bien! allez, monsieur; que vos talents sur nous
Epuisent tous les traits qui sont dignes de vous:
Ils partent de trop bas pour pouvoir nous atteindre.
Vous êtes démasqué, vous n'êtes plus à craindre.
Je ne demande pas d'autre éclaircissement,
10 Vous n'en méritez point.   Partez dès ce moment.
Ne me voyez jamais.

SIXIÈME LEÇON

PIERRE DE CHAMBLAIN DE MARIVAUX
(1688–1763)

Marivaux naquit à Paris en 1688. Gentilhomme
de lettres, il sut mettre dans ses œuvres son goût
inné pour l'élégance et le raffinement. Il aimait les
plaisirs d'une société choisie, la conversation spirituelle,
5 la courtoisie, et ne dédaignait nullement le confort, la
bonne cuisine, le linge fin et les friandises. Il soignait
sa personne avec amour. A soixante-quinze ans, il
en paraissait cinquante-cinq. Comme ses personnages,
il savait garder un air de jeunesse, grâce au fard,
10 à la poudre et aux riches habits.

Marivaux avait trente-cinq ans à la mort du Régent,
et sa jeunesse s'était passée dans un milieu de licence.
et de joyeuse corruption. Son goût très fin le garda de
tout excès et son théâtre ne montre ni licence ni brutalité.
15 Pour bien comprendre l'œuvre de Marivaux, il faut se
représenter ce qu'était la société du XVIIIème siècle.
Les salons donnaient le ton d'un persiflage aisé et amusant; tout le monde voulait avoir de l'esprit; beaucoup,
hommes et femmes, en eurent et du plus fin. La con-
20 versation ailée, le "mot," les "portraits" à la mode du
jour, la discussion légère, tout contribuait à rendre la
vie sociale exquise.

Les salons aux teintes claires, aux meubles grêles,
recouverts de riches étoffes à ramages, montraient sur
leurs murs blancs des tableaux de Watteau, de Boucher,
de Lancret; fêtes champêtres, scènes galantes, ber-
5 gères habillées en reines, ou reines habillées en bergères;
des portraits de Largillière et de Mignard, pas très
ressemblants peut-être — mais si jolis, si pimpants, si
agréables à voir !

D'un peintre à la mode, on a fait le mot "mignardise,"
10 pour donner l'idée du joli un peu faux, mais charmant
quand même. Ainsi, du nom de Marivaux, on a fait
le mot "marivaudage," jeu d'esprit, commerce galant,
qui est au *flirt* ce qu'est la comédie de Marivaux au
réalisme du théâtre moderne.

15 Marivaux débuta par une tragédie en vers, *Annibal*,
qui tomba lourdement. Le jeune auteur ne s'entêta
pas. Pour ce qu'il avait à dire, la prose vive, alerte,
souple, pleine de nuances, était bien l'outil qu'il lui
fallait. Le dialogue coule si facilement, avec une telle
20 grâce et une souplesse si absolue que l'on ne se rend pas
compte, tout de suite, du travail de l'auteur; en réalité,
son style est ouvragé comme un bijou de prix; il brille,
il scintille et cependant garde une apparence de simplicité.

25 L'originalité de Marivaux se montre non seulement
dans sa façon de dire les choses, mais dans ces choses
mêmes.

Jusqu'à lui, l'amour entrait nécessairement dans la
comédie en France, comme il entre dans la vie; mais il

n'en faisait nullement le fond. Chez Marivaux, l'amour tient toute la place. Ce que Racine avait fait pour l'amour tragique, Marivaux le fit pour l'amour, né du caprice, et l'amour né de la passion moderée et de bon
5 ton. Personne, avant lui, n'avait démêlé le réseau délicat des sentiments qui précédent l'amour, qui l'annoncent; personne, avant lui, n'en avait montré le plein épanouissement. Il pose, l'un en face de l'autre, deux êtres destinés à s'aimer, qui s'observent, s'étu-
10 dient, se tendent mutuellement des pièges, se cherchent et se fuient, voudraient, et ne voudraient pas, se rencontrer, et qui finissent par tomber dans les bras l'un de l'autre. L'amour chez Marivaux n'est pas mystique, pas même romanesque; il est naturel, tout
15 simplement.

Les comédies de Marivaux se déroulent dans une société idéale, dans un pays de rêve; et cependant ses personnages sont réels; ils vivent et agissent. Ainsi, dans le tableau de Watteau *l'Embarquement pour*
o *Cythère*, le paysage est irréel, tandis que les hommes et les femmes enlacés et prêts à mettre le pied sur le beau navire qui les attend, sont dessinés avec une science très sûre et groupés avec art.

L'intrigue chez Marivaux est peu compliquée et se
5 résume dans presque toutes ses œuvres à la même donnée: Il y a erreur sur la personne, déguisement ou fausse confidence; les obstacles se dressent entre un jeune homme et une jeune femme; la coquetterie, l'astuce, les mettent aux prises; la déclaration est retardée,

semble même compromise; elle se fait pourtant et tout finit par un carillon de noces.

Mais le sujet n'est guère qu'un cadre choisi par l'auteur. Ce qu'il a voulu peindre ce sont les mouvements secrets, 5 les nuances, les hésitations, les défaillances du cœur humain, du cœur féminin surtout. Marivaux a été le père de la psychologie moderne. C'est là sa grande originalité.

Prenons comme exemple les *Fausses Confidences*.

LES FAUSSES CONFIDENCES (1737)

10 Dorante est amoureux d'une jeune veuve; elle est riche; il n'a rien. Il se fait intendant de la belle Araminte et gère ses propriétés avec le zèle d'un homme qui compte bien profiter de tout ce bien; car Dorante, très sincèrement épris, n'oublie nullement les choses 15 sérieuses. Dans cette comédie, tout le monde ruse, Araminte avec Dorante, Dorante avec Araminte; il joue un rôle qui n'est nullement le sien, celui d'un amant mélancolique et rêveur. L'ancien valet de Dorante, qui a juré de faire le bonheur de son maître, ruse, et 20 ment, et fait fausse confidence sur fausse confidence. Dorante gagne la partie, mais comme au fond, il est honnête, la pièce se termine par cet aveu: —

"Dans tout ce qui s'est passé chez vous, Madame, il n'y a de vrai que ma passion. . . . J'aime mieux regretter votre 25 tendresse que de la devoir à l'artifice qui me l'a acquise: j'aime mieux votre haine que le remords d'avoir trompé ce que j'adore."

ACTE I. SCÈNE II

DORANTE, DUBOIS

Dubois, ancien valet de Dorante, s'est fait accepter comme domestique chez Araminte, afin de mieux servir les intérêts de son maître.

———

DORANTE. Je l'aime avec passion, et c'est ce qui fait
5 que je tremble.

DUBOIS. Oh! vous m'impatientez avec vos terreurs: eh! que diantre! un peu de confiance; vous réussirez, vous dis-je. Je m'en charge. . . . Nous sommes convenus de toutes nos actions, toutes nos mesures sont
10 prises; je connais l'humeur de ma maîtresse, je sais votre mérite, je sais mes talents, je vous conduis, et on vous aimera, . . . on vous épousera, . . . et on vous enrichira, tout ruiné que vous êtes; entendez-vous? Fierté, raison et richesse, il faudra que tout se rende.
15 Quand l'amour parle, il est le maître; et il parlera. Adieu, je vous quitte.

SCÈNE XIV

ARAMINTE, DUBOIS

ARAMINTE. Qu'est-ce que c'est donc que cet air étonné que tu as marqué, ce me semble, en voyant Dorante? D'où vient cette attention à le regarder?
20 DUBOIS. Ce n'est rien, sinon que je ne saurais plus avoir l'honneur de servir madame, et qu'il faut que je lui demande mon congé.

ARAMINTE, *surprise*.

Quoi! seulement pour avoir vu Dorante ici?

DUBOIS. Savez-vous à qui vous avez affaire?

ARAMINTE. Au neveu de M. Remi, mon procureur.

DUBOIS. Eh! par quel tour d'adresse est-il connu de
5 madame? Comment a-t-il fait pour arriver jusqu'ici?

ARAMINTE. C'est M. Remi qui me l'a envoyé pour
intendant.

DUBOIS. Lui, votre intendant! et c'est M. Remi qui
vous l'envoie! Hélas! le bon homme, il ne sait pas
10 qui il vous donne; c'est un démon que ce garçon-là.

ARAMINTE. Mais que signifient tes exclamations?
Explique-toi; est-ce que tu le connais?

DUBOIS. Si je le connais, madame! si je le connais!
Ah! vraiment oui; et il me connaît bien aussi. N'avez-
15 vous pas vu comme il se détournait, de peur que je ne
le visse?

ARAMINTE. Il est vrai, et tu me surprends à mon tour.
Serait-il capable de quelque mauvaise action, que tu
saches? Est-ce que ce n'est pas un honnête homme?
20   DUBOIS. Lui! il n'y a pas de plus brave homme dans
toute la terre; il a peut-être plus d'honneur à lui tout seul
que cinquante honnêtes gens ensemble. Oh! c'est
une probité merveilleuse; il n'a peut-être pas son pareil.

ARAMINTE. Eh! de quoi peut-il donc être question?
25 D'où vient que tu m'alarmes? En verité, j'en suis tout
émue.

DUBOIS. Son défaut, c'est là. (*Il se touche le front.*)
C'est à la tête que son mal le tient.

ARAMINTE. À la tête?

DUBOIS. Oui, il est timbré, mais timbré comme cent.

ARAMINTE. Dorante! il m'a paru de très-bon sens.
5 Quelle preuve as-tu de sa folie?

DUBOIS. Quelle preuve! il y a six mois qu'il est tombé fou; il y a six mois qu'il extravague d'amour, qu'il en a la cervelle brûlée. . . . Ôtez cela, c'est un homme incomparable.

ARAMINTE, *un peu boudant.*
10 Oh! bien, il sera ce qu'il voudra, mais je ne le garderai pas. On a bien affaire d'un esprit renversé, et peut-être encore, je gage, pour quelque objet qui n'en vaut pas la peine! car les hommes ont des fantaisies . . .

DUBOIS. Ah! vous m'excuserez: pour ce qui est de
15 l'objet, il n'y a rien à dire. Malepeste! sa folie est de bon goût.

ARAMINTE. N'importe, je veux le congédier. Est-ce que tu la connais, cette personne?

DUBOIS. J'ai l'honneur de la voir tous les jours:
20 c'est vous, madame.

ARAMINTE. Moi, dis-tu?

DUBOIS. Il vous adore; il y a six mois qu'il n'en vit point, qu'il donnerait sa vie pour avoir le plaisir de vous contempler un instant. Vous avez dû voir qu'il a l'air
25 enchanté quand il vous parle.

ARAMINTE. Il y a bien, en effet, quelque petite chose qui m'a paru extraordinaire. Eh! juste ciel! le pauvre garçon! de quoi s'avise-t-il?

DUBOIS. Vous ne croiriez pas jusqu'où va sa démence: elle le ruine, elle lui coupe la gorge.

. . . .

ARAMINTE. Cela est fâcheux. Mais où m'a-t-il vue avant que de venir chez moi, Dubois?

5 DUBOIS. Hélas! madame, ce fut un jour que vous sortîtes de l'Opéra qu'il perdit la raison: c'était un vendredi, je m'en ressouviens; oui, un vendredi, il vous vit descendre l'escalier, à ce qu'il me raconta, et vous suivit jusqu'à votre carrosse; il avait demandé votre nom, et je 10 le trouvai qui en était comme extasié; il ne remuait plus.

ARAMINTE. Quelle aventure!

. . . .

DUBOIS. Je me fis même ami d'un de vos gens qui n'y est plus; . . . "C'est à la comédie qu'on va," me disait-il; et je courais faire mon rapport sur lequel, 15 dès quatre heures, mon homme était à la porte.

. . . .

ARAMINTE. Est-il possible?

DUBOIS. Oui, madame. A la fin, ce train de vie m'ennuya; ma santé s'altérait, la sienne aussi. Je lui fis accroire que vous étiez à la campagne, il le crut, 20 et j'eus quelque repos: mais n'alla-t-il pas, deux jours après, vous rencontrer aux Tuileries, . . . Au retour, il était furieux, il voulut me battre, tout bon qu'il est; je ne le voulus point, et je le quittai. Mon bonheur ensuite m'a mis chez madame, où, à force de se démener, 25 je le trouve parvenu à votre intendance; ce qu'il ne troquerait pas contre la place d'un empereur.

LE JEU DE l'AMOUR ET DU HASARD (1734)

CE qu'Oliver Goldsmith fit avec sa comédie *She Stoops to Conquer* (1772) Marivaux l'avait déjà fait près d'un demi siècle auparavant avec sa pièce *Le jeu de l'Amour et du Hasard*. Dans les deux œuvres, il s'agit 5 d'une héroïne déguisée en soubrette. Seulement, Marivaux a conçu un double déguisement, ce qui ajoute beaucoup de piquant à l'aventure.

Le père de Silvia veut la marier avec le fils d'un de ses amis. Mais la jeune fille n'est pas de celles que l'on 10 marie contre son gré. Elle veut connaître par avance son futur époux. Elle prend le costume de sa suivante, Lisette, qu'elle revêt de ses propres vêtements. De son côté, Dorante a changé de rôle avec son valet, Pasquin, et se fait appeler Bourguignon. Le père et le 15 frère de Silvia ont été prévenus de ce déguisement et s'amusent de l'embarras de la jeune fille obligée de tutoyer celui qu'elle croit un valet. Elle se prend à ses propres filets et, fort dépitée, se trouve amoureuse du séduisant Bourguignon. De leur côté, Lisette et 20 Pasquin jouent aux gens de qualité de la manière la plus plaisante.

Lorsque Dorante, par honnêteté livre son secret à la prétendue soubrette, la pièce semble finie. Mais l'auteur attrape la balle au bond et le jeu recommence de plus 25 belle. Silvia veut à tout prix se faire aimer sous son bonnet de soubrette, et, avec une adresse et une rouerie bien féminines, elle y réussit.

D'un bout à l'autre de cette comédie l'esprit étincelle
et éblouit.   C'est un jeu léger et charmant, où les mots
sont renvoyés à coups de raquette ou d'éventail.   Et,
tout cela, sans effort, tout naturellement.

5   La Harpe, un peu sévèrement peut-être, dit de Marivaux que son "naturel ressemble à la nature comme le
rouge de nos dames ressemble à l'incarnat dont la nature
colore les joues de la jeune fille émue et modeste."

Citons aussi un mot bien connu, et qui peint à merveille
10 le talent de Marivaux: "Il brode à petits points sur des
toiles d'araignées."

ACTE I.   Scène I

Au premier acte, Silvia cause d'amour et de mariage
avec Lisette.

LISETTE. . . . Le *non* n'est pas naturel.

SILVIA.   Le *non* n'est pas naturel?   Quelle sotte naï-
15 veté!   Le mariage aurait donc de grands charmes
pour vous?

LISETTE.   Eh bien! c'est encore *oui*, par exemple.

SILVIA.   . . . Ce n'est pas à vous à juger de mon
cœur par le vôtre.

20   LISETTE.   Mon cœur est fait comme celui de tout le
monde.   De quoi le vôtre s'avise-t-il de n'être fait comme
celui de personne? . . . Quoi! vous n'épouserez pas
celui qu'il [*son père*] vous destine?

SILVIA.   Que sais-je?   Peut-être ne me conviendra-t-il

point; et cela m'inquiète . . . Volontiers un bel homme est fat; je l'ai remarqué.

LISETTE. Oh! il a tort d'être fat, mais il a raison d'être beau.

5 SILVIA. On ajoute qu'il est bien fait; passe.

LISETTE. Oui-dà, cela est pardonnable.

SILVIA. De beauté et de bonne mine, je l'en dispense; ce sont là des agréments superflus.

LISETTE. . . . Si je me marie jamais, ce superflu-là 10 sera mon nécessaire.

SILVIA. Tu ne sais ce que tu dis. Dans le mariage on a plus souvent affaire à l'homme raisonnable qu'à l'aimable homme; en un mot, je ne lui demande qu'un bon caractère; et cela est plus difficile à trouver qu'on 15 ne pense. On loue beaucoup le sien; mais qui est-ce qui a vécu avec lui? Les hommes ne se contrefont-ils pas, surtout quand ils ont de l'esprit? . . .

Sous le double déguisement de Silvia et de Dorante, l'intrigue se poursuit. Dorante voit toujours la soubrette 20 en Silvia; tandis que celle-ci sait très bien que Bourguignon, en réalité, s'appelle Dorante.

ACTE III. SCÈNE XIII

DORANTE, SILVIA

.   .   .   .

DORANTE. J'ai de la peine à partir sans vous avoir convaincue que je n'ai pas tort de le faire.

SILVIA. Eh! monsieur, de quelle conséquence est-li de vous justifier auprès de moi? Ce n'est pas la peine; je ne suis qu'une suivante, et vous me le faites bien sentir.

DORANTE. Moi, Lisette! Est-ce à vous à vous 5 plaindre. . . . Mario vous aime.

SILVIA. Cela est vrai.

DORANTE. Vous êtes sensible à son amour; . . . ainsi vous ne sauriez m'aimer.

SILVIA. Je suis sensible à son amour! qui est-ce qui 10 vous l'a dit? Je ne saurais vous aimer? qu'en savez-vous? vous décidez bien vite.

DORANTE. Eh bien! Lisette, par tout ce que vous avez de plus cher au monde, instruisez-moi de ce qui en est, je vous en conjure.

15 SILVIA. Instruire un homme qui part!

DORANTE. Je ne partirai point.

SILVIA. Laissez-moi. Tenez, si vous m'aimez, ne m'interrogez point: . . . Que vous importent mes sentiments?

20 DORANTE. Ce qu'il m'importe, Lisette? peux-tu douter encore que je ne t'adore?

SILVIA. Non; et vous le répétez si souvent que je vous crois: . . . Je vais vous parler à cœur ouvert. Vous m'aimez; mais votre amour n'est pas une chose 25 bien sérieuse pour vous, . . . la distance qu'il y a de vous à moi, mille objets que vous allez trouver sur votre chemin, . . . les amusements d'un homme de votre condition, tout va vous ôter cet amour dont vous m'entretenez impitoyablement; . . . Mais moi, monsieur:

si je m'en ressouviens, comme j'en ai peur; s'il m'a frappée, quel secours aurai-je contre l'impression qu'il m'aura faite? Qui est-ce qui me dédommagera de votre perte? Qui voulez-vous que mon cœur mette à 5 votre place?... Moi qui vous parle, je me ferais un scrupule de vous dire que je vous aime, dans les dispositions où vous êtes. L'aveu de mes sentiments pourrait exposer votre raison, et vous voyez bien aussi que je vous les cache.

10 DORANTE. Ah! ma chère Lisette, que viens-je d'entendre! Tes paroles ont un feu qui me pénètre. Je t'adore, je te respecte. Il n'est ni rang, ni naissance, ni fortune qui ne disparaisse devant une âme comme la tienne. J'aurais honte que mon orgueil tînt encore 15 contre toi; et mon cœur et ma main t'appartiennent.

.   .   .   .

SILVIA. Quoi! vous m'épouserez malgré la colère d'un père, malgré votre fortune?

DORANTE. Mon père me pardonnera dès qu'il vous aura vue; ma fortune nous suffit à tous deux, et le mérite 20 vaut bien la naissance. Ne disputons point, car je ne changerai jamais.

SILVIA. Que d'amour!

SCÈNE XIV

MARIO, SILVIA, DORANTE, ORGON

SILVIA. Ah! mon père, vous avez voulu que je fusse à Dorante; venez voir votre fille vous obéir avec plus de 25 joie qu'on n'en eut jamais.

DORANTE. Qu'entends-je! vous, son père, monsieur?

SILVIA. Oui, Dorante; la même idée de nous contrefaire nous est venue à tous deux.

. . . .

DORANTE. Je ne saurais vous exprimer mon bonheur,
5 madame; mais ce qui m'enchante le plus, ce sont les
preuves que je vous ai données de ma tendresse.

SEPTIÈME LEÇON

BEAUMARCHAIS (1732–1799)

(Pierre-Augustin Caron)

La Bruyère au XVIIème siècle s'était ému du sort des paysans de son temps, qu'il appelait des "sortes d'animaux courbés vers la terre." Ces animaux, peu à peu, s'étaient relevés et faisaient entendre un grondement
5 sinistre.

Depuis des siècles, le peuple avait été pressuré, battu, maltraité, pendu, et la mesure était comble. La Révolution, avec toutes ses horreurs, révolution inévitable: avançait à grands pas. Elle était pressentie, non seule-
10 ment par ceux qui souffraient, mais par ceux qui jouissaient. Les Philosophes du XVIIIème siècle avaient mis à la mode les idées humanitaires et la haine du despotisme.

Il se trouve presque toujours un homme en qui s'incarne l'esprit de son temps. Si Marivaux fait com-
15 prendre le charme du XVIIIème siècle naissant, Beaumarchais semble personnifier les troubles, les révoltes, les audaces de ce même siècle, vieillissant.

Pierre-Augustin Caron, dit Beaumarchais, naquit dans une boutique de la rue Saint Denis. Tour à tour
20 horloger, musicien, officier de la maison du roi, gentilhomme, agent suspect, mi-policier mi-politique, homme de finance, négociant, homme de lettres, il se montra à

la hauteur de toutes les situations par son esprit, de toutes les conditions par son impertinence.

Emprisonné, calomnié, réhabilité, applaudi, envié, plaint, jamais sérieusement respecté, ni même considéré, 5 il va droit son chemin, "riant de tout de peur d'en pleurer" — un mélange extraordinaire de polissonnerie et de fierté; de bouffonnerie et d'enthousiasme: en un mot, son propre Figaro; mais un Figaro moins fripon, plus sympathique, et, au fond, plus estimable. Ce 10 bohême avait très bon cœur. Il était fort sensible; il savait ouvrir sa bourse à l'occasion aussi bien que son cœur. D'une immoralité sans vergogne, d'une délicatesse problématique, il fut le meilleur des fils et des frères. On l'accusa d'avoir empoisonné ses deux 15 premières femmes, et, au contraire, il fut un mari, non seulement tendre, mais sentimental. Beaumarchais fut une énigme pour ses contemporains; il est resté un problème pour la postérité.

Notre auteur débuta par de médiocres drames qui 20 n'eurent aucun succès. Un retentissant procès le rendit subitement célèbre.

Ce procès, connu sous le nom de l'affaire La Blache, vint en Appel, devant le Parlement Maupeou (1773). Le Conseiller Goëzman avait une jeune et jolie femme 25 qui ne détestait pas les cadeaux. Beaumarchais s'exécuta: Mme. Goëzman reçut cent louis et une montre enrichie de diamants; elle réclama en plus quinze louis pour le secrétaire. Goëzman conclut contre Beaumarchais, qui, alors réclama argent et bijoux. La jeune

femme rendit la montre et les cent louis; mais elle garda
les quinze louis que le secrétaire n'avait jamais vus;
elle nia les avoir reçus. . Le Conseiller chercha à mettre
ce plaideur incommode à la Bastille pour étouffer l'affaire.
5 S'il avait été pris, Beaumarchais sombrait du coup.
Il sortit de ce danger par un merveilleux coup d'audace.
Il publia quatre Mémoires, de purs chefs-d'œuvre
d'adresse, d'ironie et d'esprit, où il raconta toute l'affaire.
Les rieurs furent de son côté, car jamais auteur drama-
10 tique n'avait mis en scène de satire plus mordante,
plus amusante, plus folle, d'une drôlerie plus irrésistible.

Beaumarchais encourut la censure du tribunal; mais
auprès du grand public, il obtint gain de cause. Du
jour au lendemain, il se trouva célèbre.
15 Il était encore dans tout l'épanouissement de ce grand
succès lorsqu'il donna sa charmante comédie *Le Barbier
de Seville.*

LE BARBIER DE SÉVILLE (1775)

Les personnages de la classique farce italienne s'ap-
pelaient Cassandre, Colombine, Arlequin, et Pierrot.
o Beaumarchais, de ces fantoches, a fait Bartholo, Rosine,
Figaro et Almaviva, des êtres vivants, réels, d'une
originalité très amusante.

Rosine, pupille de Bartholo qui veut en faire sa femme,
est tenue prisonnière et se rit des portes et des barreaux.
5 Le comte Almaviva, qui se fait appeler Lindor, aidé par
le barbier, Figaro, après mainte sérénade et maint billet
doux, s'introduit dans la place comme maître de chant.

Bartholo n'est pas un barbon qu'on trompe facilement.
Il se méfie de ce professeur improvisé, et, tandis que
Figaro lui fait la barbe, trouve moyen de surveiller sa
pupille. Celle-ci est aussi rusée que vive. Auprès de
5 Lindor, elle tient si bien son rôle que le grand seigneur
qui, sans doute, songeait peu au mariage, est trop heureux
d'épouser cette délicieuse, mais quelque peu inquiétante,
petite bourgeoise.

La figure vraiment neuve, curieuse, originale de la
10 pièce est bien celle du barbier. Figaro est un Mascarille doublé d'un homme de talent. Il représente toute
une époque. Un peu plus et ce valet prendra la place
du grand seigneur.

Beaumarchais a trouvé le ton qui convenait à une
15 pareille comédie. Le style est vif, leste, net, tout plein
de trouvailles amusantes. Il y a dans la pièce infiniment
d'esprit, trop d'esprit même. Les mots se croisent et
s'entre-choquent, cinglants, cyniques, ou charmants.
C'est un feu d'artifice qui éblouit. Beaumarchais a
20 donné un esprit endiablé à tous ses personnages, même
à ceux qui n'y ont aucun droit.

ACTE I. Scène II
LE COMTE, FIGARO

Le comte a suivi Rosine à Séville ; il y retrouve son
ancien domestique, Figaro.

.   .   .   .   .   .

Le Comte. . . . Tu ne me dis pas ce qui t'a fait
25 quitter Madrid.

FIGARO. C'est mon bon ange, Excellence, puisque je suis assez heureux pour retrouver mon ancien maître. Voyant à Madrid que la république des lettres était celle des loups, toujours armés les uns contre les autres,
5 . . . fatigué d'écrire, ennuyé de moi, dégoûté des autres, abimé de dettes et léger d'argent; à la fin convaincu que l'utile revenu du rasoir est préférable aux vains honneurs de la plume, j'ai quitté Madrid; . . . et, accueilli dans une ville, emprisonné dans l'autre,
10 et partout supérieur aux événements; loué par ceux-ci, blâmé par ceux-là; . . . me moquant des sots, bravant les méchants; riant de ma misère et faisant la barbe à tout le monde; vous me voyez enfin établi dans Séville, et prêt à servir de nouveau Votre Excellence en tout ce
15 qu'il lui plaira m'ordonner.

LE COMTE. Qui t'a donné une philosophie aussi gaie?

FIGARO. L'habitude du malheur. Je me presse de rire de tout, de peur d'être obligé d'en pleurer. Que regardez-vous donc toujours de ce côté?

20 LE COMTE. Sauvons-nous.

FIGARO. Pourquoi?

LE COMTE. Viens donc, malheureux! tu me perds.
(*Ils se cachent.*)

SCÈNE III

BARTHOLO, ROSINE

La jalousie du premier étage s'ouvre, et Bartholo et Rosine se mettent à la fenêtre.

Rosine. Comme le grand air fait plaisir à respirer !
... Cette jalousie s'ouvre si rarement ...

. . . .

Bartholo. Quel papier tenez-vous là ?

Rosine. Ce sont les couplets de la *Précaution inutile*,
5 que mon maître à chanter m'a donnés hier.

Bartholo. Qu'est-ce que la *Précaution inutile*?

Rosine. C'est une comédie nouvelle . . . (*Le papier
lui échappe et tombe dans la rue.*) Ah ! ma chanson !
ma chanson est tombée en vous écoutant; courez,
10 courez donc, Monsieur ! ma chanson, elle sera perdue !

Bartholo. Que diable aussi, l'on tient ce qu'on
tient.   (*Il quitte le balcon.*)

Rosine, *regarde en dedans et fait signe dans la rue.*

St, st ! (*Le comte paraît.*) ramassez vîte et sauvez-
vous.

(*Le comte ne fait qu'un saut, ramasse le papier et
rentre.*)

Bartholo, *sort de la maison et cherche.*

15 Où donc est-il ? Je ne vois rien.

Rosine. Sous le balcon, au pied du mur.

Bartholo. Vous me donnez-là une jolie commission !
Il est donc passé quelqu'un ?

Rosine. Je n'ai vu personne.

Bartholo, *à lui-même.*

20 Et moi qui ai la bonté de chercher ! . . . Bartholo,
vous n'êtes qu'un sot, mon ami : ceci doit vous apprendre
à ne jamais ouvrir de jalousies sur la rue.

(*Il rentre.*)

Rosine, *toujours au balcon.*

Mon excuse est dans mon malheur: seule, enfermée, en butte à la persécution d'un homme odieux, est-ce un crime de tenter à sortir d'esclavage?

Bartholo, *paraissant au balcon.*

Rentrez, signora; c'est ma faute si vous avez perdu
5 votre chanson; mais ce malheur ne vous arrivera plus, je vous jure. (*Il ferme la jalousie à clef.*)

Scène IV

LE COMTE, FIGARO

(*Ils entrent avec précaution.*)

Le Comte. À présent qu'ils sont retirés, examinons cette chanson, dans laquelle un mystère est sûrement renfermé. C'est un billet!

10 Figaro. Il demandait ce que c'est que la *Précaution inutile!*

Le Comte, *lit vivement.*

"Votre empressement excite ma curiosité: sitôt que mon tuteur sera sorti, chantez sur l'air connu de ces couplets, quelque chose qui m'apprenne enfin le nom,
15 l'état et les intentions de celui qui paraît s'attacher à l'infortunée Rosine."

Figaro, *contrefaisant la voix de Rosine.*

Ma chanson, ma chanson est tombée; courez, courez donc (*il rit*) ah, ah, ah! Oh! ces femmes! voulez-vous donner de l'adresse à la plus ingénue? enfermez-la.

20 Le Comte. Ma chère Rosine!

ACTE II. Scène II

ROSINE, FIGARO

ROSINE. Ah! Monsieur Figaro, que je suis aise de vous voir!

FIGARO. Votre santé, Madame?

ROSINE. Pas trop bonne, monsieur Figaro. L'ennui
5 me tue.

FIGARO. Je le crois; il n'engraisse que les sots.

ROSINE. Avec qui parliez-vous donc là-bas si vive-ment? Je n'entendais pas, mais . . .

FIGARO. Avec un jeune bachelier de mes parents,
10 de la plus grande espérance; plein d'esprit, de senti-ments, de talents, et d'une figure fort avenante.

ROSINE. Oh! tout à fait bien, je vous assure! Il se nomme . . .?

FIGARO. Lindor. Il n'a rien: mais s'il n'eût pas
15 quitté brusquement Madrid il pouvait y trouver quelque bonne place.

ROSINE, *étourdiment.*

Il en trouvera, monsieur Figaro; il en trouvera. Un jeune homme tel que vous le dépeignez n'est pas fait pour rester inconnu.

FIGARO, *à part.*
20 Fort bien. (*Haut.*) Mais il a un grand défaut, qui nuira toujours à son avancément.

ROSINE. Un défaut, monsieur Figaro! Un defaut! en êtes-vous bien sûr?

FIGARO. Il est amoureux.

ROSINE. Il est amoureux! et vous appelez cela un defaut?

FIGARO. A la vérité, ce n'en est un que relativement
5 à sa mauvaise fortune.

ROSINE. Ah! que le sort est injuste! Et nomme-t-il la personne qu'il aime? Je suis d'une curiosité . . .

FIGARO. Vous êtes la dernière, madame, à qui je voudrais faire une confidence de cette nature.

ROSINE, *vivement*.

10   Pourquoi, monsieur Figaro? Je suis discrète. Ce jeune homme vous appartient, il m'intéresse infiniment . . . dîtes donc.   ˙

FIGARO, *la regardant finement*.

Figurez-vous la plus jolie petite mignonne, douce, tendre, accorte et fraîche, agaçant l'appétit; pied furtif,
15 taille droite, élancée, bras dodus, bouche rosée, et des mains! des joues! des dents! des yeux! . . .

ROSINE. Qui reste en cette ville?

FIGARO. En ce quartier.

ROSINE. Dans cette rue peut-être?

20   FIGARO. A deux pas de moi.

ROSINE. Ah! que c'est charmant . . . pour monsieur votre parent. Et cette personne est . . .?

FIGARO. Je ne l'ai pas nommée?

ROSINE, *vivement*.

C'est la seule chose que vous ayez oubliée, monsieur
25 Figaro. Dîtes donc vite; si l'on rentrait, je ne pourrais plus savoir . . .

FIGARO. Vous le voulez absolument, madame? Eh bien! cette personne est . . . la pupille de votre tuteur.

ROSINE. La pupille? . . .

FIGARO. Du docteur Bartholo: oui, madame.

ACTE III. SCÈNE II

BARTHOLO, LE COMTE (*en bachelier*)

5 Le comte s'est d'abord présenté chez Bartholo en soldat. Il arrive maintenant comme maître de chant à la place de Bazile.

LE COMTE. Que la paix et la joie habitent toujours céans!

BARTHOLO, *brusquement.*

10 Jamais souhait ne vint plus à propos. Que voulez-vous?

LE COMTE. Monsieur, je suis Alonzo, bachelier licencié . . .

BARTHOLO. Je n'ai pas besoin de précepteur.

15 LE COMTE. . . . Elève de don Bazile. . . . Un mal subit le force à garder le lit.

BARTHOLO. Garder le lit! Bazile! il a bien fait d'envoyer; je vais le voir à l'instant . . .

LE COMTE. . . . Don Bazile m'avait chargé de 20 vous apprendre . . .

BARTHOLO. Parlez haut, je suis sourd d'une oreille.

LE COMTE, *élevant la voix.*

Ah! volontiers. Que le comte d'Almaviva, qui restait à la grande place . . .

BARTHOLO, *effrayé.*

Parlez bas; parlez bas!

LE COMTE, *plus haut.*

5 . . . En est délogé ce matin. Comme c'est par moi qu'il a su que le comte Almaviva . . .

BARTHOLO. Bas: parlez bas, je vous prie.

LE COMTE, *du même ton.*

. . . Était dans cette ville, et que j'ai découvert que la signora Rosine lui a écrit . . .

10 BARTHOLO. Lui a écrit? Mon cher ami, parlez plus bas, je vous en conjure! Tenez, asseyons-nous, et jasons d'amitié. Vous avez découvert, dîtes-vous que Rosine . . .

LE COMTE, *fièrement.*

Assurément. Bazile, inquiet pour vous de cette 15 correspondance, m'avait prié de vous montrer sa lettre; mais la manière dont vous prenez les choses . . .

BARTHOLO. Eh mon Dieu! je les prends bien. Mais ne vous est-il pas possible de parler plus bas?

LE COMTE. Vous êtes sourd d'une oreille, avez-vous dit.

20 BARTHOLO. Pardon, pardon, seigneur Alonzo, si vous m'avez trouvé méfiant et dur; mais je suis tellement entouré d'intrigants, de pièges; . . . et puis votre tournure, votre âge, votre air . . . Pardon, pardon. Vous avez la lettre?

Le Comte. A la bonne heure, sur ce ton, monsieur!
Mais je crains qu'on ne soit aux écoutes.

Bartholo. Eh! qui voulez-vous? tous mes valets
sont sur les dents! Rosine enfermée de fureur! Le
5 diable est entré chez moi.   Je vais encore m'assurer. . . .

        (*Il va ouvrir doucement la porte de Rosine.*)

Le Comte, *à part.*

Je suis enferré de dépit . . .   Lui montrer la lettre?
. . . Si je puis en prévenir Rosine, la lui montrer est
un coup de maître.

Bartholo, *revient sur la pointe des pieds.*

Elle est assise auprès de sa fenêtre, le dos tourné à
10 la porte, occupée à relire une lettre de son cousin l'officier, que j'avais décachetée. . . . Voyons donc la
sienne.

Le Comte, *lui remet la lettre de Rosine.*

La voici. (*À part.*) C'est ma lettre qu'elle relit.

Bartholo, *lit.*

"Depuis que vous m'avez appris votre nom et votre
15 état." Ah! la perfide! c'est bien là sa main.

Le Comte, *effrayé.*

Parlez donc bas à votre tour.

Bartholo. Quelle obligation, mon cher . . . Mais
pour que ceci n'eut pas l'air concerté, ne serait-il pas
bon qu'elle vous connût? . . .

Le Comte, *réprime un grand mouvement de joie.*

20 C'est assez l'avis de Bazile.   Mais comment faire? . . .

Bartholo. Je dirai que vous venez en sa place.   Ne
lui donnerez-vous pas bien une leçon?

LE COMTE. Il n'y a rien que je ne fasse pour vous plaire. . . .

BARTHOLO. Son clavecin est dans ce cabinet. Amusez-vous en l'attendant: Je vais faire l'impossible pour
5 l'amener.

LE COMTE. Gardez-vous bien de lui parler de la lettre.

BARTHOLO. Avant l'instant décisif? Elle perdrait tout son effet. Il ne faut pas me dire deux fois les choses: il ne faut pas me les dire deux fois.

(*Il s'en va.*)

SCÈNE III

LE COMTE, *seul.*
10 Me voilà sauvé. Ouf! Que ce diable d'homme est rude à manier! Figaro le connait bien . . . O ciel! on dispute là-dedans. Si elle allait s'obstiner à ne pas venir! Écoutons . . . Elle refuse de sortir de chez elle, et j'ai perdu le fruit de ma ruse. (*Il retourne écouter.*) La
15 voici; ne nous montrons pas d'abord.

(*Il entre dans le cabinet.*)

SCÈNE IV

LE COMTE, ROSINE, BARTHOLO

ROSINE, *avec une colère simulée.*
Tout ce que vous direz est inutile, monsieur. J'ai pris mon parti; je ne veux plus entendre parler de musique.

BARTHOLO. Écoute donc, mon enfant; c'est le seigneur Alonzo, l'élève et l'ami de don Bazile. . . . La musique te calmera, je t'assure.

ROSINE. Oh! pour cela, vous pouvez vous en détacher. 5 Si je chante ce soir! . . . Où donc est-il ce maître que vous craignez de renvoyer? Je vais en deux mots lui donner son compte, et celui de Bazile. (*Elle aperçoit son amant; elle fait un cri.*) Ah! . . .

BARTHOLO. Qu'avez-vous?

ROSINE, *les deux mains sur son cœur, avec un grand trouble.*

10 Ah! mon Dieu, monsieur. . . . Ah! mon Dieu, monsieur. . . .

BARTHOLO. Elle se trouve encore mal! Seigneur Alonzo!

ROSINE. Non, je ne me trouve pas mal . . . mais c'est 15 qu'en me tournant . . . Ah! . . .

LE COMTE. Le pied vous a tourné, madame?

ROSINE. Ah! oui, le pied m'a tourné. Je me suis fait un mal horrible.

LE COMTE. Je m'en suis bien aperçu.

ROSINE, *regardant le Comte.*

20 Le coup m'a porté au cœur.

BARTHOLO. Un siège, un siège. Et pas un fauteuil ici?

(*Il va le chercher.*)

LE COMTE. Ah! Rosine!

ROSINE. Quelle imprudence!

25 LE COMTE. J'ai mille choses essentielles à vous dire.

ROSINE. Il ne nous quittera pas.

LE COMTE. Figaro va venir nous aider.

BARTHOLO, *apporte un fauteuil.*

Tiens, mignonne, assieds-toi . . . (*au Comte.*) Ce sera pour un autre jour. Adieu.

ROSINE, *au Comte.*

5 Non, attendez; ma douleur est un peu apaisée. (*À Bartholo.*) Je sens que j'ai eu tort avec vous, monsieur: je veux vous imiter, en réparant sur le champ. . . .

BARTHOLO. Oh! le bon petit naturel de femme! Mais après une pareille émotion, mon enfant, je ne 10 souffrirai pas que tu fasses le moindre effort. Adieu, adieu, bachelier.

ROSINE, *au Comte.*

Un moment, de grâce! (*À Bartholo.*) Je croirai, monsieur, que vous n'aimez pas à m'obliger, si vous m'empêchez de vous prouver mes regrets en prenant 15 ma leçon.

LE COMTE, *à part,* à Bartholo.

Ne la contrariez pas, si vous m'en croyez.

BARTHOLO. . . . Je suis si loin de chercher à te déplaire, que je veux rester là tout le temps que tu vas étudier.

20 ROSINE. Non, monsieur. Je sais que la musique n'a nul attrait pour vous.

BARTHOLO. Je t'assure que ce soir elle m'enchantera.

ROSINE, *au Comte, à part.*

Je suis au supplice.

LE COMTE, *prenant un morceau de musique sur le pupitre.*

Est-ce là ce que vous voulez chanter, madame?

ROSINE. Oui, c'est un morceau très agréable de la *Précaution inutile.*

BARTHOLO. Toujours la *Précaution inutile!*

5 LE COMTE. C'est ce qu'il y a de plus nouveau aujourd'hui.

Tandis que Figaro, tenant le nez de son client lui savonne la barbe, les deux jeunes gens chantent un duo où ils expriment leur amour et s'entendent au sujet 10 de leur fuite. Bartholo, malgré les efforts du barbier, se méfie et met le maître de chant à la porte. Alors Figaro lui persuade qu'il a mauvaise mine, qu'il est sûrement malade, qu'il doit se coucher et le bonhomme, fort soucieux de sa santé, se laisse persuader. Les 15 amoureux n'ont plus qu'à prendre la clef des champs, ce qu'ils se hâtent de faire.

LE MARIAGE DE FIGARO (1784)

Tout devait servir à Beaumarchais, même ses déboires; surtout ses déboires.

Pendant trois ans on refusa de laisser jouer *Le Mariage* 20 *de Figaro, ou la folle journée,* comédie qui succéda au *Barbier de Séville.*

L'auteur se démena si bien, fit un tel tapage que la ville et la cour prirent la défense de la pièce qu'elles

ne connaissaient pas et de l'auteur qu'elles aimaient.
Ce fut la plus merveilleuse des réclames. Le comte
d'Artois, le comte de Vaudreuil, la princesse Lamballe,
la reine elle-même agirent auprès du roi Louis XVI qui
5 trouvait la comédie dangereuse et injouable. Elle fut
donnée devant trois cents personnes chez le comte de
Vaudreuil et le succès fut tel que le roi céda enfin. La
première représentation du *Mariage de Figaro* eut lieu
le 27 Avril, 1784. Ce fut un événement. Le public
10 prit la salle d'assaut, on s'écrasait aux portes, trois
personnes furent étouffées. Devant un auditoire sur-
chauffé, fiévreux, délirant, tous les mots portèrent: ce
fut un succès insolent, inénarrable. Beaumarchais dit
à ce sujet: —

15 "Il y quelque chose de plus fou que ma pièce, c'est son
succès."

Nous retrouvons dans cette comédie les personnages
du *Barbier*, mais singulièrement modifiés. Le brillant
Lindor, si loyal dans la séduction, si spirituellement gai,
o est devenu un mari déjà lassé, infidèle et cependant
jaloux. La comtesse n'a plus rien de la piquante Rosine,
quoiqu'elle ruse avec son mari, comme jadis elle rusait
avec son tuteur. Figaro est l'âme de la pièce, et sa
fiancée, Suzanne, en est le sourire. Suzanne est la
5 dernière grande soubrette. Elle a toute la verve et
l'entrain de Toinette et de Dorine, avec beaucoup de
distinction et de grâce en plus. Figaro s'est chargé
de nous tracer son portrait en ces mots: —

"La charmante fille ! toujours riante, verdissante, pleine de gaieté, d'esprit, d'amour et de délices ! . . . . mais sage !"

Voici une autre trouvaille de génie : celle de Chérubin, filleul de la comtesse, enfant en passe de devenir homme, 5 amoureux de l'amour et que la femme obsède ; c'est un effronté petit page, hardi et timide, embrassant Suzanne, embrassant la petite Fanchette, tout tremblant et rougissant devant la comtesse, dont il dit : "Qu'elle est belle . . . mais qu'elle est imposante !"

10   Figaro, ayant travaillé au bonheur des autres, travaille maintenant au sien propre. Il est superbe d'entrain, d'audace et d'effronterie. Le comte fait la cour à Suzanne et Figaro le sait bien. Il n'a aucune peur de se mesurer avec son rival, ni de scrupule à tirer tous 15 les bénéfices possibles de la situation. À travers les péripéties amusantes d'un chassé croisé d'intrigues, Figaro domine tout, dénoue tout.

Le public qui applaudissait si frénétiquement aux tirades de l'ex-barbier, ne se doutait pas jusqu'où de 20 pareils sentiments allaient le mener : les grandes dames, les beaux seigneurs, la reine, qui s'amusaient des épigrammes et des allusions transparentes, ne voyaient pas se dresser, dans l'ombre, tout près d'eux, la guillotine qui les attendait.

ACTE I. Scène II

SUZANNE, CHÉRUBIN

CHÉRUBIN, *accourant.*

Ah! Suzon! depuis deux heures j'épie le moment de te trouver seule. Hélas! tu te maries, et moi je vais partir.

SUZANNE. Comment mon mariage éloigne-t-il du 5 château le premier page de monseigneur?

CHÉRUBIN, *piteusement.*

Suzanne, il me renvoie.

SUZANNE, *le contrefait.*

Chérubin, quelque sottise!

CHÉRUBIN. Il m'a trouvé hier soir chez ta cousine Fanchette, à qui je faisais répéter son petit rôle d'inno-10 cente pour la fête de ce soir: il s'est mis dans une fureur en me voyant! — *Sortez*, m'a-t-il dit, *petit* . . . Je n'ose pas prononcer devant une femme le gros mot qu'il a dit: *Sortez! et demain vous ne coucherez pas au château.* Si madame, si ma belle marraine ne parvient pas à 15 l'apaiser, c'est fait, Suzon, je suis à jamais privé du bonheur de te voir.

SUZANNE. De me voir! moi? . . . c'est mon tour! Ce n'est donc plus pour ma maîtresse que vous soupirez en secret?

0 CHÉRUBIN. Ah! Suzon, qu'elle est noble et belle! mais qu'elle est imposante!

SUZANNE. C'est-à-dire que je ne le suis pas et qu'on peut oser avec moi . . .

CHÉRUBIN. Tu sais trop bien, méchante, que je n'ose pas oser. Mais que tu es heureuse! à tous moments la voir, lui parler, l'habiller le matin et la déshabiller le soir, épingle à épingle . . . Ah! Suzon! je 5 donnerais . . . Qu'est-ce que tu tiens donc là?

SUZANNE, *raillant*.

Hélas! l'heureux bonnet et le fortuné ruban qui renferment, la nuit, les cheveux de cette belle marraine . . .

CHÉRUBIN, *vivement*.

Son ruban de nuit! Donne-le-moi, mon cœur.

SUZANNE, *le retirant*.

Eh que non pas: — *son cœur!* Comme il est familier 10 donc! si ce n'était pas un morveux sans conséquence. (*Chérubin arrache le ruban.*) Ah! le ruban!

CHÉRUBIN, *tourne autour du grand fauteuil*.

Tu diras qu'il est égaré, gâté; qu'il est perdu. Tu diras tout ce que tu voudras.

SUZANNE, *tourne après lui*.

Oh! dans trois ou quatre ans, je prédis que vous 15 serez le plus grand petit vaurien! . . . Rendez-vous le ruban?   (*Elle veut le reprendre.*)

CHÉRUBIN, *tire une romance de sa poche*.

Laisse, ah! laisse-le-moi, Suzon; je te donnerai ma romance, et pendant que le souvenir de ta belle maîtresse attristera tous mes moments, le tien y versera 20 le seul rayon de joie qui puisse encore amuser mon cœur.

SUZANNE, *arrache la romance*.

Amuser votre cœur, petit scélérat! vous croyez

parler à votre Fanchette; on vous surprend chez elle;
et vous soupirez pour madame, et vous m'en contez à
moi, pardessus le marché.

CHÉRUBIN, *exalté.*

Cela est vrai, d'honneur! je ne sais plus ce que je
5 suis; mais depuis quelque temps je sens ma poitrine
agitée; mon cœur palpite au seul aspect d'une femme,
les mots *amour* et *volupté* le font tressaillir et le troublent.
Enfin, le besoin de dire à quelqu'un *je vous aime,* est
devenu pour moi si pressant, que je le dis tout seul, en
10 courant dans le parc, à ta maîtresse, à toi, aux nuages,
au vent qui les emporte avec mes paroles perdues. —

.   .   .   .

SUZANNE. Il devient fou!

CHÉRUBIN. Fanchette est douce; elle m'écoute au
moins; tu ne l'es pas, toi.

.   .   .   .

CHÉRUBIN, *voit le comte entrer; il se jette derrière le
fauteuil avec effroi.*

15   Je suis perdu!

SUZANNE. Quelle frayeur!

SCÈNE VIII

SUZANNE, LE COMTE, CHÉRUBIN (*caché*)

SUZANNE, *aperçoit le comte.*

Ah! . . .

(*Elle s'approche du fauteuil pour masquer Chérubin.*)

LE COMTE *s'avance.*

Tu es émue, Suzon! tu parlais seule, et ton petit cœur paraît dans une agitation . . . bien pardonnable, au reste, un jour comme celui-ci.

SUZANNE, *troublée.*

Monseigneur, que me voulez-vous? Si l'on vous 5 trouvait avec moi . . .

LE COMTE. Je serais désolé qu'on m'y surprît; mais tu sais tout l'intérêt que je prends à toi. Bazile ne t'a pas laissée ignorer mon amour. Je n'ai qu'un instant pour t'expliquer mes vues; écoute . . .

(Il s'assied dans le fauteuil.)

SUZANNE, *vivement.*

10 Je n'écoute rien.

LE COMTE, *lui prend la main.*

Un seul mot. Tu sais que le roi m'a nommé son ambassadeur à Londres. J'emmène avec moi Figaro: je lui donne un excellent poste; et comme le devoir d'une femme est de suivre son mari . . .

.   .   .

---

15 Bazile dans *Le Barbier de Séville* est le precepteur de Rosine. Dans *Le Mariage de Figaro* il est devenu le confident du comte.

BAZILE, *parle en dehors.*

Il n'est pas chez lui, monseigneur.

LE COMTE, *se lève.*

Quelle est cette voix?

SUZANNE. Que je suis malheureuse!

LE COMTE. Sors, pour qu'on n'entre pas.

SUZANNE, *troublée.*

Que je vous laisse ici?

BAZILE, *crie en dehors.*

5 Monseigneur était chez madame, il en est sorti: je vais voir.

LE COMTE. Et pas un lieu pour se cacher! Ah! derrière ce fauteuil . . . assez mal; mais renvoie-le bien vite.

(*Suzanne lui barre le chemin, il la pousse doucement, elle recule, et se met ainsi entre lui et le page; mais, pendant que le comte se baisse et prend sa place, Chérubin tourne et se jette effrayé sur le fauteuil à genoux, et s'y blottit. Suzanne prend la robe qu'elle apportait, en couvre le page, et se met devant le fauteuil.*)

SCÈNE IX

LE COMTE et CHÉRUBIN (*cachés*), SUZANNE, BAZILE

10 BAZILE. N'auriez-vous pas vu monseigneur, mademoiselle?

SUZANNE, *brusquement.*

Eh! pourquoi l'aurai-je vu? Laissez-moi . . . Qui vous permet d'entrer ici?

BAZILE. Là! là! mauvaise! Dieu vous apaise! il 15 n'en sera que ce que vous voulez; mais ne croyez pas non plus que je regarde monsieur Figaro comme l'obstacle qui nuit à monseigneur, et sans le petit page . . .

SUZANNE, *timidement.*

Don Chérubin?

BAZILE, *la contrefait.*

Cherubino di amore, qui tourne autour de vous sans
5 cesse, et qui ce matin encore rôdait ici pour y entrer
quand je vous ai quittée; dites que cela n'est pas vrai?

SUZANNE. Quelle imposture! Allez-vous-en, méchant
homme!

BAZILE. On est un méchant homme, parce qu'on y
10 voit clair. N'est-ce pas pour vous aussi cette romance
dont il fait mystère?

SUZANNE, *en colère.*

Ah! oui, pour moi! . . .

BAZILE. A moins qu'il ne l'ait composée pour madame! En effet, quand il sert à table, on dit qu'il la
15 regarde avec des yeux! . . . mais, peste! qu'il ne s'y
joue pas; monseigneur est *brutal* sur l'article.

SUZANNE, *outrée.*

Et vous bien scélérat, d'aller semant de pareils bruits
pour perdre un malheureux enfant tombé dans la disgrâce de son maître.

20 BAZILE. L'ai-je inventé? Je le dis parce que tout
le monde en parle.

LE COMTE, *se lève.*

Comment tout le monde en parle!

SUZANNE.

Ah! ciel!

BAZILE. Ha, ha!

LE COMTE. Courez, Bazile, et qu'on le chasse.

BAZILE. Ah! que je suis fâché d'être entré!

SUZANNE, *troublée.*

Mon Dieu! mon Dieu!

LE COMTE, *à Bazile.*

5 Elle est saisie. Asseyons-la dans ce fauteuil.

SUZANNE, *le repoussant vivement.*

Je ne veux pas m'asseoir. Entrer ainsi librement, c'est indigne!

BAZILE. Moi, je suis désolé de m'être égayé sur le page, puisque vous l'entendiez; je n'en usais ainsi que 10 pour pénétrer ses sentiments; car au fond . . .

LE COMTE. Cinquante pistoles, un cheval, et qu'on le renvoie à ses parents.

BAZILE. Monseigneur, pour un badinage . . .

LE COMTE. Un petit libertin que j'ai surpris encore 15 hier avec la fille du jardinier . . . j'allais chercher ton oncle Antonio, mon ivrogne de jardinier, pour lui donner des ordres. Je frappe, on est longtemps à m'ouvrir; . . . je prends un soupçon, . . . j'examine. Il y avait derrière la porte une espèce de rideau, . . . qui couvrait des hardes; 20 sans faire semblant de rien, je vais doucement, doucement lever le rideau (*pour imiter le geste, il lève la robe du fauteuil*), et je vois . . . (*Il aperçoit le page.*) Ah! . . .

BAZILE. Ha, ha!

LE COMTE. Ce tour-ci vaut l'autre.

BAZILE. Encore mieux.

LE COMTE, *à Suzanne.*

A merveille, mademoiselle: à peine fiancée, vous faites de ces apprêts? C'était pour recevoir mon page que vous désiriez d'être seule? Et vous, monsieur, qui
5 ne changez point de conduite, il vous manquait de vous adresser, sans respect pour votre marraine, à sa première camériste, à la femme de votre ami! Mais je ne souffrirai pas que Figaro, qu'un homme que j'estime et que j'aime, soit victime d'une pareille tromperie. Était-il
10 avec vous, Bazile?

SUZANNE, *outrée.*

Il n'y a tromperie, ni victime; il était là lorsque vous me parliez. . . . Il me priait d'engager madame à vous demander sa grâce. Votre arrivée l'a si fort troublé qu'il s'est masqué de ce fauteuil.

LE COMTE, *en colère.*

15 Ruse d'enfer! je m'y suis assis en entrant.

CHÉRUBIN. Hélas! monseigneur, j'étais tremblant derrière.

LE COMTE. Autre fourberie! je viens de m'y placer moi-même.

20 CHÉRUBIN. Pardon, mais c'est alors que je me suis blotti dedans.

LE COMTE, *plus outré.*

C'est donc une couleuvre, que ce petit . . . serpent-là? Il nous écoutait!

CHÉRUBIN. Au contraire, monseigneur, j'ai fait ce
25 que j'ai pu pour ne rien entendre.

LE COMTE. O perfidie! (À *Suzanne.*) Tu n'épouseras
pas Figaro.

BAZILE. Contenez-vous, on vient.

Figaro est assez sot pour se méfier de Suzanne.   Son
5 célèbre monologue en fait preuve — en voici quelques
fragments.

ACTE V.   SCÈNE III

FIGARO, *seul.*

O femme! femme! femme! créature faible et déce-
vante! nul animal créé ne peut manquer à son instinct;
le tien est-il donc de tromper! . . . Non, monsieur le
10 comte, vous ne l'aurez pas . . . vous ne l'aurez pas.
Parce que vous êtes un grand seigneur, vous vous croyez
un grand génie! . . . noblesse, fortune, un rang, des
places; tout cela rend si fier! Qu'avez-vous fait pour
tant de bien? Vous vous êtes donné la peine de naître,
15 et rien de plus: du reste homme assez ordinaire! Tandis que moi, morbleu! perdu dans la foule obscure, il
m'a fallu déployer plus de science et de calculs pour
subsister seulement, qu'on n'en a mis depuis cent ans
à gouverner toutes les Espagnes. . . . Est-il rien de
20 plus bizarre que ma destinée! fils de je ne sais pas qui;
volé par des bandits; élevé dans leurs mœurs, je m'en
dégoûte et veux courir une carrière honnête; et partout
je suis repoussé! J'apprends la chimie, la pharmacie,
la chirurgie; et tout le crédit d'un grand seigneur peut

à peine me mettre à la main une lancette vétérinaire! —
Las d'attrister des bêtes malades et pour faire un métier
contraire, je me jette à corps perdu dans le théâtre: me
fussé-je mis une pierre au cou! . . . Il s'élève une
5 question sur la nature des richesses; et comme il n'est
pas nécessaire de tenir les choses pour en raisonner,
n'ayant pas un sol, j'écris sur la valeur de l'argent et sur
son produit net; sitôt je vois, du fond d'un fiacre, baisser
pour moi le pont d'un château fort, à l'entrée duquel je
10 laissais l'espérance et la liberté. (*Il se lève.*) Que je
voudrais bien tenir un de ces puissants de quatre jours,
si légers sur le mal qu'ils ordonnent, quand une bonne
disgrâce a cuvé son orgueil! je lui dirais . . . que les
sottises imprimées n'ont d'importance qu'aux lieux où
15 l'on en gêne le cours; que sans la liberté de blâmer il
n'est point d'éloge flatteur; et qu'il n'y a que les petits
hommes qui redoutent les petits écrits. — . . . Le
désespoir m'allait saisir; on pense à moi pour une place,
mais par malheur j'y étais propre: il fallait un calculateur,
20 ce fut un danseur qui l'obtint. Il ne me restait plus qu'à
voler; je me fais banquier de pharaon: alors, bonnes
gens! je soupe en ville, et les personnes dites *comme il*
faut m'ouvrent poliment leur maison, en retenant pour
elles les trois quarts du profit. J'aurais bien pu me re-
25 monter; je commençais même à comprendre que pour
gagner du bien, le savoir-faire vaut mieux que le savoir.
Mais comme chacun pillait autour de moi, en exigeant
que je fusse honnête, il fallut bien périr encore. Pour
le coup, je quittai le monde; et vingt brasses d'eau m'en

allaient séparer, lorsqu'un dieu bienfaisant m'appelle à
mon premier état.   Je reprends ma trousse et mon cuir
anglais; puis, laissant la fumée aux sots qui s'en nourris-
sent, et la honte au milieu du chemin, comme trop lourde
5 à un piéton, je vais rasant de ville en ville, et je vis enfin
sans souci.   Un grand seigneur passe à Séville; il me
reconnaît, je le marie; et pour prix d'avoir eu par mes
soins son épouse, il veut intercepter la mienne! . . .   O
bizarre suite d'evénements!   Comment cela m'est-il
10 arrivé?   Pourquoi ces choses et non pas d'autres?
Qui les a fixées sur ma tête?   Forcé de parcourir la
route où je suis entré sans le savoir, comme j'en sortirai
sans le vouloir, je l'ai jonchée d'autant de fleurs que ma
gaieté me l'a permis;   encore, je dis ma gaieté, sans savoir
15 si elle est à moi plus que le reste, ni même quel est ce *moi*
dont je m'occupe;   un assemblage informe de parties
inconnues;   puis un chétif être imbecile, un petit animal
folâtre, un jeune homme ardent au plaisir, ayant tous
les goûts pour jouir, faisant tous les métiers pour vivre;
20 maître ici, valet là, selon qu'il plaît à la fortune; ambitieux
par vanité, laborieux par nécessité, mais paresseux . . .
avec délices!   orateur selon le danger, poëte par délassement, musicien par occasion, amoureux par folles bouffées,
j'ai tout vu, tout fait, tout usé.   Puis l'illusion s'est
25 détruite, et trop désabusé. . . .   Désabusé! . . .   Suzon! Suzon! Suzon! que tu me donnes de tourments. —

————

Le comte a fait une scène de jalousie à la comtesse,

tout en courant après Suzanne. Les deux femmes jurent de se venger. Il y a rendez-vous au parc. La comtesse prend les vêtements de la soubrette et celle-ci se déguise avec ceux de sa maîtresse. Figaro, dont les
5 soupçons ont été éveillés, se rend, de son côté, au même endroit ; tandis que Chérubin y a aussi donné rendez-vous à la petite paysanne, Fanchette.

Scène VI

FIGARO, CHÉRUBIN, LE COMTE, LA COMTESSE, SUZANNE

(*Figaro et Suzanne retirés de chaque côté sur le devant.*)
CHÉRUBIN, *en habit d'officier, arrive en chantant gaiement la reprise de l'air de la romance.*
La, la, la, etc.

> J'avais une marraine,
10 > Que toujours adorai.

LA COMTESSE, *à part.*
Le petit page !
CHÉRUBIN, *s'arrête.*
On se promène ici ; gagnons vite mon asile, où la petite Fanchette . . . C'est une femme !
LA COMTESSE, *écoute.*
Ah ! grands dieux !
CHÉRUBIN, *se baisse en regardant de loin.*
15 Me trompé-je ? à cette coiffure en plumes qui se dessine au loin dans le crépuscule, il me semble que c'est Suzon.

La Comtesse, *à part.*

Si le comte arrivait! . . .

(*Le comte paraît dans le fond.*)

Chérubin, *s'approche et prend la main de la comtesse, qui se défend.*

Oui, c'est la charmante fille qu'on nomme Suzanne: eh! pourrais-je m'y méprendre à la douceur de cette main.

. . . .

La Comtesse, *bas.*

5 Allez-vous-en.

Chérubin. Si la compassion t'avait conduite exprès dans cet endroit du parc où je suis caché depuis tantôt?

La Comtesse. Figaro va venir.

Le Comte, *s'avançant, dit à part.*

N'est-ce pas Suzanne que j'aperçois?

Chérubin, *à la comtesse.*

10 Je ne crains point du tout Figaro, car ce n'est pas lui . que tu attends.

La Comtesse. Qui donc?

Le Comte, *à part.*

Elle est avec quelqu'un.

Chérubin. C'est monseigneur, friponne, qui t'a 15 demandé ce rendez-vous, ce matin, quand j'étais derrière le fauteuil.

Le Comte, *à part, avec fureur.*

C'est encore le page infernal!

Figaro, *à part.*

On dit qu'il ne faut pas écouter.

Suzanne, *à part.*

Petit bavard!

La Comtesse, *au page.*

Obligez-moi de vous retirer.

Chérubin. Ce ne sera pas au moins sans avoir reçu le prix de mon obéissance.

La Comtesse, *effrayée.*

5 Vous prétendez?

Chérubin, *avec feu.*

D'abord vingt baisers, pour ton compte, et puis cent pour ta belle maîtresse.

La Comtesse. Vous oseriez?

Chérubin. Oh! que oui, j'oserai; tu prends sa place
10 auprès de monseigneur, moi celle du comte auprès de toi: le plus attrapé, c'est Figaro.

Figaro, *à part.*

Ce brigandeau!

Suzanne, *à part.*

Hardi comme un page.

(*Chérubin veut embrasser la comtesse; le comte se met entre eux deux et reçoit le baiser.*)

La Comtesse, *se retirant.*

Ah! ciel!

Figaro, *à part, entendant le baiser.*

15 J'épousais une jolie mignonne!

(*Il écoute.*)

Chérubin, *tâtant les habits du comte.*

(*À part.*) C'est monseigneur.

(*Il s'enfuit dans le pavillon.*)

Scène VII

FIGARO, LE COMTE, LA COMTESSE, SUZANNE

FIGARO, *s'approche.*
Je vais . . .
LE COMTE, *croyant parler au page.*
Puisque vous ne redoublez pas le baiser . . .
         (*Il croit lui donner un soufflet.*)
FIGARO, *qui est à portée, le reçoit.*
Aïe !
LE COMTE. . . . Voilà toujours le premier payé.
FIGARO, *à part, s'éloigne en se frottant la joue.*
5 Tout n'est pas gain non plus en écoutant.
SUZANNE, *riant tout haut, de l'autre côté.*
Ah ! ah ! ah ! ah ! . . .
LE COMTE, *à la comtesse, qu'il prend pour Suzanne.*
Entend-on quelque chose à ce page ? il reçoit le plus
rude soufflet, et s'enfuit en éclatant de rire . . . (*Il
lui prend la main.*) Tu trembles ?
10 LA COMTESSE. J'ai eu peur.
LE COMTE. Ce n'est pas pour te priver du baiser, que
je l'ai pris.   (*Il la baise au front.*)
LA COMTESSE. Les libertés !
FIGARO, *à part.*
Coquine !
SUZANNE, *à part.*
15 Charmante !

LE COMTE, *prend la main de sa femme.*

Mais quelle peau fine et douce, et qu'il s'en faut que la comtesse ait la main aussi belle !

LA COMTESSE, *à part.*

Oh ! la prévention !

LE COMTE. A-t-elle ce bras ferme et rondelet ? ces
5 jolis doigts pleins de grâce et d'espiéglerie ?

LA COMTESSE, *de la voix de Suzanne.*

Ainsi, l'amour ? . . .

LE COMTE. L'amour . . . n'est que le roman du cœur ; c'est le plaisir qui en est l'histoire ; il m'amène à tes genoux.

LA COMTESSE. Vous ne l'aimez plus ?

10   LE COMTE. Je l'aime beaucoup ; mais trois ans d'union rendent l'hymen si respectable . . .

LA COMTESSE. Que vouliez-vous en elle ?

LE COMTE, *la caressant.*

Ce que je trouve en toi, ma beauté . . .

LA COMTESSE. Mais dites donc . . .

15   LE COMTE. . . . Je ne sais : moins d'uniformité peut-être ; plus de piquant dans les manières ; un je ne sais quoi qui fait le charme ; . . . que sais-je ? Nos femmes croient tout accomplir en nous aimant. Cela dit une fois, elles nous aiment, nous aiment (quand elles
20 nous aiment) et sont si complaisantes, et si constamment obligeantes, et toujours, et sans relâche, qu'on est tout surpris, un beau soir, de trouver la satiété où l'on recher- chait le bonheur.

LA COMTESSE, *à part.*

Ah ! quelle leçon !

Le Comte. En vérité, Suzon, j'ai pensé mille fois que si nous poursuivons ailleurs ce plaisir qui nous fuit chez elles, c'est qu'elles n'étudient pas assez l'art de soutenir notre goût, . . . par celui de la variété.

La Comtesse, *piquée.*

5 Donc, elles doivent tout? . . .

Le Comte, *riant.*

Et l'homme rien! Changerons-nous la marche de la nature? Notre tâche à nous fut de les obtenir; la leur . . .

La Comtesse. La leur? . . .

10 Le Comte. Est de nous retenir: on l'oublie trop.

La Comtesse. Ce ne sera pas moi.

Le Comte. Ni moi.

Figaro, *à part.*

Ni moi.

Suzanne, *à part.*

Ni moi

Le Comte, *prend la main de sa femme.*

15 Il y a de l'écho ici: parlons plus bas. Tu n'as nul besoin d'y songer, toi que l'amour a faite et si vive et si jolie! . . . (*Il la baise au front.*) Ma Suzanne, un Castillan n'a que sa parole. Voici tout l'or promis . . . Mais comme la grâce que tu daignes y mettre est sans 20 prix, j'y joindrai ce brillant, que tu porteras pour l'amour de moi.

La Comtesse, *une révérence.*

Suzanne accepte tout.

Figaro, *à part.* On n'est pas plus coquine que cela.

SUZANNE, *à part.*

Voilà du bon bien qui nous arrive.

LA COMTESSE, *regarde au fond.*

Je vois des flambeaux.

LE COMTE. Ce sont les apprêts de ta noce : entrons-
nous un moment dans l'un de ces pavillons, pour les
5 laisser passer?

SCÈNE VIII

Figaro, qui prend Suzanne pour la comtesse se plaint
de la trahison de sa fiancée.   Suzanne éclate de rire, et
lui donne des soufflets.

SUZANNE, *le bat à chaque phrase.*

. . . et voilà pour tes soupçons; voilà pour tes ven-
10 geances et pour tes trahisons, tes expédients, tes injures
et tes projets.   C'est-il ça de l'amour? dis donc comme
ce matin?

FIGARO, *rit en se relevant.*

Santa Barbara! oui, c'est de l'amour!   O bonheur!
ô délices! ô cent fois heureux Figaro!   Frappe ma
15 bien-aimée, sans te lasser.   Mais quand tu m'auras
diapré tout le corps de meurtrissures, regarde avec bonté,
Suzon, l'homme le plus fortuné qui fut jamais battu
par une femme . . . Mais dis-moi donc par quel
bonheur je te vois là, quand je te croyais avec lui; et
20 comment cet habit qui m'abusait, te montre enfin inno-
cente . . .

SUZANNE. Eh! c'est toi qui es un innocent, de venir te prendre au piège apprêté pour un autre! Est-ce notre faute, à nous, si voulant museler un renard, nous en attrapons deux?

5 FIGARO. Qui donc prend l'autre?

SUZANNE. Sa femme.

FIGARO. Sa femme?

SUZANNE. Sa femme.

FIGARO, *follement.*

Ah! Figaro, pends-toi! tu n'as pas deviné celui-là! —

10 Sa femme!... Ainsi les baisers de cette salle?...

SUZANNE. Ont été donnés à madame.

FIGARO. Et celui du page?

SUZANNE, *riant.*

A monsieur.

SUZANNE. Allons, superbe, humilie-toi!

FIGARO, *fait tout ce qu'il annonce.*

15 Cela est juste: à genoux, bien courbé, prosterné, ventre à terre.

SUZANNE, *en riant.*

Ah! ce pauvre comte! quelle peine il s'est donnée...

FIGARO, *se relève sur ses genoux.*

... Pour faire la conquête de sa femme.

Tout le monde arrive pour le mariage de Figaro et de

20 Suzanne. Chacun apporte une torche et la scène est éclairée à jour.

Scène XIX

LE COMTE, LA COMTESSE, SUZANNE, FIGARO,

GENS DE LA NOCE

LE COMTE, *regardant la comtesse, Suzanne et Figaro, qui sont à genoux.*

Ah! qu'est-ce que je vois! . . . Quoi! c'était vous, comtesse? . . . (*D'un ton suppliant.*) Il n'y a qu'un pardon bien généreux . . .

LA COMTESSE, *en riant.*

Vous diriez *non, non,* à ma place; et moi, pour la
5 troisième fois d'aujourd'hui, je l'accorde sans condition.

(*Elle se relève.*)

SUZANNE, *se relève.*

Moi aussi.

FIGARO, *se relève.*

Moi aussi; il y a de l'écho ici!

LE COMTE. De l'écho! — J'ai voulu ruser avec eux; ils m'ont traité comme un enfant.

LA COMTESSE, *en riant.*

10 Ne le regrettez pas, monsieur le comte.

FIGARO *s'essuyant les genoux avec son chapeau.*

Une petite journée comme celle-ci forme bien un ambassadeur!

LE COMTE, *à Suzanne.*

Ce billet fermé d'une épingle? . . .

SUZANNE. C'est madame qui l'avait dicté.

LE COMTE. La réponse lui en est bien due.

> (*Il baise la main de la comtesse.*)

LA COMTESSE. Chacun aura ce qui lui appartient.

(*Elle donne la bourse à Figaro et le diamant à Suzanne.*)

SUZANNE, *à Figaro.*

Encore une dot.

FIGARO, *frappant la bourse dans sa main.*

Et de trois.   Celle-ci fut rude à arracher!

5   SUZANNE. Comme notre mariage.

VOCABULARY

a, *see* avoir.
à, *prép.*, according to, from, on; c'est —moi, it is mine; être —, to belong to.
abaisser, to lower, let down; s'—, to humble one's self.
abandon, *m.*, desertion, abandonment.
abandonné, -e, abandoned.
abandonnement, *m.*, giving up.
abandonner, to forsake, abandon; s'—, to give one's self up.
abasourdir, to stun, deafen, bewilder.
abattement, *m.*, despondency.
abattre, to beat down, fell.
abhorrer, to hate, detest.
abîme, *m.*, gulf, abyss.
abîmer, to spoil; abîmé de dettes, over head and ears in debt.
abnégation, *f.*, self-denial.
abolir, to abolish.
abominable, abominable.
abondance, *f.*, plenty, abundance.
abondant,-e, abundant, plentiful.

abord, *m.*, access, manner.
aborder, to accost.
aboutir, to end; n' — à rien, to come to nothing.
aboyer, to bark.
abreuver, to overwhelm, heap on, drink plentifully.
abréviation, *f.*, abbreviation.
abri, *m.*, shelter, refuge.
abriter, to shelter, shield.
abrutissement, *m.*, brutishness, overfatigue.
absence, *f.*, absence.
absent, -e, absent.
absenter (s'), to absent one's self, go from home.
absolu, -e, certain, absolute.
absolument, absolutely.
absolution, *f.*, absolution, forgiveness.
absorbant, -e, engrossing.
absorber, to engross, imbibe.
absoudre, to forgive, absolve.
abstenir (s') to refrain.
absurde, absurd, silly.
abus, *m.*, abuse.
abuser, to delude, mislead, misuse; s'—, to be mistaken.
académie, *f.*, academy.
acariâtre, crabbed, cross, waspish.

accablant, -e, overwhelming.

accabler, to crush, overwhelm.

accaparer, to monopolize.

accent, *m.*, accent.

acceptable, acceptable, desirable, welcome.

accepter, to accept.

accès, *m.*, access, paroxysm.

accessible, à, accessible, to be got at.

accident, *m.*, accident.

acclamation, *f.*, shout, applause.

acclamer, to proclaim, cheer.

accolade, *f.*, embrace, hug.

accommodant, -e, easy to deal with.

accommoder, to suit, accommodate, be in good circumstances (*old French*).

accompagnement, *m.*, accompanying.

accompagner, to accompany, attend on.

accompli, -e, accomplished.

accomplir, to accomplish, carry out.

accord, *m.*, concord, good understanding, agreement; demeurer d'—, to be of the same mind.

accorder, to grant, conciliate, tune, agree.

accort, -e, natty, sprightly, attractive.

accourir, to run up, hasten.

accoutumer, to accustom, use.

accrocher, to hang up.

accroire, to try to deceive; faire —, to pass a falsehood as true.

accueilli, -e, *see* accueillir.

accueillir, to receive, welcome.

accumuler, to hoard up, accumulate.

accusation, *f.*, accusation, imputation.

accuser, to accuse, charge with.

acharnement, *m.*, rage, animosity.

acharner, to madden; s'—, to be bent on a thing.

achat, *m.*, purchase.

acheter, to buy, purchase.

achever, to finish, end, bring to an end.

acquérir, to acquire, purchase.

acquis, -e, *see* acquérir.

acquitter, to acquit, release s'— de, to pay, fulfill, acquit one's self.

âcre, pungent, bitter.

acrimonie, *f.*, acrimony.

acte, *m.*, action, deed, act.

acteur, *m.*, -trice, *f.*, actor, actress.

acti-f, -ve, active.

action, *f.*, action, influence over.

activement, actively.

activité, *f.*, activity, nimbleness.

actuel, -le, actual, present.

actuellement, just now, at this moment.

adage, *m.*, adage, maxim.

adapter, to adapt, apply.

addition, *f.*, addition, adding up.

adepte, well versed in.

adhérent, *m.*, follower, partisan.

adieu, farewell, good-by.

admettre, to admit, acknowledge.

administrer, to govern.

admirable, admirable.

admirablement, admirably.

admirateur, *m.*, -rice, *f.*, admirer.

admiration, *f.*, admiration, wonder.

admirer, to admire.

admission, *f.*, admittance.

adolescent, -e, youth, maiden.

Adonis, *m.*, Adonis, a handsome youth.

adorateur, *m.*, -rice, *f.*, adorer, worshiper.

adoration, *f.*, adoration.

adoré, -e, adored, cherished.

adorer, to adore, worship.

adoucir, to soften.

adresse, *f.*, dexterity, cleverness, adroitness.

adresser, to send, direct, address; s'—, to speak to; s'—ici, inquire within.

adroit, -e, skilled, clever, handy.

adroitement, dexterously.

adulateur, *m.*, -rice, *f.*, flatterer, fawner.

adulation, *f.*, flattery.

advenir, to happen, befall.

adversaire, *m.*, adversary.

adversité, *f.*, adversity, misfortune.

advint, *see* advenir.

affabilité, *f.*, affability, amiability.

affable, courteous, amiable.

affaiblissement, *m.*, weakening.

affaire, *f.*, occupation, business, lawsuit, quarrel; — d'Etat, state affair; c'est l'— d'un, instant, it won't be long; j'ai —, I have something to do; j'en fais mon —, I take it upon myself; c'est une — faite, it is a bargain; il vient pour —, he comes upon business; avoir — à, to have to do with; homme d'—s, agent, steward; une — d'honneur, a duel; prendre cette — en main, ·to take hold of this affair; à qui vous avez —, with whom you are dealing.

affairé, -e, busy, bustling.

affaisser, to depress, weigh down; s'—, to sink, fall down.

affamé, -e, starved.

affamer, to starve, famish.

affectation, *f.*, affectation.

affecter, to affect; **s'—**, to be moved.

affection, *f.*, affection, fondness.

affectionner, to be fond of.

affectueux, **-euse**, affectionate.

affilé, **-e**, sharp, keen.

affirmation, *f.*, affirmation, assertion.

affirmer, to affirm, assert.

affliction, *f.*, grief, sorrow.

affligé, **-e**, sorrowful, woebegone.

affliger, to distress, vex; **s'—**, to grieve at.

affolé, **-e**, distracted, demented.

affranchir, to free, set free; **s'—**, to get free from.

affreusement, dreadfully, horribly.

affreux, **-euse**, hideous, dreadful; **il m'a fait un mal —**, he hurt me badly.

affront, *m.*, insult.

affubler, to dress up.

agacer, to set on edge, irritate.

Agathe, heroine of the *Folies Amoureuses*, comedy by Regnard.

âge, *m.*, age; **les —s**, ages.

âgé, **-e**, aged.

agenouiller (s'), to kneel down.

agent, *m.*, agent.

aggraver, to aggravate; **s'—**, to grow worse.

agile, agile, nimble.

agilité, *f.*, agility.

agir, to act, do.

agissant, **-e**, *see* **agir**.

agit, *see* **agir**; **il s' —de**, it is question of; **de quoi s'— -il?** what is the matter? **-il s'— de me rendre un service**, I want you to render me a service; **il s'agissait de son honneur**, his honor was at stake.

agitation, *f.*, agitation.

agiter, to agitate, excite; **s'—**, to bustle about.

agrafer, to fasten, clasp.

agrandir, to enlarge, extend.

agréable, pleasant, agreeable.

agréablement, agreeably, pleasantly.

agréer, to accept, receive.

agrément, *m.*, pleasure, pleasantness, trimming.

agressif, **-ive**, aggressive, hostile.

ah! ah! — Ciel! heavens! there, there!

ahurir, to flurry.

ai, *see* **avoir**.

aide, *m.*, help, assistance.

aider, to help, assist.

aïe! oh!

aie, *see* **avoir**.

aïeul, **-e**, grandfather, grandmother; **les aïeux**, ancestors.

aigle, *m.*, eagle.

Aignelet, personage in the *Farce de Maître Patelin*.

aigre, sour, acrid.

aigreur, *f.*, tartness.

aigu, aiguë, sharp, pointed.

aiguille, *f.*, needle.

aiguiser, to sharpen, whet.

aile, *f.*, wing.

ailé, -e, winged.

ailleurs, elsewhere, some-where.

aimable, amiable, kind.

aimablement, amiably.

aimant, -e, affectionate.

aimer, to love.

aîné, -e, eldest.

ainsi, thus, so; **je suis —
fait**, such is my character;
— de suite, so on; **—
soit-il**, amen; **pour — dire**,
so to speak; **il en est — de**,
it is so with; **— que**, as
well as.

air, *m.*, breeze, appearance,
fashion, likeness; **en plein
—, au grand —**, out of
doors; **donner de l'—**, to
let air in; **courant d'—**,
draft; **ayant l'—**, to seem;
de quoi ai-je l'—? what
do I look like? **il a bel —**,
he is good-looking; **se donner de grands —s**, to give
one's self airs.

aisance, *f.*, ease, facility; **être
dans l'—**, to have a com-
petency.

aise, *f.*, ease; **bien —**, much
pleased, glad; **mettre à
l'—**, to set at ease; **être**

mal à l'—, to be uncomfortable; **je ne me sens
pas d' —**, I am overjoyed.

aisé, -e, easy, well to do.

aisément, easily.

ait, *see* avoir.

ajouter, to add.

ajustement, *m.*, settlement,
attire.

ajuster, to adjust, fit in.

alarmant, -e, alarming, star-
tling.

alarme, *f.*, fright, fear.

alarmer, to alarm, frighten;
s'—, to take fright; **s'—
sur le compte de**, to be
alarmed about.

Albert, personage of the *Folies
Amoureuses* of Regnard.

Alceste, hero of the *Misanthrope* of Molière.

alentour, around about; **—s**,
m., neighborhood, environs.

alerte, *f.*, alert, nimble, brisk.

alerte, *f.*, alarm; **donner l'—**,
give the alarm.

Alger, town in Algeria.

aliment, *m.*, food.

allée, *f.*, alley, walk.

alléger, to lighten, lessen.

allégrement, cheerfully, mirth-
fully.

allégresse, *f.*, joy, mirth.

Allemand, -e, German man
or woman.

allemand, -e, German.

aller, to go, repair, lead, walk,
get on; **s'en —**, go away;

n'alla-t-il pas vous ren-
contrer, lo ! and behold, he
met you; **allez-vous-en**,
go away; — outre, to go
farther; — mieux, to get
better; — à pied, to go on
foot, walk; — à cheval,
to ride; cela va sans dire,
of course; comment cela
va-t-il? how are you! il
y va de votre honneur,
your honor is at stake; —
je le fus voir, I went to see
him.

allez! go to!

alliance, *f.*, marriage, alliance, union.

allié, -e, ally.

allonger, to lengthen, stretch.

allons! come now! well!

allumer, to light.

allure, *f.*, gait, pace, manner.

allusion, *f.*, allusion, hint.

Almaviva, personage of the
Barbier de Séville, comedy
by Beaumarchais.

Alonzo, name assumed by
Almaviva in the *Barbier
de Séville* of Beaumarchais.

alors, then, at that time, now;
d'—, of that time; dès —,
from that time; jusqu'—,
until then; — que, when.

altération, *f.*, alteration,
change.

altérer, to alter, change; s'—,
to be changed.

alternatif, -ive, alternate, al-
ternative.

Altesse, *m.*, *f.*, royal highness.

altier, -ère, haughty, proud.

amabilité, *f.*, amiability, kindness.

amadouer, to coax, wheedle.

amant, lover; used in the
sense of suitor by the writers
of the seventeenth century.

amas, *m.*, heap, pile.

amasser, to heap up, gather
together; — du bien, to
make money.

ambassade, *f.*, embassy.

ambassadeur, *m.*, -rice, *f.*,
ambassador, ambassadress.

ambitieux, -euse, ambitious,
aspiring.

ambition, *f.*, ambition.

ambitionner, to aspire to.

âme, *f.*, soul, spirit; — qui
vive, living soul; gran-
deur d'—, high-mindedness;
sans —, unfeeling; votre
— en est saisie, you are
troubled.

amélioration, *f.*, improvement.

améliorer, to improve.

amen, amen.

amende, *f.* fine.

amener, to bring, take, cause,
lead, bring about.

aménité, *f.*, amenity, urbanity.

amer, -ère, bitter, grievous.

amèrement, bitterly.

amertume, *f.*, bitterness.

ameuter, to stir up, cause an uprising; **des gens ameutés**, a mob.

ami, -e, friend, acquaintance.

amitié, *f.*, friendship; **faîtes moi l'— de**, do me the kindness to.

amoindrir, to lessen, diminish.

amollir, to soften, mollify.

amonceler, to heap up, accumulate.

amortir, to deaden, weaken.

amour, *m.*, love, affection, fondness; **les —s**, the loves; — **propre**, self-love, conceit.

amoureux, -euse, lover, sweetheart.

amoureux, -euse, amorous, in love with.

Amphitryon, host; proper name in a comedy by Molière.

ample, ample.

amplement, fully, largely.

ampleur, *f.*, fullness, width.

amusant, -e, amusing, entertaining.

amusement, *m.*, amusement, pastime.

amuser, to amuse, divert; **s'—**, to sport, trifle with.

an, *m.*, year; **jour de l'—**, New Year's day; **il y a un —**, a year ago.

analogie, *f.*, analogy, resemblance.

analogue, similar.

analyser, to analyze, dissect.

anarchie, *f.*, anarchy.

anathème, *m.*, anathema, curse.

ancêtres, *m. pl.*, ancestors, forefathers.

ancien, -ne, old, ancient.

Andromaque, tragedy by Racine.

âne, *m.*, donkey, ass.

ange, *m.*, angel.

angélique, angelic, heavenly.

Angélique, personage in the *Joueur*, comedy by Regnard.

anglais, -e, English.

Anglais, -e, English man, English woman.

angoisse, *f.*, pang, anguish.

angoissé, -e, agonized.

anguleux, -euse, angular, awkward.

animal, *m.*, animal.

animation, *f.*, animation.

animé, -e, animated.

animer, to animate, enliven.

animosité, *f.*, animosity.

anneau, *m.*, ring, circle, link.

année, *f.*, year.

Annibal, tragedy by Marivaux.

annonce, *f.*, notice, announcement.

annoncer, to announce, give notice of.

annuler, to annul, cancel.

anodin, anodyne, soothing.

ânon young donkey.

anse, *f.*, handle.

Anselme, character in *L'Avare*, comedy by Molière.

antécedent, *m.*, antecedent, precedent.

antipathie, *f.*, antipathy.

antipodes, *m. pl.*, antipodes.

antique, ancient, antique.

antiquité, *f.*, antiquity.

antologie, *f.*, selections from writers.

Antonio, personage in the *Mariage de Figaro*, comedy by Beaumarchais.

anxiété, *f.*, anxiety, uneasiness.

apaisement, *m.*, appeasement, calm.

apaiser, to appease, soothe.

aparté, *m.*, words spoken aside.

apercevoir, to perceive, see, catch sight of.

aperçois, *see* apercevoir.

aperçoit, *see* apercevoir.

aperçu, *m.*, cursory view.

aperçu, -e, *see* apercevoir.

aperçut, *see* apercevoir.

apitoyer, to move, touch with pity.

aplatir, to flatten, crush.

aplomb, *m.*, equilibrium, assurance.

apparaître, to appear.

apparat, *m.*, state, pomp, ostentation.

apparemment, apparently, evidently.

apparence, *f.*, appearance, look; selon toute —, in all likelihood.

apparent, -e, plain, evident.

appartement, *m.*, apartment, lodging.

appartenant, *see* appartenir.

appartenir, to belong to.

appartient, *see* appartenir.

appartint, *see* appartenir.

apparu, -e, *see* apparaître.

appas, *m.*, charm, attraction.

appel, *m.*, call; cour d'—, appellate court.

appeler, to call, appeal.

appétissant, -e, tempting.

appétit, *m.*, appetite.

applaudi, -e, *see* applaudir.

applaudir, to applaud, cheer.

appliquer, to apply, stick, fasten down; s'—, to be assiduous.

appointement, *m.*, ruling of court fixing date when papers must be produced.

apporter, to carry, bring to.

appréciation, *f.*, appreciation.

apprécier, to value, estimate, appreciate.

apprendre, to learn, teach, inform.

apprêt, *m.*, preparation, arrangements.

apprêté, -e, *see* apprêter.

apprêter, to prepare, cook, dress.

appris, *see* apprendre.

approbation, *f.*, approbation.

approcher, to approach; s'—, come close to.

approuver, to approve, commend.

appui, *m.*, support, help.

appuyer, to prop up, lean against.

âpre, rough, hard, tart.

après, after, next to, behind; — quoi, and then; d'—, according to; d'—vos désirs, in compliance with your wishes; — demain, the day after to-morrow; — midi, afternoon.

aptitude, *f.*, aptitude.

araignée, *f.*, spider.

Araminte, proper name in the comedy by Marivaux, *Fausses Confidences.*

arbitre, *m.*, umpire.

arbre, *m.*, tree.

archer, *m.*, archer.

archevêque, *m.*, archbishop.

architecte, *m.*, architect.

ardemment, eagerly.

ardent, -e, fiery, burning, ardent.

ardeur, *f.*, eagerness, ardor.

argent, *m.*, silver, money, coin; manger son —, to squander one's money; être à court d'—, to be short of cash; un — fou, lots of money; vous en avez pour votre argent, you have your money's worth.

argument, *m.*, argument.

Arlequin, *m.*, Harlequin.

arme, *f.*, weapon; faire des —s, fencing; sans —s, unarmed; sous les —s, armed; dans les —s, military service.

armée, *f.*, army.

armer, to arm.

armoire, *f.*, cupboard, closet.

armure, *f.*, armor.

arpenter, to measure, stride.

arracher, to tear out, wrench.

arrangement, *m.*, arrangement, order, disposition.

arranger, to put to rights, arrange; voilà qui m'arrange, that suits me well.

arrêt, *m.*, sentence, decision; — de défense, injunction.

arrêter, to stop, arrest.

arrière, behind, backward.

arrière! stand back!

arrivée, *f.*, arrival.

arriver, to arrive, reach, come, occur, succeed.

arrogance, *f.*, arrogance.

Arsinoë, personage in the *Misanthrope*, comedy by Molière.

art, *m.*, art, skill.

article, *m.*, article, clause; sur l'—, on that subject.

artifice, *m.*, artifice, craft, trick.

artificiel, -le, fictitious, artificial.

artiste, *m.*, artist.

Arvieux, proper name.

as, *see* avoir.

ascendance, *f.*, influence, ascendancy, descent.

ascétisme, *m.*, asceticism.

asile, *m.*, refuge, asylum.

aspect, *m.*, aspect, sight, view.

aspérité, *f.*, asperity, roughness.

aspirant, -e, aspiring.
aspirant, *m.*, **-e,** *f.*, aspirant, candidate.
aspirer, to aspire, inhale; — **à,** aim at.
assaillant, *m.*, besieger, assailant.
assaisonner, to season, flavor.
assassin, *m.*, murderer.
assassinat, *m.*, murder.
assassiner, to murder.
assaut, *m.*, onset; **prendre d'—,** to storm.
assemblage, *m.*, meeting, gathering.
assemblée, *f.*, meeting, assembly.
assembler, to assemble, convene.
asseoir, to seat; **s'—,** to take a seat.
assez, enough, sufficiently.
assidu, -e, assiduous, painstaking.
assiduité, *f.*, assiduity, attention.
assied, (s'), *see* **asseoir (s').**
assiéger, to besiege.
assis, -e, *see* **asseoir.**
assistance, *f.*, attendance, assistance, company.
assister, to help.
associé, -e, associate.
assommant, -e, tiresome, wearisome.
assourdir, to deafen, stun.
assourdissant, -e, deafening.

assujetir, to subdue, compel, fasten.
assurance, *f.*, assurance, conviction.
assurément, certainly, to be sure.
assurer, to assert, assure, secure; **s'—,** to make sure of; **s' — de,** to take possession of, arrest.
astre, *m.*, star.
astreindre, to constrain, compel; **s'—,** to force one's self to, confine one's self to.
astuce, *f.*, guile, craftiness.
astucieux, -euse, wily, crafty.
atmosphère, *f.*, atmosphere.
atroce, atrocious, excruciating.
atrocement, atrociously.
attachant, -e, pleasing, attractive.
attache, *f.*, fastening.
attachement, *m.*, attachment, affection.
attacher, to tie, fasten, fix; **s'—,** to cling to, become attached to.
attaque, *f.*, attack, stroke.
attaquer, to attack, provoke; **un déluge de flammes attaquèrent les eaux,** lit up the waters.
attarder, to retard.
atteindre, to reach, attain, wound.
atteint, -e, *see* **atteindre.**
atteler, to harness, hitch up.

attenant, -e, adjoining.

attenant, close by.

attendant (en), meanwhile; — mieux, till something better turns up.

attendre, to wait, await, expect; faire —, to keep waiting.

attendrir, to soften, mollify; s'—, to be moved.

attendu, -e, see attendre.

attendu que, since, whereas.

attentat, m., attack.

attente, f., waiting, stopping, expectation.

attentif, -ive, attentive, heedful.

attention, f., attention, notice, care.

attentivement, attentively.

attirail, m., incumbrance, paraphernalia, train; — de gens, a number of people.

attirer, to draw, attract.

attitude, f., attitude, posture.

attraction, f., charm, attraction.

attrait, m., charm, attraction.

attraper, to catch, reach, cheat.

attrayant, -e, attractive.

attribuer, to ascribe to, impute.

attristant, -e, sorrowful, saddening.

attrister, to grieve, sadden.

attrouper, to gather in crowds.

au, -x, to the, at the.

aube, f., dawn.

aucun, any, whatever, not any, without any.

aucun, pron., none, not any.

aucunement, by no means.

audace, f., audacity, daring.

audacieux, -euse, daring, bold.

auditoire, m., audience, assembly.

Augier, dramatic author of the nineteenth century.

augmenter, to increase, enlarge.

Augustin, proper name.

aujourd'hui, to-day.

Aululaire, comedy by the Latin writer, Plautus.

aumône, f., charity, alms.

aune, f., ell.

auparavant, before, hitherto.

auprès, close by; — de, by the side of.

auquel, -le, to whom, to which.

aurai, see avoir.

aurore, f., dawn.

aussi, also, too, besides, moreover, thus.

aussitôt, directly, soon, as soon as.

austère, austere, strict, rigid.

autant, as much, as many, so much; — que, as much as.

auteur, m., author, writer.

automne, m., autumn.

autorisation, f., authorization.

autoriser, authorize.

autorité, f., authority.

autour de, round, around.

autre, other, different, more;
tout —que, any other than;
c'est tout — chose, it is
quite another thing.

autre, *indef. pron.*, other;
un —, another; l'un et
l'—, both.

autrefois, formerly.

autrement, otherwise.

autrui, others, one's neighbor.

avait, *see* avoir; il y en —
deux, there were two.

avaler, to swallow.

avance, *f.*, start, advance
(money).

avance, *adv.*, par —, before-
hand.

avancement, *m.*, advance,
progress, promotion.

avancer, to advance, move
forward.

avant, before, in front of;
en —, forward; en — de,
ahead of.

avantage, *m.*, advantage, gain.

avantageux, -euse, profitable,
advantageous.

avant-hier, the day before
yesterday.

avant-scène, *f.*, stage box.

avare, *m.*, miser; *L'Avare*,
title of a comedy by Molière.

avarice, *f.*, avarice.

avaricieux, -euse, miserly.

avec, with, together, by.

avenant, -e, agreeable, pleasing.

avenir, *m.*, future; à l' —, in
future, henceforth; un
homme d'un grand —,
a man of great promise.

aventure, *f.*, adventure, intrigue; tenter l'—, to try
one's fortune; à l'—, at
randon.

aventureux, -euse, enterpris-
ing, daring.

aventurier, *m.*, -ère, *f.*, adventurer, adventuress.

aversion, *f.*, aversion, dislike.

avertir, to warn, admonish.

aveu, *m.*, avowal, acknowledgment.

aveugle, blind.

aveuglément, blindly, im-
plicitly.

aveugler, to blind.

avide, greedy, eager.

avis, *m.*, opinion, advice, notice.

aviser, to advise, espy; il
faut y —, it must be seen
to; s'—, to bethink one's
self of.

avocat, *m.*, lawyer, mediator.

avoir, to have, get, possess,
hold; il y a, there is; il y
a sept ans, seven years ago.

avoir, *m.*, substance, property.

avouer, to confess, avow.

Avril, *m.*, April.

ayant, *see* avoir.

B

bachelier, *m.*, bachelor; — ès
lettres, bachelor of arts.

badinage, *m.*, jesting, trifling.
badiner, to jest, joke.
bafoué, -e, scoffed at, jeered.
bafouer, to scoff at, jeer.
bagarre, *f.*, fray, cause of obstruction.
bagatelle, *f.*, trifle; **il s'est fallu passer à cette —,** we did the best we could.
bague, *f.*, ring.
baguette, *f.*, switch, rod.
bah! tush! pshaw!
Baïf, Jean-Antoine de, dramatic author of the sixteenth century.
baigner, to bathe.
bâiller, to yawn, give (*old French*); **vous me la — belle,** a pretty story you tell me there!
bain, *m.*, bath.
baise, *see* baiser; **je vous — les mains,** I kiss your hands, you will please excuse me.
baiser, to kiss.
baisser, to lower, let down; **se —,** to stoop.
bal, *m.*, ball, entertainment.
balai, *m.*, broom.
balance, *f.*, balance, scales.
balancer, to poise, balance; **se —,** to swing.
balayer, to sweep.
balbutier, to stammer, falter.
balcon, *m.*, balcony.
balle, *f.*, ball, shot; **— au bond,** on the rebound.
ballet, m., ballet.

Balzac, novelist of the nineteenth century.
bande, *f.*, bandage, band.
bannière, *f.*, banner, standard.
bannir, to banish.
bannissement, *m.*, banishment.
banquier, *m.*, banker.
barbare, barbarous, savage.
barbarisme, *m.*, barbarism.
barbe, *f.*, beard; **faire la —,** to shave.
barbier, *m.*, barber.
Barbier de Séville, comedy by Beaumarchais.
barbon, grayhead, old fellow.
barbouiller, to daub, smear.
baron, -ne, baron, baroness.
barre, bar; **se présenter à la —,** to appear before one's judges (*id.*).
barreau, *m.*, bar, grating.
barrer, to bar, stop, thwart.
barrière, *f.*, barrier, fence, obstacle.
Bartholo, personage in the *Barbier de Séville*, comedy by Beaumarchais.
bas, -se, low, inferior, mean; **le — peuple,** the common people; · **vue basse,** nearsightedness; **en — âge,** in infancy; **de trop —,** from too low.
bas, *m.*, stocking.
basoche, *f.*, corporation of clerks.
basochien, *m.*, actor belonging to this corporation.

Basque, servant of Célimène in the *Misanthrope*, comedy by Molière.

bassesse, *f.*, meanness.

Bastille, prison in Paris, destroyed in 1789.

bataille, *f.*, battle.

bateau, boat.

bâti, -e, *see* bâtir, mal —, deformed, misshapen.

bâtiment, *m.*, building, structure, ship.

bâtir, to build, erect.

bâton, *m.*, stick, cudgel.

bâtonner, to beat, cudgel.

battement, *m.*, throbbing, beating.

battre, to beat, strike, defeat; se —, to fight.

battu, -e, beaten.

bavard, -e, chatterbox, gossip.

bavarder, to gossip, chatter.

Bazile, personage in the *Barbier de Séville*, comedy by Beaumarchais.

beau, belle, -x, -s, beautiful; il y a — jour, a long time ago (*id.*); le temps se met au —, the weather is clearing up; j'ai — voir ses défauts, though I see her faults; il fait — voir, it would be a fine sight; de plus belle, all over again; — père, father-in-law; belle-mère, mother-in-law; beau-fils, stepson; beaucoup, much, a great deal; — de,

by a good deal of; de —, great, large; être pour — dans, to have a large share in.

Beaumarchais, dramatic author of the eighteenth century.

beauté, *f.*, beauty.

bée ! sound imitating sheep.

bégaiement, *m.*, stuttering, stammering.

bégayer, to stammer, stutter.

Béjart, Armande, wife of Molière.

bêler, to bleat.

Bélise, personage alluded to in the *Misanthrope*, comedy by Molière.

Bellay, du, a French poet of the sixteenth century.

belligérant, *m.*, belligerent.

belliqueux, warlike.

bénédiction, *f.*, blessing, benediction.

bénéfice, *m.*, profit, gain.

bénir, to bless.

berger, *m.*, -ère, *f.*, shepherd, shepherdess.

berline, *f.*, old-fashioned carriage.

berner, to dupe, deceive.

besogne, *f.*, work, task.

besoin, *m.*, need, want.

bête, *f.*, animal, beast.

bête, stupid, foolish.

biais, *m.*, subterfuge.

bien, *m.*, fortune, goods, wealth, estate; grand — vous fasse, may you prosper, for

all the good it will do you!
(*iron.*).

bien, right, well, much, very
much; vous feriez — d'y
aller, you had better go
there; si — que, so well
that; — loin, very far;
c'est — fait, it serves you
right; voilà qui est —,
that is good; j'ai — ouï
dire que, I have certainly
heard that it is true that;
savez-vous — que, do you
know that; du dernier —,
on the best possible terms.

bienfait, *m.*, favor, good turn,
benefit.

bienséance, *f.*, decorum, de-
cency, good manners.

bientôt, soon, shortly; à —,
see you again soon.

bienvenu, -e, welcome; soyez
le —, welcome.

bienvenue, *f.*, welcome.

bijou, *m.*, jewel, trinket.

bile, *f.*, spleen, wrath ; se
faire de la —, to get into
a passion, fret.

billet, *m.*, note, letter; —
doux, love letter; — au
porteur, note payable to
bearer.

bizarre, strange, odd.

bizarrerie, *f.*, oddness, strange-
ness.

Blache, La, proper name.

'blâmable, blamable, repre-
hensible.

blâme, *f.*, blame, reproof.

blâmer, to blame.

blanc, -che, white; une nuit
blanche, a sleepless night.

blanc, *m.*, white man; mettre
du —, to powder.

blason, *m.*, armorial bearings.

blême, livid, pale.

blessant, -e, offensive, in-
jurious.

blesser, to wound, hurt, offend;
— au vif, to sting to the
quick (*id.*).

blessure, *f.*, hurt, wound.

bleu, -e, blue; *pl.*, bleus.

blond, -e, fair.

blottir, to crouch, cower.

bœuf, *m.*, ox, steer; une
paire de —s, a yoke of
oxen.

bohémien, *m.*, man leading a
Bohemian life.

Boileau, writer of the seventeenth century.

boire, to drink.

bois, *m.*, wood, forest.

boisé, -e, woody.

boisson, *f.*, drink, potation;
être pris de —, intoxicated
(*id.*).

boîte, *f.*, box, case.

boiter, to limp.

bon, -ne, good, amiable, kind ;
il est — que vous sachiez,
it is right that you should
know; tout — qu'il est,
in spite of his goodness;
à quoi —, to what purpose?

bon! good!

bondir, to bound, leap.

bonheur, *f.*, happiness, good luck; **par —**, as luck would have it.

bonhomme, *m.*, simple kind man, old fellow.

bonjour, good morning.

bonnement, simply, frankly.

bonnet, *m.*, cap; **— de nuit**, nightcap.

bonté, *f.*, goodness, kindness; **avoir de la — pour quelqu'un**, to have attachment for some one, be kind to.

bord, *m.*, brink, verge.

borner, to bound, limit; **se —**, to content one's self with, confine one's self to.

botte, *f.*, boot, bundle.

bouche, *f.*, mouth.

Boucher, French painter of the eighteenth century.

boucle, *f.*, curl, buckle.

bouclier, *m.*, shield.

bouder, to sulk.

boue, *f.*, mud, mire.

bouffer, to puff out; **faire —**, to puff out.

bouffon, *m.*, buffoon.

bouffonnerie, *f.*, buffoonery.

bougie, *f.*, candle.

bouillant, -e, *see* bouillir.

bouillir, to boil.

bouleverser, to overthrow, upset, distract.

bouquet, *m.*, nosegay.

bourdonner, to buzz, hum.

bourgeois, -e, citizen, burgher, one who lives on his income.

Bourgeois Gentilhomme, comedy by Molière.

Bourgeoises de qualité, comedy by Dancourt.

Bourguignon, proper name in *Le Jeu de l'Amour et du Hasard*, comedy by Marivaux.

bourreau, *m.*, executioner.

bourru, -e, peevish, surly.

bourse, *f.*, purse.

bousculer, to jostle, hustle.

bout, *m.*, extremity, end; **à — de patience**, out of patience; **au — de son latin**, at one's wit's end.

boutade, *f.*, whim, freak, fit of ill-temper, angry speech.

bouteille, *f.*, bottle.

boutique, *f.*, shop.

bracelet, *m.*, bracelet.

braconnier, *m.*, poacher.

brailler, to bawl, brawl.

branche, *f.*, branch, bough.

brandir, to brandish, flourish.

branlant, -e, tottering, shaking.

braquer, to point, aim.

bras, *m.*, arm, handle.

brasse, *f.*, fathom.

brave, brave, gallant, loyal.

braver, to defy, dare.

bravo! bravo!

bravoure, *f.*, bravery, valor.

brebis, *f.*, sheep; ewe.

brèche, *f.*, gap, opening.

bref, -ève, brief, short.
brevet, *m.*, patent; — d'officier, commission.
bribe, *f.*, scrap, crumb.
bride, *f.*, bridle.
brièvement, briefly.
brigand, *m.*, brigand, robber.
brigandeau, little brigand.
briguer, to solicit, sue for.
brillant, -e, bright, brilliant.
brillant, *m.*, diamond, brilliant.
briller, to shine, glitter, glare.
brimborion, gewgaw, bauble,
little thing.
brin, *m.*, bit, blade; beau —
d'homme, handsome man.
briser, to break, shatter.
brocanteur, *m.*, -euse, *f.*,
dealer in second-hand goods.
brocard, *m.*, brocade.
broder, to embroider.
broncher, to flinch, move.
brosser, to brush.
brouiller, to mingle, mix, upset,
embroil; il aime à — les
gens, he delights in making
mischief.
bruissement, *m.*, rustling.
bruit, *m.*, noise, sound, din,
rumor.
brûler, to burn, scorch, scald.
brume, *f.*, fog, haze.
brusque, abrupt, rough.
brusquement, bluntly, roughly.
brutal, -e, brutal, rude.
brutalité, brutality.
bruyant, -e, noisy, loud.

Bruyère, La, writer of the
seventeenth century.
bureau, *m.*, writing desk.
burent, *see* boire.
burlesque, burlesque, comic.
but, *m.*, mark, aim, target.
butin, *m.*, booty, spoil.
butte, hillock; en — à, a
victim to.
buvez, *see* boire.

C

ça, that, so, here; — et là,
here and there; or —, here
you! I say!
cabale, *f.*, cabal, faction.
cabane, *f.*, hut, cabin.
cabinet, *m.*, closet, office.
cacher, to hide, conceal.
cachet, *m.*, seal, signet; lettre
de —, warrant of imprison-
ment without trial.
cachette, *f.*, hiding place.
cachot, *m.*, dungeon, prison.
cadavre, *m.*, corpse.
cadeau, *m.*, gift, present.
cadence, *f.*, cadence, measure,
time.
cadet, -te, younger. Cf. below.
cadet, *m.*, -te, *f.*, younger born,
second son or daughter.
cadre, *m.*, frame, outline.
cahier, *m.*, copy-book; — de
musique, music-book.
caisse, *f.*, chest, case.
caissier, *m.*, cashier.
cajoler, to wheedle, coax.

calcul, *m.*, reckoning, calcu-
lating.
calculateur, *m.*, calculator.
calculer, to calculate, reckon.
calèche, *f.*, open carriage.
calme, calm, quiet, serene.
calmer, to calm, pacify.
calomnie, *f.*, slander, calumny.
calomnier, to slander.
camarade, *m.*, comrade.
cameriste, *f.*, waiting woman.
camisole, *f.*, dressing sack.
camp, *m.*, camp, encampment.
campagnard, *m.*, countryman,
peasant.
campagne, *f.*, country, cam-
paign.
camper, to encamp.
candeur, *f.*, candor, innocence.
candide, candid, sincere.
canevas, *m.*, canvas, sketch,
outline.
canne, *f.*, stick, reed.
capable, able, capable.
capacité, *f.*, capacity, capabil-
ity.
capitaine, *m.*, captain.
capitale, *f.*, capital.
capituler, to capitulate, come
to terms.
caprice, *m.*, caprice, whim.
capricieux, -euse, capricious.
captif, *m.*, -ive, *f.*, captive,
prisoner.
captiver, to captivate, charm.
captivité, *f.*, captivity.
caquet, *m.*, chattering, term
of contempt for talk.

car, for, because.
caractère, *m.*, character, type,
letter; comédie de —, character play; bon —, amia-
bility.
caressant, -e, caressing.
caresse, *f.*, caress, endear-
ment.
caresser, to caress, fondle.
caricature, *f.*, caricature.
carillon, *m.*, chime, peal.
carillonner, to ring.
carmin, *m.*, carmine.
carnation, *f.*, carnation, flesh-
color.
Caron, family name of Beaumarchais.
carrément, squarely, to the
point.
carrière, *f.*, career, quarry.
carrosse, *m.*, coach, old-fashioned carriage.
carte, *f.*, card.
carton, *m.*, pasteboard, band-
box.
cas, *m.*, case, circumstance,
state of things; dans le —
où, in case; en tout —,
at all events.
casaque, *f.*, coat, cassock.
casque, *m.*, casque, helmet.
Cassandre, personage of the
Italian comedy.
casser, to break, snap, annul.
cassette, *f.*, casket, money-
box.
caste, *m.*, caste; perdre —, to
lose caste.

Castillan, -e, Castilian.

cause, *f.*, cause, motive, law-suit; avocat sans —, brief-less barrister.

causer, to cause, occasion, talk, converse.

caution, *f.*, security, bail, warrant; sujet à —, not to be depended on.

cautionner, to go bail for.

cavalier, *m.*, horseman.

ce, cet, *m.*, cette, *f.*, ces, *pl.*, *dem. adj.*, this, these, that, those; cette nuit, to-night. ce, c', *dem. pro.*, he, she, they, it, this; c'est une femme d'un grand mérite, she is a woman of merit; ce sont des amis, they are friends; c'est moi qui l'ai dit, it is I who said it; sur ce, there-upon; c'est à vous à parler, it is your turn to speak.

ce qui, ce que, *rel. pron.*, what, which; ce que vous dîtes, what you say; de ce qui, de ce que, of what, from what; pour ce qui est de, as for; il s'oppose à ce que je vienne, he objects to my coming.

céans, here, within, in this house.

ceci, this, this thing.

céder, to give, yield, re-sign.

cela, that, that thing, it; c'est —, that is it; comme —,

like that; pour — même, for that very reason.

célèbre, celebrated.

célébrité, *f.*, celebrity.

céleste, celestial.

célibat, *m.*, celibacy.

Célimène, personage in the *Misanthrope*, comedy by Mol-lère.

celle, -là, -ci, *see* celui.

celui, *m.*, celle, *f.*, ceux, celles, *pl.*, *dem. pron.*, he, she, one, they, those, him, her; — de mon frère, my brother's; c'est — que je préfère, that is the thing I prefer, that is the one I prefer.

celui-ci, *m.*, celle-ci, *f.*, ceux —, celles —, *pl.*, this person, this one, the latter, these; celui-là, *m.*, celle-là, this; ceux-là, celles-là, those.

cendre, *f.*, ashes, cinders.

censeur, *m.*, censor, critic.

censure, *f.*, censorship, cen-sure.

cent, *m.*, hundred.

centaine, *f.*, hundred.

central, -e, central.

centre, *m.*, center.

cependant, meanwhile, never-theless.

cercle, *m.*, circle, hoop.

cérémonie, *f.*, ceremony, for-mality.

certain, -e, certain.

certainement, certainly.

certes, truly, certainly.

certitude, *f.*, assurance, conviction.

cerveau, *m.*, cervelle, *f.*, brain, intelligence, mind; un — timbré, a man of disordered brain; tête sans cervelle, giddy pate; cervelle brûlée, scatter-brain.

cesse (sans), unceasingly, always.

cesser, to cease, leave off.

cet, cette, *see* ce.

ceux, *see* celui.

chacun, -e, each, every one, each one, everybody; — pour soi, every one for himself; — en rit, everybody laughed at it.

chagrin, *m.*, grief, sorrow.

chaîne, *f.*, chain.

chair, *f.*, flesh, meat; donner la — de poule, to make one's flesh creep.

chaleur, *f.*, heat, warmth, eagerness.

chambre, *f.*, room, chamber; C— haute, upper House.

champ, *m.*, field.

champêtre, rustic, rural.

champion, *m.*, champion; il se fit mon —, he took my part.

chance, *f.*, chance, hazard, luck.

chancelant, -e, tottering.

chanceler, to totter, stagger.

chandelle, *f.*, tallow candle.

changeant, -e, changing.

changement, *m.*, change, alteration.

changer, to change, alter, exchange.

chanson, *f.*, song; — de geste, song of heroic exploits.

chant, *m.*, vocal music, singing.

chanter, to sing, celebrate.

chapeau, *m.*, bonnet, hat.

chapelle, *f.*, chapel.

Chapelle, writer of the seventeenth century.

chaperon, *m.*, escort, chaperon.

chapitre, *m.*, chapter.

chaque, each.

charge, *f.*, load, burden, employment, place, joke, caricature.

charger, to load, overburden; se — de, to take upon one's self, exaggerate.

charité, *f.*, charity, alms.

charlatan, *m.*, quack, charlatan.

charmant, -e, charming.

charme, *m.*, charm, attraction.

charmer, to charm, bewitch.

charpente, *f.*, framework.

chasse, *f.*, chase, shooting, hunting.

chassé, -e, sent away; — croisé, exchange, the changing of places, figure in a dance.

chasser, to hunt, shoot, drive away, expel.

château, *m.*, castle, palace, country-seat.
châtiment, *m.*, punishment, chastisement.
chatoyant, -e, shimmering, sparkling.
chaud, -e, hot, warm, burning.
chaud, *m.*, heat, warmth.
chauffer, to heat, warm.
Chaussée, La, writer of the eighteenth century.
chef, *m.*, head, leader, cook; — d'œuvre, masterpiece.
chemin, *m.*, way, road, pathway; droit son — (*id.*), straight before him.
cher, -ère, beloved, costly, good.
chercher, to search, look for, fetch; — à se rappeler, try to remember.
Chérubin, personage in the *Mariage de Figaro*, comedy by Beaumarchais.
Cherubino di amor', Italian for Chérubin the beloved.
chétif, -ve, mean, sorry, thin.
cheval, *m.* chevaux, *pl.*, horse.
chevalier, *m.*, knight; — d'industrie, sharper, swindler.
Chevalier à la mode, comedy by Dancourt.
chevaucher, to ride.
chez, to, at, among, with, in; je serai — moi, I shall be at home.
chicane, *f.*, chicane, knavery.

chicaneur, *m.*, pettifogger.
chien, *m.*, dog.
chiffon, *m.*, rag, scrap, bit.
chiffonner, to rumple, crumple, arrange.
chimie, *f.*, chemistry.
chirurgie, *f.*, surgery.
chœur, *m.*, choir.
choisir, to choose, select.
choix, *m.*, choice, option.
choquer, to shock, wound; entre —, to shock, clash.
chose, *f.*, thing, matter, fact, event; à peu de — près, very nearly.
chrétien, -ne, Christian.
christianisme, *m.*, Christianity.
chut! hush!
chute, *f.*, fall.
cicatrice, *f.*, scar.
Cid, tragedy by Corneille.
ciel, *m.*, cieux, *pl.*, heaven, the heavens; ciel! good heavens! juste —! heavens!
cime, *f.*, top, summit.
cinglant, -e, cutting, sarcastic.
cinq, *m.*, five.
cinquante, fifty.
cinquième, fifth.
ciseaux, *m. pl.*, scissors.
citadin, *m.*, citizen.
citation, *f.*, quotation.
citer, to quote, name, summon.
citoyen, -ne, citizen.
civilité, *f.*, politeness.
clair, -e, clear, bright, obvious; on y voit —, one sees clearly.

clairement, plainly, clearly.

clan, *m.*, clan.

clandestin, -e, clandestine.

clarté, *f.*, light, brightness.

classe, *f.*, class, rank, order; —s, studies.

classique, classical; les auteurs —s, classical authors.

clavecin, *m.*, harpsichord.

Cléante, personage of *L'Avare*, comedy by Molière.

clef, *m.*, key; fermer à —, to lock; prendre la — des champs, to run away.

Cléon, personage alluded to in the *Misanthrope*, comedy by Molière.

Cléonte, personage in the *Bourgeois Gentilhomme*, comedy by Molière.

Cléopâtre, tragedy by Jodelle.

clergé, *m.*, clergy.

client, -e, client, patient.

cligner, to blink, wink.

clin, *m.*, wink; — d'œil, in the twinkling of an eye.

cliquetis, *m.*, clash, clashing.

cloche, *f.*, bell.

clocher, to limp.

cloison, *m.*, partition.

clos, *m.*, inclosure.

clos, -e, closed.

coalition, *f.*, coalition, allied powers.

cocarde, *f.*, cockade.

cocasse, droll, funny.

cocher, *m.*, coachman.

cochon, *m.*, pig; — de lait, sucking-pig.

cœur, *m.*, heart; contre —, unwillingly; parler à — ouvert, speak frankly; de bon —, with pleasure; mon —, dear heart.

coffre, *m.*, chest, box.

coffret, *m.*, little chest, money box.

cohue, *f.*, crowd.

coiffer, to dress hair.

coiffure, *f.*, headdress, hair-dressing.

coin, *m.*, corner.

colère, *f.*, anger, passion; en —, angry.

colère, hasty, irascible.

collaboration, *f.*, collaboration, contribution; faire en —, to compose jointly.

collation, *f.*, refreshments.

collège, *m.*, college, university.

colline, *f.*, hill.

collision, *f.*, collision, shock.

Colombine, personage of the Italian comedy.

colorer, to color, tinge.

combat, *m.*, fight, battle, conflict.

combattant, *m.*, warrior, combatant.

combattre, to fight, contend, struggle.

combien? how much? how many? what? how?

combiner, to combine, contrive.

comble, *m.*, full; **au —**, complete.

combler, to fill up, fulfil, gratify; **vous me comblez,** you fulfil my own wishes; **— de joie,** to fill with joy.

comédie, *f.*, comedy.

Comédie Française, principal Paris theater.

comédien, *m.*, -ne, *f.*, actor, actress.

comique, comical, comic; **plein d'un excellent . —,** full of racy humor, droll, laughable.

commander, to command, order.

comme, how, as, when, since, whereas, as such, like; — **il se nomme** (*old French*), **comment il se nomme,** what is his name?

commencement, *m.*, beginning.

commencer, to begin.

comment, how, why, how is it? what?

commerce, *m.*, trade, commerce.

commettre, to commit.

commis, -e, *see* commettre.

commissaire, *m.*, commissary, commissioner, manager.

commission, *f.*, commission, charge.

commode, easy, convenient.

commotion, *f.*, shock, commotion.

commun, -e, common; **l'air**

—, vulgar appearance; **voix commune,** unanimously; **le — des mortels** (*id.*), ordinary mortals.

commun, *m.*, the generality; **un homme du —,** an ordinary mortal.

communication, *f.*, communication.

communiquer, to communicate.

compagne, *f.*, companion.

compagnie, *f.*, company, part of a regiment.

compagnon, *m.*, companion.

comparable, comparable.

comparaison, *f.*, comparison.

comparaître, to appear.

comparer, to compare.

compassion, *f.*, compassion, pity.

compatir, to sympathize with, to pity.

compatissant, -e, tender, compassionate.

compatriote, *m.*, fellow-countryman.

compensation, *f.*, compensation.

compenser, to compensate, make up for.

compétent, -e, competent.

complaire (se), to delight in.

complaisance, *f.*, complacency kindness.

complaisant, -e, obliging.

complet, - ète, complete, whole,

complication, *f.*, complication.

complice, *m.*, accomplice, a party to.

compliment, *m.*, compliment, congratulation.

complimenter, to compliment.

compliquer, to complicate.

complot, *m.*, plot.

comploter, to intrigue, plot.

comportant (se), *see* comporter (se).

comporter (se), to behave, act.

composer, to compose, make up, fashion.

composition, *f.*, composition.

comprehensible, comprehensible.

comprendre, to understand, make out, apprehend, include.

compris, -e, *see* comprendre.

compromettre, to compromise, implicate.

compromis, -e, *see* compromettre.

compte, *m.*, account, reckoning, calculation; rendre —, give an account of; à votre —, according to you.

compter, to count, reckon, intend; ne peut guère —, cannot count.

comte, *m.*, title, earl; — d'Artols, brother of Louis XVI.

comtesse, *f.*, countess.

concentrer, to concentrate.

concert, *m.*, concert.

concerter (se), to consult together.

concession, *f.*, concession, grant.

concevable, conceivable.

concevoir, to conceive, understand.

concilier, to reconcile, conciliate.

concis, -e, brief.

conclure, to conclude, settle.

conclusion, *f.*, conclusion, close.

conçu, -e, *see* concevoir.

condamnation, *f.*, condemnation, doom.

condamner, to condemn.

condiment, *m.*, seasoning, spice.

condisciple, *m.*, fellow-pupil, school-fellow.

condition, *f.*, condition, term, station.

condoléance, *f.*, condolence.

conduire, to lead, guide, direct, drive, take one to.

conduite, *f.*, conduct, behavior.

confession, *f.*, confession.

confiance, *f.*, trust, confidence, security.

confidence, *f.*, confidence, disclosure.

Confidences, les fausses, comedy by Marivaux.

confirmer, to confirm.

confondre, to confound, mingle, mistake for,

conformer, to conform.
confort, *m.*, comfort.
confrère, *m.*, colleague.
confus, -e, confused, ashamed, abashed. ·
confusion, *f.*, confusion, disorder, shame.
congé, holiday, leave, discharge, warning; donner son —, to give in one's resignation.
congédier, to dismiss, send away.
conjugal, -e, conjugal.
conjurer, to conjure, beseech, avert, conspire.
connaissance, *f.*, knowledge, acquaintance, cognizance.
connaître, to know, be acquainted with, be aware of, ascertain.
connu, -e, *see* connaître.
connût, *see* connaître.
conquérir, to conquer, overcome.
conquête, *f.*, conquest.
conquis, -e, *see* conquérir.
consacrer, to consecrate, give up wholly to; se —, to devote one's self to.
conscience, *f.*, conscience.
consciencieux, -euse, conscientious.
conseil, *m.*, advice, counsel.
conseiller, to advise.
consenti, -e, *see* consentir.
consentir, to consent, assent.
conséquemment, consequently.

conséquence, *f.*, consequence, conclusion, importance.
conserver, to preserve, maintain, watch over.
considérable, considerable, important.
considération, *f.*, consideration, respect.
considérer, to consider, gaze on, weigh, heed.
consolant, -e, consoling, comforting.
consolation, *f.*, consolation.
consoler, to console.
consonne, *f.*, consonant.
conspirer, to conspire, plot.
constamment, constantly.
constance, *f.*, constancy, firmness.
constant, -e, steadfast.
constater, to aver, prove.
consternation, *f.*, consternation, dismay.
consterné, -e, dismayed.
construction *f.*, building.
construire, to build, erect.
consulter, to consult.
conte, *m.*, story, tale, fib.
contempler, to contemplate, gaze on.
contemporain, -e, contemporary.
contenance, *f.*, countenance; faire bonne —, to put a good face on the matter.
contenir, to hold, contain, confine, keep within bounds.

content, -e, pleased, glad, happy.

contentement, *m.*, contentment, satisfaction.

contenter, to content, satisfy, gratify.

conter, to tell, relate; — fleurette, to make love; vous m'en contez, you want to deceive me.

conteste (sans), indisputably.

conteur, *m.*, story-teller.

Conti, prince de, member of the family of Condé.

continuation, *f.*, continuation.

continuellement, continually.

continuer, to continue, persevere in.

contradiction, *f.*, contradiction.

contraindre, to force, constrain.

contrainte, *f.*, constraint, compulsion, coercion.

contraire, contrary, against; au —, on the contrary.

contrariant, -e, provoking, annoying.

contrarier, to thwart, cross, oppose.

contrariété, *f.*, contradiction, vexation, annoyance.

contrat, *m.*, contract, act.

contre, against, close to, near; le pour et le —, pros and cons; à — cœur, reluctantly, grudgingly.

contredire, to contradict, gainsay.

contredit (sans), unquestionably.

contrefaire, to counterfeit, mimic, disguise.

contre-sens, *m.*, wrong meaning, misconstruction.

contretemps, *m.*, disappointment, untoward accident.

contribuer, to contribute.

contrôle, *m.*, control.

convaincre, to convince.

convaincu, *see* convaincre.

convenable, proper, suitable, convenient.

convenir, to agree, acknowledge, settle.

convenu, -e, *see* convenir.

conversation, *f.*, conversation, talk, discourse.

convertir, to convert.

conviction, conviction, proof.

convier, to invite.

convive, *m.*, guest.

convoiter, to covet, long for.

convoquer, to summon, call together.

convulsion, *f.*, fit, convulsion.

copieux, -euse, copious.

coquet, *m.*, -te, *f.*, flirt, dandy.

coquet, -te, coquettish.

coquetterie, *f.*, coquettishness, flirtation.

coquin, -e, rascal, knave, cheat, jade, hussy.

corde, *f.*, rope, cord.

cordial, -e, hearty, cordial.

cordon, *m.*, string, yarn.

Corneille, dramatic author of the seventeenth century.

corneilliennes, œuvres —, works of Corneille, or akin to his works.

corps, *m.*, body, substance; — d'armée, large division of an army.

correct, -e, correct, accurate.

correction, *f.*, correction, rebuke.

correspondance, *f.*, correspondence, letter writing.

correspondre, to correspond.

corriger, to correct, rectify, improve.

corrompre, to corrupt, taint.

corrompu, -e, corrupted.

corrupteur, *m.*, -trice, *f.*, corrupter.

corruption, *f.*, corruption, decay.

corsage, *m.*, bodice.

cosmétique, *m.*, cosmetic.

costume, *m.*, costume.

costumer, to dress up.

côte, side, rib, coast, shore, declivity; — à —, side by side; — de Saint Louis, royal descent (*id.*).

côté, *m.*, side; de ce — ci, on this side; d'un — ou de l'autre, one way or the other.

cotoyer, to walk by the side of, coast along.

cotte, *f.*, petticoat; — de

mail, coat of mail; — d'armes, coat of arms.

cou, col, *m.*, neck, throat.

couchant, -e, setting, declining.

couche, *f.*, couch, bed.

coucher, to put to bed; se —, to go to bed, lie down; — de soleil, sunset.

coudoyer, to elbow, jostle.

coudre, to sew.

coulant, -e, flowing, accommodating.

couler, to flow, glide; — quelque moments, to pass the time.

couleur, *f.*, color; — locale, local color.

couleuvre, *f.*, harmless snake.

coulisse, *f.*, groove, slide; les —s, side scenes, green room.

couloir, *m.*, passage, lobby.

coup, *m.*, blow, stroke, knock; à — de raquette, quick repartee, a racket toss; à — d'éventail, flirt of the fan; à tout —, constantly; du premier —, at once; — de maître, master stroke; du —, at once; faire le —, do the deed; à — de, with; en un —, at one blow; être sous le — de, to be suffering under; percé de —s, covered with wounds; — d'essai, a first endeavor; à — sûr, to a certainty;

après —, when too late;
— sur —, blow after blow;
tout à —, suddenly.
coupable, *m.*, culprit.
coupable, guilty.
coupe, *f.*, cup, goblet.
couper, to cut.
couple, *m.*, pair, couple.
couplet, *m.*, stanza, verse.
coupure, *f.*, cut, erasure.
cour, *f.*, yard, court, wooing,
courting; être bien en —,
to be in favor at court;
faire sa — à, to pay one's
court to; — d'appel, Appellate court.
courage, *m.*, courage, daring.
courageusement, courage-
ously.
courageux, -euse, courageous,
spirited.
courant, -e, running; affaires
—es, everyday business.
courant, *m.*, current, stream.
courber, to bend, stoop.
courir, to run, race, hasten;
— sus, to rush at; — les
champs, to take to the
fields, run at liberty.
courroux, *m.*, wrath, anger.
cours, *m.*, course, current;
donner —, to give way to.
cours, *see* courir.
course, *f.*, race, running.
court, -e, short.
court, *see* courir.
courtisan, *m.*, courtier.
courtois, -e, courteous, civil.

courtoisie, *f.*, courtesy, civility.
cousin, -e, cousin.
cousu, -e, *see* coudre; — de
pistoles, to have one's pock-
ets full of money.
couvert, -e, *see* couvrir.
couverture, *f.*, cover, covering.
couvrir, to cover, wrap up.
Covielle, personage of the
Bourgeois Gentilhomme, comedy by Molière.
craindre, to fear, dread.
craint, -e, *see* craindre.
crâne, *m.*, skull.
crâne, spirited, brave, swag-
gering.
craquer, to crack.
crasseux, -euse, dirty man
or woman.
créancier, *m.*, creditor.
crédit, *m.*, credit.
crédule, credulous.
crédulité, *f.*, credulity; imposer à sa —, to take ad-
vantage of.
créer, to create.
crépuscule, *m.*, twilight.
creux, -euse, hollow.
cri, *m.*, cry, shout, scream;
elle fit un —, she uttered
a cry.
crier, to shout, call, cry.
crime, *m.*, crime.
criminel, -le, guilty, criminal.
criminel, -le, culprit.
crise, *f.*, crisis, attack.
crisper, to shrivel, move con-
vulsively.

Crispin, personage of the *Folies Amoureuses*, comedy by Regnard.

Crispin rival de son maître, comedy by Lesage.

critique, *m.*, critic, faultfinder.

critique, critical.

critique, *f.*, criticism.

Critique de l'École des femmes, comedy by Molière.

critiquer, to criticise.

croire, to believe.

croiser, to cross, thwart.

croître, to grow.

croix, *f.*, cross.

croyable, worthy of belief.

croyant, *see* croire.

crû, -e, *see* croire and croître.

cruauté, *f.*, cruelty.

cruel, -le, cruel.

cruellement, cruelly.

cuir, *m.*, strop.

cuirasse, *f.*, breastplate.

cuisine, *f.*, kitchen, cooking.

cuisinier, *m.*, *f.*, cook.

curieusement, curiously.

curieux, -euse, curious.

curieux, *m.*, *f.*, curious person.

curiosité, *f.*, curiosity.

cuve, *f.*, vat, tub.

cuver, to calm.

Cuvier, le, name of a farce of the Middle Ages.

cynique, *m.*, cynic.

cynique, cynical.

cynisme, *m.*, cynicism.

D

dame, *f.*, lady.

dame! forsooth! egad! to be sure!

damoiseau, *m.*, old French for young man; the first sense of the word was youth not yet knighted.

Dancourt, writer of the seventeenth century.

Dandin, personage of the *Plaideurs*, comedy by Racine.

danger, *m.*, danger.

dangereux, -euse, dangerous.

dans, in, into, within, during, through.

danse, *f.*, dance.

danser, to dance.

darder, to dart, fling.

date, *f.*, date.

dater, to date, form an era.

de, of, some, any, out of, to, with, about; il vint — nuit, he came by night; — vous à moi, between ourselves.

débarras, *m.*, riddance.

débarrasser, to rid, free, disentangle.

débattre, to argue; se —, to struggle.

débauché, *m.*, rake.

déboire, *m.*, mortification, bitter draught, mischance.

débourser, to disburse, lay out.

debout, on end, upright, standing; se tenir —, to stand upright.

débris, *m.*, fragment, broken bit.

débrouiller, to unravel.

début, *m.*, lead, beginning, setting out, first appearance.

débutant, -e, beginner.

débuter, to lead, enter upon, make one's first appearance.

décacheter, to unseal, break the seal of.

déceler, to disclose, reveal.

déception, *f.*, deception, disillusion, disappointment.

décerner, to award to, bestow on.

décevant, -e, deceptive, deceitful.

dechaîner, to unfetter, turn loose.

décharger, to unload; — **sa conscience**, to unburden one's conscience.

déchéance, *f.*, deposition, falling off from.

déchirement, *m.*, tearing, rending.

déchirer, to tear, distract, harrow.

décidément, decidedly.

décider, to decide, settle, induce; **se** —, to come to a decision, make up one's mind.

décimer, to decimate, carry off.

décisif, -ive, decisive, peremptory.

décision, *f.*, decision.

déclaration, *f.*, declaration.

déclarer, to declare, disclose; **se** —, to declare one's self, speak one's mind.

déclin, *m.*, decline, wane.

déconsidérer, to fall into disrepute.

décor, *m.*, decoration, scenery.

décorer, to decorate, bedeck.

découragement, *m.*, discouragement, dejection.

décourager, to discourage, dishearten.

découvert, -e, *see* découvrir.

découverte, *f.*, discovery.

découvrir, to discover, uncover, lay bare, expose.

décrire, to describe.

dédaigner, to disdain, scorn.

dédaigneux, -euse, disdainful, scornful.

dédain, *m.*, scorn, disdain.

dedans, inside, within; **mettre** —, to deceive, take in; — **cette rencontre**, for **en cette rencontre**.

dédier, to dedicate.

dédire, to gainsay.

dédommager, to make up, indemnify.

dédoubler, to make two of one.

défaillance, *f.*, fainting, weakness.

défaillant, -e, faltering, feeble.

défaillir, to swoon, grow faint.

défaire, to undo, untie; **il défit** tout **l'ouvrage**, he undid the whole thing.

défaite, *f.*, defeat, rout.
défaut, *m.*, defect, fault, imperfection; faire —, to fail, absent one's self.
défectueux, -euse, defective, imperfect.
défendre, to defend, stand up for, forbid; se —, to defend one's self.
défendu, -e, forbidden.
défense, *f.*, defense, safeguard, resistance, prohibition; se mettre en —, to stand on one's guard; faire — à, to forbid.
défenseur, *m.*, defender, vindicator.
défi, *m.*, challenge, defiance.
défiance, *f.*, mistrust, suspicion.
défier, to dare; se —, to mistrust.
définir, to define, portray, decide.
définitivement, definitely.
défoncer, to break up, beat in.
défrayer, to defray, entertain.
dégager, to disengage, redeem.
dégât, damage, havoc.
dégoût, *m.*, distaste, disgust, loathing.
dégoûtant, -e, disgusting.
dégoûté, -e, squeamish, fastidious.
dégoûter, to disgust, put out of conceit.
degré, *m.*, degree, stairs, step.
dégrossir, to clear up, polish.

déguisement, *m.*, disguise.
déguiser, to disguise, dissemble.
dehors, out, without, outside.
dehors, *m.*, exterior, appearance.
déjà, already.
delà, beyond; au —, beyond.
délai, *m.*, delay.
délaisser, to forsake, cast off.
délassement, *m.*, relaxation, refreshment.
délibération, *f.*, deliberation, thought.
délicat, -e, delicate, tender, gentle.
délicatesse, *f.*, delicacy, tenderness, fastidiousness.
délice, *m.*, delight.
délices, *f. pl.*, joys, delights; faire ses — de, to delight in.
délicieux, -euse, delicious, delightful.
délirant -e, delirious, frenzied.
délire, *m.*, delirium, madness.
délirer, to rave.
délit, *m.*, misdemeanor, offense.
délivrer, to deliver, release.
déloger, to dislodge, turn out.
déloyauté, *f.*, disloyalty.
déluge, *m.*, deluge.
demain, *m.*, to-morrow.
demande, *f.*, enquiry, request, demand.
demander, to ask, request, crave, sue.
démarche, *f.*, gait, walk, bearing.
démasquer, to unmask.

démêler, to disentangle, comb out, clear up.

démence, *f.*, insanity, madness.

démener (se), to struggle, be mad.

démentir, to contradict, deny.

demeure, *f.*, abode, dwelling.

demeurer, to live, dwell, reside, remain.

demi, **-e**, half, semi.

démission, *f.*, resignation.

demoiselle, *f.*, maiden, young lady.

démon, *m.*, fiend, demon.

démontrer, to show, demonstrate.

dénoncer, to denounce.

dénoter, to betoken, denote, describe.

dénouement, *m.*, end, winding up.

dénouer, to untie, unravel.

dent, *m.*, tooth; **sur les —s**, worked to death.

dentelle, *f.*, lace.

départ, *m.*, departure, starting off.

dépasser, to go beyond, pass by, surpass.

dépêche, *f.*, dispatch.

dépêcher, to dispatch, make haste; **se —**, to be quick, look sharp.

dépeignit, *see* **dépeindre**.

dépeindre, to depict, describe.

dépeint, **-e**, *see* **dépeindre**.

dépendre, to depend upon, take down.

dépens, expense, charge; **à ses —**, at his expense.

dépense, *f.*, expense, outlay, cost.

dépenser, to spend, expend.

dépensier, **-ère**, extravagant, wasteful.

dépérir, to pine away.

dépit, *m.*, spite, rancor, vexation; **en — qu'on en ait** (*old French*), in spite of all.

Dépit Amoureux, Le, comedy by Molière.

déplacer, to displace, remove.

dépiter, to vex, provoke.

déplaire, to displease, offend; **il lui déplaît que vous agissiez ainsi**, he is displeased that you should act thus; **ne vous en déplaise**, and it please you; **n'en déplaise à —**, with due deference to.

déplaisant, *see* **déplaire**.

déplaisant, **-e**, unpleasant, annoying.

déplaisir, *m.*, displeasure, trouble.

déploiement, *m.*, display, unfolding.

déplorable, deplorable, wretched.

déployer, to unfold, unfurl.

déportement, *m.*, violence, uncontrollable temper, behavior.

déposer, to lay down, deposit, intrust, depose.

déposition, *f.*, evidence, deposition, degradation.
dépourvu, -e, destitute of, unaware of.
dépravation, *f.*, depravation.
déprécier, to underrate.
depuis, since, for, during, from, after; — peu, lately; — que, since.
déraison, *f.*, nonsense, folly.
déraisonnable, unreasonable.
déraisonner, to talk incoherently.
dérangement, *m.*, disturbance, disorder.
déranger, to derange, displace, disturb.
dérision, *f.*, derision, mockery.
dérive, *f.*, drift; à la —, adrift.
dernier, -ère, last, latest, uttermost.
dernièrement, lately.
dérober, to rob, filch, take away; se —, to steal away.
dérouler, to unfold, spread out.
déroute, *f.*, rout, defeat.
dérouter, to lead away, puzzle.
derrière, behind; de —, from behind.
des, of the, of, from, some, certain.
dès, from; — ce monde, even in this world; — lors, from that time; — que, as soon as.
désabusé, -e, undeceived, disabused.

désabuser, to undeceive, disabuse.
désaccord, *m.*, disagreement, variance.
désagréable, disagreeable, unpleasant, offensive.
désagrément, *m.*, unpleasantness.
désapprobation, *f.*, disapprobation.
désapprouver, to disapprove, find fault with.
désarmer, to unarm, disarm.
désarroi, *m.*, confusion, disorder.
désastre, *f.*, disaster.
désastrueux, -euse, disastrous.
désavantage, *m.*, detriment, disadvantage.
désaveu, *m.*, disavowal.
désavouer, to disown.
descendre, to go down, come down, get down.
descente, *f.*, descent.
description, *f.*, description.
désert, *m.*, wilderness, desert.
désert, -e, deserted, unfrequented.
déserter, to desert, leave.
désespéré, -e, in despair.
désespérer, to despair.
désespoir, *m.*, despair.
déshabiller, to undress.
déshériter, to disinherit.
déshonnête, dishonest.
déshonneur, *m.*, dishonor, disgrace.

déshonorer, to dishonor, disgrace.

désignation, *f.,* designation.

désigner, to designate, point out.

désillusionner, to destroy the illusions of.

désir, *m.,* desire, longing.

désirable, desirable.

désirer, to desire, wish for.

désireux, -euse, desirous, anxious.

désobéir, to disobey, transgress.

désobéissance, *f.,* disobedience.

désobligeant, -e, disobliging, ungracious.

désobliger, to disoblige.

désolant, -e, distressing, annoying.

désolé, -e, *see* **désoler.**

désoler, to lay waste, grieve, annoy.

désordre, *m.,* disorder, litter, uproar.

désorienter, to bewilder, put out of one's reckonings.

désormais, hereafter, henceforward.

despotisme, *m.,* despotism.

dessein, *m.,* design, view, resolution.

dessin, *m.,* drawing, sketch.

dessiner, to draw, delineate.

dessous, beneath, below, underneath; **en —,** underneath; **par —,** beneath; **là —,** under there.

dessus, on, upon it, above, uppermost; **sens — dessous,** upside down; **en —,** on the top; **par —,** above; **au —,** over; **par — tout,** above all.

destin, *m.,* destiny, lot.

destination, *f.,* destination.

destinée, *f.,* fate, doom.

destiner, to destine, design, hold in reserve.

destructif, -ive, destructive.

destruction, *f.,* destruction.

détacher, to detach, untie, separate; **vous pouvez vous en —** (*old French*), you can give up all thought of it.

détail, *m.,* detail.

dételer, to unharness.

détendre, to unbend, slacken.

détermination, *f.,* determination.

déterminer, to determine, induce.

détestable, detestable.

détester, to hate, loathe.

détonation, *f.,* detonation, report.

détour, *m.,* turn, winding, subterfuge, roundabout way.

détourner, to turn aside, ward off, embezzle.

détracteur, -trice, detractor, slanderer.

détresse, *f.,* distress.

détriment, *m.,* detriment, prejudice.

détromper, to undeceive.

détruire, to destroy, do away with, ruin.
détruit, -e, see détruire.
dette, f., debt.
deuil, m., mourning.
deux, two, second.
deuxième, second.
devancer, to go before.
devancier, -ère, predecessor, forefather.
devant, in front of, before, in presence of; aller au — de, to go to meet; par —, before.
dévaster, to lay waste, devastate.
développer, to unwrap, undo, develop, enlarge.
devenir, to become, grow, get, be made, come, end; que —? what is to be done? que deviendra tout cela? what will this all come to?
devenu, -e, see devenir.
dévier, to deviate, turn aside.
deviner, to guess, find out.
devoir, m., duty.
devoir, to owe, must, be obliged, ought, should; il dut se retirer, he was obliged to retire; il a dû partir ce matin, he must have gone this morning.
dévorer, to devour, squander.
dévot, -e, saintly person, sanctimonious person.
dévotion, f., devotion.
dévouement, m., devotion, self-sacrifice.

dextérité, f., expertness, skill, dexterity.
diable, m., devil.
diable! the deuce!
dialogue, m., dialogue.
diamant, m., diamond.
diantre! deuce!
diapré, -e, shot with colors.
dicter, to dictate.
diction, f., delivery.
Diderot, philosopher and writer of the eighteenth century.
Dieu, God; Dieu! good God! — m'en garde! God forbid.
diffamer, to slander.
différence, f., difference, dissimilitude.
différent, -e, different, unlike.
différer, to put off.
difficile, difficult, hard, troublesome.
difficulté, f., difficulty; cela ne fait pas de —s, there can be no objection to that.
diffus, -e, prolix, diffuse.
digne, worthy, deserving, dignified.
dignité, f., dignity.
diligence, f., diligence, expedition, dispatch; en —, in a hurry.
diligent, -e, diligent, quick, industrious.
dimanche, m., Sunday.
diminuer, to diminish.
dîner, to dine.

dîner, *m.*, dinner.

diplomatique, diplomatic.

dire, to say, tell, utter, relate, speak, bid; l'art de bien —, the art of speaking well; à vrai —, properly speaking; on dirait à l'entendre, one would think to hear him speak; qu'en dîtes-vous? what do you think of it? pour tout — en un mot, to sum up in one word; qu'est-ce à —? what do you mean by that? c'est à — que, that is as much as to say that; à ce qu'il dit, according to him; trouver à —, to find something amiss; avez-vous dit? have you finished?

direct, -e, straight.

diriger, to direct, guide, manage.

disant, *see* dire.

discours, *m.*, discourse, speech.

discret, -ète, discreet, judicious.

discrètement, discreetly.

discrétion, *f.*, discretion.

discuter, to discuss, argue.

disgrâce, *f.*, disgrace.

disgracieux, -euse, awkward, ungainly.

disloquer, to dislocate, take to pieces.

disparaître, to disappear, vanish.

disparu, -e, *see* disparaître.

dispenser, to dispense, exempt.

disperser, to disperse.

dispos, alert, hale and hearty.

disposer, to dispose, order, make ready, incline.

disposition, *f.*, disposition, arrangement, aptitude, taste.

dispute, *f.*, dispute, wrangling.

disputer, to dispute, argue.

dissimulation, *f.*, dissembling, dissimulation.

dissimuler, to dissemble, feign.

dissiper, to dispel, scatter, squander.

distance, *f.*, distance; se tenir à —, to stand aloof.

distinction, *f.*, distinction, gentility.

distingué, -e, distinguished, eminent, genteel.

distinguer, to distinguish; distinguons! let us make a distinction!

distraction, *f.*, abstraction, inattention.

distraire, to distract, divert.

distribuer, to distribute, deal out.

dit, -e, *see* dire; Caron — Beaumarchais, known as Beaumarchais.

divers, -e, various, different, sundry.

divertir, to divert, entertain.

divertissement, *m.*, entertainment, diversion.

diviser, to divide.

dix, ten.

dixième, tenth.

dizaine, ten, half a score.

docile, docile, tractable.

docteur, *m.*, doctor.

document, *m.*, paper, document.

dodu, -e, plump.

doigt, *m.*, finger.

doit, *see* devoir.

doléance, *f.*, complaint, grievance.

dolent, -e, doleful, mournful.

domestique, *m.*, servant; vie —, home life.

domicile, *m.*, dwelling.

dominant, -e, ruling, prevailing.

dominer, to rule, domineer.

dommage, *m.*, wrong, pity, injury.

don, *m.*, gift.

donc, then, therefore; qu'avez-vous —? what is the matter with you?

Don Garcie de Navarre, comedy by Molière.

Don Juan ou le Festin de pierre, comedy by Molière.

donjon, *m.*, dungeon.

donnée, given quantity, plot.

donner, to give, present, bestow, confer, let, deal; — une comédie, to perform a play; — furieusement dans le marquis (*id.*), to ape noblemen.

dont, of whom, of which, whose.

Dorante, name of personages in *le Menteur* by Corneille, *le Joueur*, comedy by Regnard, and in *le Jeu de l'Amour et du Hasard* by Marivaux.

Dorimène, personage mentioned in the *Bourgeois Gentilhomme*.

Dorine, name of one of Molière's soubrettes.

dormir, to sleep; contes à — debout, wearisome tales.

dos, *m.*, back.

dose, *f.*, dose.

dot, *f.*, dowry, dower.

double, double.

doubler, to double, fold in two.

douce, gentle, soft, sweet.

doucement, softly.

douceur, *f.*, sweetness, softness, smoothness; —s, sweetmeats.

douleur, *f.*, pain, ache, sore, sorrow.

douloureux, -euse, painful, sore, harrowing.

doute, *f.*, doubt, misgiving; sans —, doubtless.

douter, to doubt; se — de, to suspect.

douteux, -euse, doubtful, dubious.

doux, -ce, sweet, fresh, gentle.

douzaine, twelve.

dragon, *m.*, dragon, dragoon.

dramatique, dramatic; auteur —, dramatic author.

drame, *m.*, drama.

drap, *m.*, cloth.
drapeau, *m.*, flag, banner.
drapier, *m.*, draper, clothier.
dresser, to straighten; se —, to rise up.
droit, -e, straight, upright.
droit, *m.*, right, claim, power; être en — de, to have the right to; faire son —, reading law.
drôle, queer, odd, humorous.
drôle, *m.*, rogue, knave, scapegrace.
drôlerie, *f.*, drollery, farce, amusement.
dû, -e, *see* devoir.
duc, *m.*, duke.
duchesse, *f.*, duchess.
duel, *m.*, duel.
Dumas, fils, dramatic author of the nineteenth century.
dupe, *f.*, dupe.
duplicité, *f.*, duplicity.
dur, -e, hard, tough, stiff, harsh, stern.
durable, durable.
durant, during, for.
durcir, to harden.
durement, harshly, cruelly.
durer, to last.
dureté, *f.*, hardness, toughness, obduracy.
dut, *see* devoir.

E

eau, *f.*, water.
ébaucher, to sketch, rough hew.

ébloui, -e, dazzled, blinded.
ébouir, to dazzle.
éblouissement, *m.*, dizziness, dazzling.
ébranler, to shake, unsettle.
écart, *m.*, stepping aside, strain, digression; — de conduite, misdeed.
écarter, to put aside, remove, dispel; s'—, to deviate, swerve, wander.
écervelé, -e, scatter-brained.
échange, *m.*, exchange.
échanger, to exchange.
échapper, to escape.
échauffer, to heat, inflame.
échelle, *f.*, ladder.
écho, *m.*, echo.
échouer, to strand, miscarry, fail.
éclair, *m.*, lightning, flash.
éclaircir, to clear up, brighten.
eclaircissement, *m.*, explanation.
éclairé, -e, enlightened.
éclairer, to enlighten, brighten; mal éclairé, badly informed.
éclat, *m.*, fragment, bursting, peal, brightness, luster; — de rire, peal of laughter.
éclatant, -e, dazzling, shining, glittering.
éclater, to burst, blow up, exclaim; — en sanglots, sob.
éclipser, to eclipse.
école, *f.*, school.

École des femmes, comedy by Molière.

École des maris, comedy by Molière.

éconduire, to show to the door, civilly to deny, dismiss.

économie, *f.*, economy, thriftiness.

écorcher, to flay, rub the skin off.

écouler (s'), to run out, disperse.

écouter, to listen.

écoutes, se tenir aux —, to be listening.

écraser, to crush, overwhelm, grind.

écrier (s'), to cry out.

écrire, to write.

écrit, -e, see écrire.

écriture, *f.*, writing.

écrivain, *m.*, writer, author.

écrivant, *see* écrire.

écu, *m.*, piece of money worth three francs, escutcheon.

écueil, reef, stumbling block.

écumer, to foam, froth.

écurie, *f.*, stable.

édifiant, -e, edifying.

édifice, *m.*, building, structure.

édifier, to edify.

éducation, *f.*, education.

effacer, to efface, rub out; s'—, to keep in the background.

effaroucher, to startle, frighten away.

effet, *m.*, effect, things, luggage.

effleurer, to graze, skim over, scratch.

efforcer, (s'), to strive, endeavor.

effort, *m.*, effort, endeavor, strain.

effrayant, -e, frightful, appalling.

effrayé, -e, *see* effrayer.

effrayer, to frighten, startle.

effroi, *m.*, fright, terror.

effronté, -e, bold, saucy.

effronterie, *f.*, boldness, sauciness.

effroyable, frightful.

effroyablement, frightfully.

effusion, *f.*, effusion, outpouring.

égal, -e, equal, adequate, even, level, all the same, indifferent; si cela vous est —, if you do not object; cela m'est —, I do not care; c'est —! all the same!

également, equally, alike.

égaler, to equal, match, come up to.

égard, *m.*, regard, respect.

égarement, *m.*, disorder, wildness.

égarer, to mislead, delude; s'—, to lose one's way, wander.

égayer, to enliven, divert.

église, *f.*, church.

égoïsme, *m.*, egotism, selfishness.

égoïste, selfish person, egotist.

égorger, to cut the throat of, kill.

eh! ah! — bien! well!

élan, *m.*, spring, bound, transport, impulse.

élancer (s'), to spring, dash, bound forward.

élargir, to widen, enlarge.

Electre, tragedy by Sophocles.

élégance, *f.*, elegance.

élégant, -e, elegant.

élément, *m.*, element, rudiment.

élévation, *f.*, raising, elevation.

élève, *m.*, *f.*, pupil, scholar.

élever, to elevate, raise, tip up, bring up, rear; élevant la voix, raising the voice.

Éliante, personage of the *Misanthrope*, comedy by Molière.

élire, to elect.

Élise, personage in *L'Avare*, a comedy by Molière.

élixir, *m.*, elixir.

elle, elles, she, they, her, them, it, them; chez —, in her own room, at home.

éloge, *m.*, praise, eulogium.

éloignement, *m.*, removal, withdrawal, estrangement, aversion.

éloigner, to remove, dismiss, estrange; s'—, to go away.

éloquence, *f.*, eloquence.

éloquent, -e, eloquent.

élu, -e, *see* élire.

Embarquement pour Cythère, title of a picture by Watteau.

embarras, *m.*, incumbrance, hindrance, obstruction, trouble, scrape.

embarrassant, -e, troublesome, cumbersome.

embarrasser, to obstruct, incumber, embarrass, perplex, puzzle; s'—, to get entangled, get mixed up with.

embelli, -e, *see* embellir.

embellir, to embellish.

emboîter, to fit, fit in; — le pas, to fill in the gap.

embrasser, to embrace, clasp, hug, kiss.

embrouiller, to throw into confusion, embroil, perplex.

emerveiller, to amaze, fill with admiration.

émettre, to emit, utter, throw out.

émeute, *f.*, riot, disturbance.

éminent, -e, high, eminent.

emmagasiner, to stow away, store up, make provision of.

emmener, to take away, carry off.

émoi, *m.*, anxiety, flurry.

émotion, *f.*, emotion, disturbance.

émouvoir, to move, rouse, stir up, excite pity.

emparer (s'), to take possession of, secure, engross.

empêcher, to prevent, hinder, impede, put a stop to.

empereur, *m.*, emperor.

empire, *m.*, empire, control, sway, authority, influence.

emploi, *m.*, employment, place.

employer, to employ, make use of; s'—, to be busy, exert one's self.

empoisonner, to poison, infect.

emporté, -e, passionate, hasty.

emporter, to carry away; l'— sur quelqu'un, to get the better of some one; s'—, to fly into a passion.

empreinte *f.*, impress, stamp, mark.

empressé, -e, eager, earnest, in haste, very polite.

empressement, *m.*, eagerness, earnestness, assiduity.

emprisonner, to imprison, inclose.

emprunt, *m.*, borrowing, loan.

emprunter, to borrow.

emprunteur, *m.*, borrower.

ému, -e, *see* émouvoir.

en, in, into, as, alike, out, through, while, of him, of her, of the, about him; parlez lui-en, speak to him about it; j'— suis fâché, I am sorry for it; si vous — avez pretez-m'—, if you have any, lend me some; je n'— ai pas, I have none; on — trouve des fragments, fragments have been found.

encens, *m.*, incense, flattery.

enchaîner, to enchain, fetter.

enchanté, -e, enchanted, delighted; l'air —, a radiant look.

enchanter, to bewitch, enchant.

enclin, -e, inclined to, prone.

encombrer, to stop up, obstruct.

encore, yet, as yet, again, anew, more, beside, moreover, too, even, at the least, however; il est — ici, he is still here; — une fois, once more; — faut-il que je sache si, and even then I must know whether; mais —! but pray!

encourager, to encourage, incite.

encourir, to incur.

encouru, -e, *see* encourir.

encre, *f.*, ink.

encrier, *m.*, inkstand.

endetter, to make debts; s'—, to run into debt.

endiablé, -e, possessed.

endolori, -e, aching, painful.

endommager, to damage, injure.

endormi, -e, *see* endormir.

endormir, to send to sleep; s'—, to go to sleep.

endroit, *m.*, place, spot; à mon —, towards me.

endurcir, to harden, inure.

endurer, to endure, undergo, bear.

énergie, *f.*, energy, strength.

énergique, energetic.

énerver, to unnerve, irritate.

enfant, *m.*, infant, child.

enfer, *m.*, hell.

enfermer, to shut up, confine, put under lock and key.

enferré, *see* enferrer; — de dépit, to contradict one's self through temper.

enferrer, to get embarrassed.

enfin, at last.

enflammer, to inflame, fire, incense; s' — pour, to be smitten with.

enfoncer, to drive in; — son chapeau, to pull one's hat over one's eyes; s'—, to sink, plunge, dive.

enfoui, -e, *see* enfouir.

enfouir, to bury, hide.

enfuir (s'), to flee, escape.

engageant, -e, engaging, winning.

engagement, *m.*, engagement, enlisting.

engager, to engage, pawn, pledge, retain, entangle, beg; votre cœur s'engage, your heart is taken.

engraisser, to fatten, thrive.

enhardir, to grow bold, embolden.

enharnacher, harness; word used in derision as over-dressed (*old French*).

énigme, *f.*, enigma, riddle.

enivrant, -e, intoxicating, exciting.

enjouement, *m.*, playfulness, sprightliness.

enlacer, to twine, put one's arms around.

enlèvement, *m.*, removal, carrying away.

enlever, to remove, lift up, clear away, carry away.

ennemi, -e, enemy.

ennui, *m.*, wearisomeness, tedium, spleen.

ennuyé, -e, bored, tired of.

ennuyer, to tire, weary, plague.

ennuyeux, -euse, tiresome, annoying, wearisome.

énorme, enormous, huge.

énormité, *f.*, enormity, hugeness.

enquête, *f.*, inquest, inquiry.

enrager, to go mad, be in a rage.

enrichi, -e, *see* enrichir.

enrichir, to enrich; — de diamants, to stud with diamonds.

enseigner, to teach.

ensemble, together, whole.

ensevelir, to bury.

ensuite, afterwards, next.

entamer, to begin, enter upon, cut into, encroach.

entassement, *m.*, accumulation.

entendre, to hear; qu'entends-je? what do I hear?

— à demi-mot, to understand quickly; j'entends qu'on obéisse, I expect obedience; faites comme vous l'entendez, do as you like; comment l'entendez-vous? what do you mean by that? cela s'entend, it is understood.

entendu, -e, *see* entendre.

entente, *f.*, understanding, meaning.

enterrer, to bury.

entêté, -e, *see* entêter.

entêter, to make giddy, intoxicate; la qualité l'entête (*id.*), nobility goes to his head; s'—, to grow stubborn.

enthousiasme, *m.*, enthusiasm, rapture.

entier, -ère, whole, entire, total.

entièrement, entirely.

entourage, *m.*, railing, advisers, surroundings.

entourer, to surround.

entr'acte, *m.*, interlude.

entrailles, entrails, bowels; sans —, unfeeling.

entrain, *m.*, high spirits.

entraînement, *m.*, impulse, sway, training, enthusiasm.

entraîner, to drag along, lead on, inspirit, impel, urge, train.

entrave, *f.*, fetter, trammel.

entraver, to fetter, hinder.

entre, between, in, through; — nous, between ourselves; —bâiller, to half open; s'— dire (*old French*), to say to one another.

entrée, *f.*, entrance, free access.

entrefaites, sur ces —, meanwhile, in the interim.

entrelarder, to interlard.

entremets, *m.*, sidedish.

entremise, *f.*, mediation.

entreprendre, to undertake.

entreprise, *f.*, undertaking.

entrer, to enter, go in; faire —, to show in.

entretenir, to entertain, hold together, keep in good repair.

entretien, *m.*, maintenance, conversation.

entrevue, *f.*, interview.

entr'ouvrir, to half open.

envahir, to invade.

envelopper, to wrap up, envelop, muffle.

envers, *m.*, wrong side; à l'—, inside out.

envers, towards.

envi, à l', vying with each other.

envie, *f.*, envy, spite, fancy; avoir —, to desire.

envier, to envy.

environ, about.

environs, *m.*, environs, vicinity.

envoi, *m.*, parcel, present.

envoler (s'), to fly away, take flight.

envoyer, to send, forward, dispatch.

épais, -se, thick.

épaisseur, *f.*, thickness.

épancher, to pour out, vent; s'—, to pour one's heart out.

épanouissement, *m.*, opening, full bloom, glad look.

épargne, *f.*, savings.

épargner, to spare, be sparing of.

épars, -e, scattered, disheveled.

épaule, *f.*, shoulder.

épave, *f.*, waif, wreck.

épée, *f.*, sword.

éperdûment, distractedly, passionately.

éperon, *m.*, spur.

épier, to spy, watch.

épigramme, *m.*, epigram.

épingle, *f.*, pin.

épique, epic.

épître, *f.*, letter, epistle.

époque, *f.*, epoch.

épouser, to marry.

épouvantable, frightful, appalling.

épouvante, *f.*, dismay, panic, terror.

époux, *m.*, -se, *f.*, husband, wife.

éprendre (s'), to be smitten with, be enamored.

épreuve, *f.*, trial, test.

épris, -e, *see* s'éprendre.

éprouver, to experiment, prove, test.

épuiser, to exhaust, drain.

épurer, to refine, clarify.

équestre, equestrian.

équilibre, *m.*, equilibrium, poise.

équipage, *m.*, carriage, equipage, garb, equipment.

équiper, to equip, fit out.

équitable, upright, equitable.

équivalent, equivalent.

équivoque, equivocal, doubtful, suspicious.

Éraste, personage in the *Folies Amoureuses*, comedy by Regnard.

ériger, to erect, set up.

errer, to wander, rove.

erreur, *f.*, error, mistake.

escalier, *m.*, staircase.

esclavage, *m.*, slavery.

esclave, *m.*, *f.*, slave.

escorter, to escort.

escrime, *f.*, fencing.

espace, *m.*, space, room.

Espagne, Spain.

Espagnol, -e, Spanish man or woman.

espèce, *f.*, species, sort, kind.

espérance, *f.*, hope.

espérer, to hope.

espièglerie, *f.*, trick, prank, arch saying.

espoir, *m.*, hope.

esprit, *m.*, spirit, wit, mind; perdre l'—, to lose one's mind; — de vin, alcohol; — de mots, witticism; — renversé, unsound mind.

esquiver, to escape; s'—, to slip away.

essai, *m.*, trial, essay.

essayer, to try.

essentiel, -le, essential, important.

essentiellement, essentially.

essor, *m.*, flight, soaring.

essouffler, to put out of breath.

essuyer, to wipe, dry, dust.

est, *m.*, east.

est, *see* être.

estimable, estimable.

estime, *f.*, esteem, value, estimate.

estimer, to value, appraise, esteem.

estropier, to cripple.

et, and.

établi, -e, *see* établir.

établir, to establish, set up, erect.

étage, *m.*, story, floor; haut —, high estate (*id.*).

était, *see* être; dont il —, to which he belonged.

étaler, to spread, display, show.

étancher, stanch, slack; — le sang, to stop the blood.

état, *m.*, state, condition; faites — de moi, count on me.

été, *m.*, summer.

été, *see* être.

éteindre, to put out.

étendard, *m.*, flag, standard.

étendre, to extend, spread, stretch, lay on, widen, spin out.

étendu, -e, *see* étendre.

étendue, *f.*, extent, scope, duration.

éternel, -le, eternal, endless.

éternité, *f.*, eternity.

étincelant, -e, sparkling, flashing, gleaming.

étinceler, to glitter, gleam, flash.

étincelle, *f.*, spark.

étiquette, *f.*, etiquette, label.

étoffe, *f.*, stuff, tissue.

étoffer, to stuff, puff out.

étoile, *f.*, star.

étonnement, *m.*, surprise, astonishment.

étonner, to surprise, astonish, stagger; s'—, to be astonished.

étourderie, *f.*, thoughtlessness.

étouffer, to suffocate, stifle; — l'affaire, to hush up the affair.

étourdi, -e, *see* étourdir.

étourdi, -e, blunderer, heedless person.

Étourdi (l'), comedy by Molière.

étourdiment, uncautiously, heedlessly.

étourdir, to make giddy, stun, astound, benumb; s'—, to shake off thought.

étrange, strange, odd.

étrangement, strangely.

étranger, -ère, stranger.

étranger, -ère, foreign, out-landish, strange, unfamiliar, no concern.

étrangler, to strangle.

être, *m.*, being, existence, creature.

être, to be, exist; **il est à vous,** it is yours; **je suis à vous dans un moment,** I shall be with you in a moment; **où en êtes-vous dans** votre **ouvrage?** how far have you got in your work? **vous n'en êtes que là?** you have got no farther? **j'en suis pour mes peines,** I have lost my trouble; **il n'en est rien,** such is not the case; **comme si de rien n'était,** as if nothing was the matter; **vous y êtes,** you have hit it; — **chez soi,** to be at home; **si ce n'eût été,** had it not been; **est-il possible?** can it be possible? **serait-ce que vous doutiez de ma parole?** can it be that you mistrust my word? **fût-ce même,** even were it; **si ce n'est,** unless it be.

étroit, -e, narrow.

étude, *f.*, study, acquire-ment.

étudier, to study.

eu, *see* avoir.

Europe, Europe.

eux, they, them.

évacuer, to dismiss, eject.

évader (s'), to escape, break loose.

évanouir (s'), to faint, swoon.

évaporé, -e, giddy headed.

évasion, *f.*, escape, flight.

éveil, *m.*, hint, warning, waking.

éveiller, to awake, awaken.

évènement, *m.*, event.

éventail, *m.*, fan; **coup d'—,** flirt of the fan.

évêque, *m.*, bishop.

évidemment, evidently, ob-viously.

évidence, *f.*, evidence.

évident, -e, evident.

éviter, to avoid, shun.

évoquer, to evoke, start.

exact, -e, exact.

exactement, exactly, precisely.

exactitude, *f.*, exactitude.

exagérer, to exaggerate.

exalter, to extol, cry up; **s'—,** to be inflamed, glow.

examen, *m.*, examination.

examiner, to examine, inspect.

exaspérer, to exasperate, in-cense.

excéder, to exasperate.

Excellence, Excellency.

excellence, *f.*, **par —,** preëmi-nently.

excellent, -e, excellent; **c'est —!** capital!

exceller, to excel.

excepté, except, but, save.

excepter, to except.

exceptionnel, -le, contrary to use.

excès, *m.,* excess, intemperance.

excessif, -ive, excessive, unreasonable.

excessivement, excessively.

excitant, -e, exciting.

exciter, to excite, urge, impel.

exclamation, *f.,* exclamation.

exclure, to exclude.

exclusivement, exclusively.

excuse, *f.,* excuse.

excuser to excuse; **s' —,** to apologize.

exécrable, execrable, hateful.

exécrer, to execrate, hate.

exécuter, to execute, carry out; **s'—,** to comply, submit to.

exécution, *f.,* execution, fulfillment.

exemple, *m.,* example, copy.

exempt, -e, exempt, free.

exercer, to exercise, train, drill, try, practice, carry on.

exercice, *m.,* exercise.

exhaler, to exhale, send forth, emit.

exhausser, to raise, run up.

exigeant, -e, particular, unreasonable.

exiger, to exact, require.

exil, *m.,* exile.

exiler, to exile, banish.

existant, -e, existing.

existence, *f.,* existence.

exister, to exist, be, *v. impers.,* there is, live.

expansif, -ive, expansive, demonstrative.

expédient, *m.,* expedient, shift.

expédier, to forward, send off.

expérience, *f.,* experience.

expert, *m.,* expert.

expirer, to expire, die.

explication, *f.,* explanation.

explicite, explicit.

expliquer, to explain, expound; **s' —,** speak plainly, comprehend, account for.

exploit, *m.,* exploit, feat, writ served by sheriff.

explosion, *f.,* explosion, bursting.

exposer, to expose, exhibit, explain.

exprès, purposely, on purpose.

expression, *f.,* expression.

exprimer, to express, squeeze, give utterance to.

expulser, to expel, drive out.

exquis, -e, exquisite.

extase, *f.,* ecstasy, trance.

extasier (s'), to fall into ecstasies, be enraptured with.

extensif, -ive, extensive.

extérieur, -e, outside, external.

exterminer, to exterminate.

extraire, to extract, draw out.

extraordinaire, extraordinary.

extraordinairement, extraordinarily.

extravagance, *f.,* extravagance, folly.

extravaguer, to talk nonsense, rave.

extrême, extreme, utmost.
extrêmement, greatly, extremely.
extrémité, *f.*, extremity, end.
exubérant, -e, exuberant.

F

fable, *f.*, fable.
fabliau, *m.*, fable (*old French*).
face, *f.*, face; **une méchante —,** an evil appearance, front, aspect.
fâcher, to anger, offend, vex; **se —,** to get angry, be offended.
fâcheux, -euse, vexatious, unpleasant, quarrelsome.
facile, easy, free, natural.
facilement, readily.
facilité, *f.*, facility, easiness, quickness.
faciliter, to facilitate, make easy.
façon, *m.*, fashion, make, workmanship.
façonner, to work, make, fashion.
fagotier, *m.*, fagot maker.
Fagotier, first title of the *Médecin malgré lui*, comedy by Molière.
faible, weak, feeble.
faible, il a un —, he has a liking.
faiblement, faintly, feebly.
faiblesse, *f.*, weakness, feebleness, faintness.

faiblir, to weaken, yield.
failli, -e, *see* **faillir.**
faillir, to err, transgress, fail.
faillite, *f.*, failure, bankruptcy; **faire —,** to become bankrupt.
faim, *f.*, hunger.
faire, to do, act, make, perform, work, go, form, commit, give rise to, carry on, practice, win, accustom, ask for, signify, compel; **vous n'avez que — ici,** you have no business here; **— l'innocent, — le sot,** to play the fool; **— agenouiller,** force to kneel; **— la cour,** pay court, make love; **— naître des bruits,** give rise to rumors; **cela ne me fait rien,** that is nothing to me; **c'est une personne à tout —,** he or she is a person fit for anything; **que —?** what is to be done? **laissez faire,** let things go.
faiseur, -euse, charlatan, dishonest person.
fait, -e, bien —, well built; **mal —,** ill built; **se — bien voir,** gets into the good graces of; **c'est bien —,** serves him right.
fait, *m.*, fact; **voici le —,** this is the story.
fait, *m.*, fact, deed, feat; **— d'armes,** military exploit; **elle lui dit son —,** she speaks her mind.

falloir, must, be obliged to, needful, should, ought, want, acquire, must; c'est ce qu'il faudra voir, that is what we shall see; faites ce qu'il faut, do what is needed; peu s'en faut, nearly so.

falsifier, to falsify.

fameux, -euse, famous, renowned.

familial, -e, belonging to the family.

familier, -ère, familiar, intimate.

famille, ƒ., family.

fanatique, m., fanatic.

Fanchette, personage in the Mariage de Figaro, comedy by Beaumarchais.

fantaisie, ƒ., fantasy, fancy, whim, liking, caprice.

fantasque, fantastic, whimsical.

fantoche, m., puppet.

fantôme, ghost, phantom.

farce, ƒ., farce, trick, prank, stuffing.

Farce de Maître Patelin, farce of the Middle Ages.

fard, m., paint, varnish, cosmetics.

fardeau, m., burden, load.

farouche, wild, fearful, savage, unsociable.

fascination, ƒ., fascination.

fasciner, to fascinate.

fasse, see faire.

fastidieux, -euse, tedious, irksome, over-nice.

fat, self-sufficient, foppish.

fat, m., coxcomb, fop.

fatal, -e, fatal.

fatigant, -e, fatiguing, wearisome.

fatigue, ƒ., toil, fatigue, hardship.

fatiguer, to tire, weary.

fatuité, ƒ., self-conceit, self-complacency.

faubourg, m., suburb.

Fausses Confidences, comedy by Marivaux.

fausset, une voix de, falsetto, shrill treble.

fausseté, ƒ., falseness, untruth.

faut, see falloir, il — que, must; qu'il s'en — que, how much less, how far from.

faute, ƒ., fault; sans —, without fail; — de, wanting, lacking.

fauteuil, m., armchair.

faux, -sse, false.

faveur, ƒ., favor.

favorable, favorable.

favori, -ite, favorite.

favoriser, to favor, befriend, countenance.

fécond, -e, fruitful, productive, fertile.

feindre, to feign, sham, dissemble, pretend.

feint, -e, see feindre.

feinte, ƒ., dissimulation, pretense.

félicitation, *f.*, congratulation.
félicité, *f.*, felicity, bliss.
féliciter, to congratulate.
félon, *m.*, caitiff.
félonie, *f.*, treason.
féminin, -e, feminine.
femme, *f.*, woman, wife.
Femmes Savantes, les, comedy by Molière.
fendre, to split, slit, cut open, crack; c'était à fendre l'âme (*id.*), it was heart-rending.
fendu, -e, *see* fendre.
Fénelon, prelate and writer of the seventeenth century.
fenêtre, *f.*, window.
fente, *f.*, chink, crack.
fer, *m.*, iron.
ferai, feriez, *see* faire.
ferme, *f.*, farm.
ferme, firm, hard, fast.
fermement, firmly, steadily.
fermer, to shut, close, fasten.
fermeté, *f.*, firmness.
féroce, fierce, ferocious.
fervent, -e, earnest, fervent.
ferveur, *f.*, fervor, earnestness.
festin, *m.*, feast, banquet, entertainment.
fête, *f.*, feast, festival, holy day.
fêter, to feast, welcome.
feu, *m.*, fire, lights, ardor; — d'artifice, fireworks.
feu, -e, deceased, defunct.
feuillage, *m.*, foliage, leaves.
feuille, *f.*, leaf.
fi! fie! shame!

fiacre, *m.*, cab, hackney-coach.
fiancé, -e, betrothed.
ficelle, *f.*, string.
fictif, -ive, fictitious.
fidèle, faithful, loyal.
fidèlement, faithfully.
fidélité, *f.*, fidelity, faithfulness.
fier, se, to trust to, confide in.
fier, -ère, proud, imperious, haughty.
fierté, *f.*, pride, haughtiness.
fièvre, *f.*, fever.
fiévreux, -euse, feverish.
Figaro, personage of the *Barbier de Séville*.
figure, *f.*, face, form, shape.
figurer, to figure, typify; se —, to fancy, figure to one's self; figurez-vous que, fancy that.
fil, *m.*, thread.
fille, *f.*, daughter, girl, child.
filleul, -e, god-son, god-daughter.
fils, *m.*, son; — de famille, well-born young man.
Fils naturel, comedy by Diderot.
fin, *f.*, end, conclusion, close.
fin, -e, fine, slender, delicate.
finalement, finally.
finance, *f.*, finances.
financier, *m.*, financier.
finement, shrewdly, archly.
finesse, *f.*, slenderness, delicacy, keenness, shrewdness.
fini, -e, *see* finir.

finir, to finish, end, conclude.

fiole, *f.*, vial, bottle.

fit, *see* faire.

fixe, stationary.

fixer, to fix, fasten.

flambeau, *m.*, torch, candle-stick.

flamboyant, -e, blazing, flashing.

flamme, *f.*, flame, blaze, passion.

flanc, *m.*, flank, side.

flatter, to flatter, caress, soothe.

flatterie, *f.*, flattery.

flatteur, -euse, flatterer; *adj.*, flattering.

fléau, *m.*, scourge, bore.

flèche, *f.*, arrow, spire.

fléchir, to weaken, tend, yield.

fleur, *f.*, flower.

flexible, flexible.

Florise, personage of the *Méchant*, comedy by Gresset.

flot, *m.*, wave, billow, surge, flood.

fluet, -te, delicate, slender, spare.

flûte, *f.*, flute.

foi, *f.*, faith; **de bonne —,** sincere; **ma —!** dear me!

foin, *m.*, hay.

foire, *f.*, fair, market.

fois, *f.*, time, at once, altogether; **encore une —,** once more; **il y avait une —,** once upon a time; **une — n'est pas coutume,** once does not make a habit;

combien de — ne vous l'ai-je pas dit! how often have I not told you so! à la —, both, at the same time.

fol, -le, crazy.

fol, -le, crazy person.

folâtre, playful, sportive.

folie, *f.*, folly, madness.

Folies amoureuses, les, comedy by Regnard.

follement, foolishly, wildly.

fonction, *f.*, function.

fond, *m.*, bottom, back, depth, further end, background; **à —,** thoroughly; **au —,** at bottom.

fonder, to build, found.

fondre, to melt, thaw.

fonds, *m. pl.*, land, estate, cash, funds, stock.

font, *see* faire.

Fontaine, La, fabulist of the seventeenth century.

force, *f.*, force, strength; **— est à la loi,** the law must take its course, power.

forcément, perforce, necessarily.

forcer, to force, break open, compel.

forêt, *f.*, forest.

forfaire, to fail in, forfeit; **— à l'honneur,** to forfeit one's honor.

forfait, *m.*, crime, foul deed.

formalité, *f.*, formality.

forme, *f.*, form, shape, aspect; **dans les —s,** in good form.

former, to form, formulate.
fort, -e, strong, hard, very much; — peu, very little.
forteresse, *f.*, fortress, stronghold.
fortifier, to strengthen, invigorate.
fortune, *f.*, fortune, chance, risk; bonne —, amorous adventure.
fortuné, -e, fortunate, lucky, happy.
fou, fol, *m.*, -le, *f.*, crazy person; tomber —, to go mad.
foudre, *f.*, lightning.
fougueux, -euse, impetuous, headstrong.
fouiller, to dig, excavate, root up.
foule, *f.*, throng, crowd.
fourbe, *f.*, knavery.
fourberie, *f.*, imposture.
Fourberies de Scapin, les, comedy by Molière.
fournir, to supply, furnish, provide.
foyer, *m.*, hearth, fireside, home.
fracasser, to break, shatter.
fragile, *f.*, fragile, brittle.
fragment, *m.*, fragment.
fraîcheur, *f.*, coolness, freshness.
frais, *m.*, faire les — de la conversation, was the subject of conversation, to do most of the talking; faire les —, pay all expenses.

frais, -che, fresh, cool.
Franc, *m.*, Frank.
franc, -che, frank.
Français, -e, Frenchman, Frenchwoman.
français, -e, French.
France, France.
franchement, frankly.
franchise, *f.*, immunity, frankness, openness.
franchir, to leap, clear, cross, go beyond, step over.
François I, king of France.
frapper, to strike, smite, hit, knock.
frayeur, *f.*, fright, dread.
frémir, to shudder, shake, vibrate.
frénétiquement, frantically.
fréquent, -e, frequent.
frère, *m.*, brother.
friandise, *f.*, daintiness, dainty.
fripon, -ne, rogue, cheat, rogue of a child.
frisson, *m.*, chill, thrill, shudder.
frissonnant, -e, shuddering, quivering.
frissonner, to shiver, shudder.
frivole, frivolous, flimsy.
froid, -e, cold, chilly, coldness, unconcern.
froidement, coldly.
froideur, *f.*, coldness, unfeelingness.
froisser, to wound, rumple, offend.

front, *m.*, forehead, brow, impudence.

Frosine, personage of *L'Avare*, comedy by Molière.

frotter, to rub, polish.

fruit, *m.*, fruit.

fruste, unpolished.

fuir, to fly, leave, run away, escape, shun.

fuit, *see* fuir.

fuite, *f.*, flight.

fumée, *f.*, smoke.

funeste, disastrous, fatal.

fur, au — et à mesure, by degrees, as.

fureter, to ferret, hunt out.

fureur, *f.*, fury, madness, rage.

furibond, -e, furious.

furie, *f.*, rage, fury.

furieux, -euse, furious.

furtif, -ive, stealthy, secret.

furtivement, stealthily.

fus, *see* être, — je le fus voir, I went to see him.

fusée, *f.*, rocket.

fustiger, to whip, castigate.

fut, *see* être.

futur, -e, future.

fuyant, -e, *see* fuir.

G

gage, *m.*, pledge, forfeit.

gagner, to win, gain, acquire, earn.

gai, -e, merry, cheerful, gay.

gaiement, merrily.

gaieté, *f.*, mirth, glee.

gain, *m.*, gain, profit; — de cause, the winning of a suit, being successful.

gaîté, *see* gaieté.

galant, -e, honest, gallant; du dernier —, extremely polite.

galanterie, *f.*, politeness, gallantry; used in the time of Molière in the sense of elegance and extravagance.

galimatias, *m.*, gibberish, nonsense.

galop, *m.*, gallop, canter.

gant, *m.*, glove.

garantir, to shield, screen, vouch for.

garçon, *m.*, lad, boy, fellow; — tailleur, tailor's apprentice.

garde, *f.*, safe-keeping, defense; avant —, vanguard, arrière —, rear guard.

garder, to keep, withhold, preserve; — le lit, to stay in bed.

gardez-vous bien, be on your guard.

gardien, *m.*, -ne, *f.*, keeper, guardian.

gare! out of the way! beware! sans crier —, without the slightest warning.

garnir, to provide, furnish.

garnison, *f.*, garrison, bailiff's men.

Gassendi, French savant and professor of the seventeenth century.

gâter, to spoil.

gauche, awkward, bashful, clumsy.

gauchement, awkwardly.

Gaulois, *m.*, inhabitant of Gaul.

gavotte, *f.*, dance of the seventeenth century.

gazette, *f.*, gazette.

gazon, *m.*, grass, sward.

gazouillement, *m.*, twittering, prattling, chirping.

gémir, to moan, groan, wail.

gémissement, *m.*, groan, wail.

gênant, -e, troublesome, in the way.

gendre, *m.*, son-in-law.

gêne, *f.*, uneasiness, trouble, torture (*old French*).

gêner, to hinder, impede, incommode.

généralement, usually.

génération, *f.*, generation.

généreusement, generously.

généreux, -euse, generous.

génie, *m.*, genius.

genou, *m.*, knee; se mettre à —x, to kneel down.

genre, *m.*, genus, species; — humain, mankind.

gens, *m.*, *f.*, *pl.*, people, persons, servants; les bonnes —, good people; — de bien, good, wise people; honnêtes —, distinguished people; — de qualité, quality folk; — du monde, haut placés, ladies and gentlemen, distinguished folk.

gent, *f.*, old form of gens; — païenne, the infidels.

gentilhomme, *m.*, nobleman, gentleman.

gentiment, sweetly, prettily.

Géralde, personage alluded to in the *Misanthrope*, comedy by Molière.

gérer, to administer, manage.

germe, *m.*, germ, cause, principle.

gésir, to lie; ci-gît, here lies.

geste, gesture, action; chanson de —, poems and plays of the Middle Ages.

gestes, *m.* *pl.*, achievements, exploits.

Gil Blas, novel by Lesage.

gît, *see* gésir.

glace, *f.*, ice, plate-glass, mirror.

glacial, -e, icy, frigid.

glisser, to glide, slip.

gloire, *f.*, glory.

glorieux, -euse, glorious, vainglorious.

Glorieux, le, comedy by Destouches.

Goëzman, proper name.

Goldsmith, Oliver, English author of the eighteenth century.

gonfler, to swell, inflate.

gorge, *f.*, throat, pass, defile; couper la —, to cut the throat.
gourmand, -e, greedy.
gourmandise, *f.*, gluttony.
Gourmandise, allegoric character representing gluttony.
goût, *m.*, taste, savor, liking.
goûter, to taste.
goutte, *f.*, drop; n'y voir —, to be in the dark.
gouvernement, *m.*, government, direction.
grâce, *f.*, grace, favor; rendre —, to give thanks; — à, thanks to; faire —, forgive, remit; vous avez — à, it becomes you to.
gracieusement, gracefully.
gracieux, -se, gracious, graceful.
grain, *m.*, grain, berry, bead.
grammaire, *f.*, grammar.
grand, -e, great, large; — 'peine, great sorrow, difficulty; — Turc, sultan; — maman, 'mère, grandmother; — 'père, grandfather.
grandement, largely, greatly.
grandeur, *f.*, greatness, magnitude.
Grandeur, votre, your Highness.
grandir, to grow.
gras, -se, fat, stout, corpulent.
gratter, to scratch, scrape.
grave, grave, sedate, demure.

gravir, to climb, ascend.
gravité, *f.*, gravity.
gré, liking, taste, mind; contre son —, against his will; bon — malgré —, willingly or not.
Grec, -que, Greek man or woman.
grec, Greek.
grêle, slight, slender, lank.
grenade, *f.*, pomegranate.
grenouille, *f.*, frog.
Gresset, dramatic writer of the eighteenth century.
grièvement, grievously.
griller, to broil, grill, toast.
grimace, *f.*, grimace, wry face.
grimper, to climb.
gris, -e, gray, hoary.
grondement, grumbling, rumbling, growling.
gronder, to scold, mutter.
gros, -se, bulky, large, substantial; le cœur —, heavy-hearted.
grossier, -ère, thick, coarse.
grossièreté, *f.*, roughness, clumsiness.
grossir, to enlarge.
grotesque, grotesque.
grotesquement, whimsically, queerly, grotesquely.
grouper, to group, gather together.
guère, little, not much, scarcely.
guéri, -e, *see* guérir.
guérir, to cure.
guérison, *f.*, cure.

guerre, *f.*, war.
guerrier, *m.*, warrior.
guetter, to watch, wait for.
gueux, *m.*, beggar, needy person, ragamuffin.
guide, *m.*, guide.
guider, to lead, guide, direct.
Guillaume, character in *Maître Patelin*, William.
guillotine, *f.*, guillotine.
guise, *f.*, way, manner, guise; vivre à sa —, to live one's own way; en — de, by way of.
guitare, *f.*, guitar.

H

ha! ha! ha! hey!
habile, clever, skillful, artful, crafty.
habilement, cleverly, artfully.
habillement, *m.*, clothing, attire.
habiller, to dress, clothe.
habit, *m.*, attire, garb, coat.
habitant, -e, inhabitant, dweller.
habitation, *f.*, habitation, abode.
habiter, to inhabit, dwell in.
habitude, *f.*, habit, custom.
habituer (s'), to get accustomed to.
hacher, to chop, hew.
hachis, *m.*, mince-meat, hash.
haï, *see* haïr.
haine, *f.*, hatred.

haïr, to hate, loathe.
hait, *see* haïr.
haleine, *f.*, breath.
haletant, -e, panting, breathless.
halte, *f.*, halt, stopping-place.
halte! stop!
hanter, to haunt, frequent.
hardes, *f. pl.*, wearing-apparel, clothes.
hardi, -e, bold, fearless.
hardi! courage! come on!
hardiesse, *f.*, boldness, daring.
hardiment, boldly, daringly.
harmonie, *f.*, harmony.
harmonieux, -euse, harmonious.
harnacher, to harness; **magnifiquement harnaché**, in magnificent trappings.
harnais, *m.*, harness.
Harpagon, principal personage of *L'Avare*, comedy by Molière.
Harpe, la, critic of the seventeenth century.
hasard, *m.*, chance, accident, hazard.
hasarder, to risk, venture.
hâte, *f.*, haste, speed.
hâter, to hasten, push on; se —, to make haste.
haubert, *m.*, hauberk, part of a knight's armor.
hausser, to raise, lift up.
haut, -e, high, lofty, loud, aloud; **plus** —, louder; — **de chausses**, breeches

worn in the seventeenth century.

hautain, -e, haughty.

hautbois, *m.,* hautboy, a musical instrument.

hauteur, *f.,* elevation, superciliousness.

he! why! I say! hallo!

hébété, -e, stupified, dull.

Hécube, tragedy by Euripides.

hein! hey! what!

hélas! alas! alack!

herbe, *f.,* grass, herb.

herbu, -e, grassy.

héritage, *m.,* inheritance, legacy.

hériter, to inherit.

héritier, -e, inheritor, heir.

héroïne, *f.,* heroine.

héroïque, heroic.

héroïsme, *m.,* heroism.

héros, *m.,* hero.

hésitation, *f.,* hesitation.

hésiter, to hesitate.

heur, *m.,* chance, luck, happiness; used in Molière's day instead of bonheur.

heure, *f.,* hour, o'clock; **à la bonne —!** so much the better! **être à l'—,** to be exact; **quelle — est-il?** what time is it? **mettre sa montre à l'—,** to set one's watch; **de bonne —,** early.

heureusement, happily.

heureux, -euse, happy.

heurter, to strike, knock against.

hideux, -euse, frightful, hideous.

hier, *m.,* yesterday.

hisser, to hoist; **se —,** raise one's self up; **se — sur la pointe des pieds,** stand on tiptoe.

histoire, *f.,* history, tale, story.

hiver, *m.,* winter.

hocher, to toss one's head, shake.

holà! hallo! **mettre le —,** to put a stop to.

homme, *m.,* **mon —,** my husband, the man of whom I am speaking; **diable d'—,** devil of a man.

honnête, honest, upright; **—s gens,** used in Molière's time in the sense of well-educated people.

honnêteté, *f.,* honesty, integrity.

honneur, *f.,* honor, rectitude, credit.

honorable, honorable, respectable.

honoraire, *m.,* salary.

honorer, to honor, do honor to.

honte, *f.,* shame, disgrace.

honteux, -euse, ashamed, disgraceful.

horizon, *m.,* horizon.

horloge, *f.,* clock.

horloger, *m.,* clock maker.

hormis, except, save.

horreur, *f.,* horror.

horrible, horrible, frightful, shocking; **mal —,** frightful pain.

horriblement, horribly.

hors, outside; **— de,** out of; **— d'ici!** out of my sight! **être — de soi,** to be beside one's self; **être — de combat,** to be disabled; **— de doute,** without doubt.

hospitalité, *f.,* hospitality.

hostile, hostile.

hostilité, *f.,* hostility.

hôte, *m.,* landlord, host, guest.

huissier, *m.,* bailiff.

huit, *m.,* eight; **dans — jours,** in a week's time.

humain, -e, human, humane.

humain, *m.,* human being.

humanitaire, *m.,* humanitarian.

humanité, *f.,* humanity.

humble, humble, lowly.

humblement, humbly.

humeur, *f.,* humor, temper, mind, wit.

humidité, *f.,* moisture, dampness.

humilier, to humble, abase, mortify.

hurler, to howl, roar.

hymen, hymenée, *m.,* hymen, union, marriage.

hypocrata, mock word in the *Folies amoureuses,* comedy by Regnard.

hypocrisie, *f.,* hypocrisy.

hypocrite, *m., f.,* hypocrite.

I

ici, here, hither, now, this time; **d'— là,** from now till then; **— bas,** here below.

idéal, -e, ideal.

idéaliser, to idealize.

idée, *f.,* idea.

idiot, *m.,* **-e,** *f.,* idiot, idiotic.

idole, *f.,* idol.

idylle, *f.,* idyll.

ignoble, ignoble, vile.

ignorance, *f.,* ignorance, error, blunder.

ignorant, -e, ignorant, illiterate, ignorant man or woman, ignoramus.

ignorer, to be ignorant of, unaware of.

il, he, it; **—s,** they.

île, *f.,* island.

illégal, -e, illegal.

illisible, illegible.

illusion, *f.,* illusion.

illustre, illustrious.

image, *f.,* image, resemblance.

imaginable, imaginable.

imaginaire, imaginary, fancied.

imagination, *f.,* imagination.

imaginer, to imagine, devise.

imbécile, foolish, silly, imbecile.

imitateur, *m.,* **-trice,** *f.,* imitator, follower.

imitation, *f.,* imitation, mimicry.

imiter, to imitate, mimic.

immédiat, -e, immediate.
immédiatement, immediately, directly. *
immense, immense, vast.
immensité, *f.,* immensity.
imminent, -e, imminent, impending.
immobile, motionless, unmoved.
immoler, to immolate; **s'—** to sacrifice one's self.
immoral, -e, immoral.
immoralité, *f.,* immorality.
immortalité, *f.,* immortality.
immortel, -le, immortal, endless.
immuable, unalterable.
impardonnable, unpardonable, not to be forgiven.
imparfait, -e, imperfect.
impartial, -e, impartial.
impassible, impassible.
impatience, *f.,* impatience.
impatient, -e, impatient.
impatienter, to render impatient.
impénétrable, impenetrable, impervious.
imperceptible, imperceptible.
imperfection, *f.,* imperfection, blemish.
impertinence, *f.,* impertinence.
impertinent, -e, impertinent.
impétueux, -euse, impetuous.
impitoyable, pitiless.
impitoyablement, pitilessly.
implacable, relentless.
implorant, *see* **implorer.**

implorer, to implore.
impoli, -e, unpolite.
impolitesse, *f.,* rudeness, incivility.
importance, *f.,* importance, consequence, of moment.
important, -e, important.
importer, to be of importance, be of use; **que vous importent mes sentiments?** what care you about my feelings? **il n'importe!** no matter!
importun, -e, importunate, troublesome, unwelcome.
importuner, to pester.
imposant, -e, imposing, commanding.
imposer, to prescribe, obtrude, fill with respect, awe; **s'—,** to be self-evident, to force one's self upon.
imposition, *f.,* imposition.
impossible, impossible, out of the question; **faire l'—,** do one's very best.
imposture, *f.,* imposture, cheat.
imprenable, impregnable.
impression, *f.,* impression, print.
impressionnable, sensitive, easily moved.
impressionner, to affect, move.
imprévoyant, -e, improvident, heedless.
imprévu, -e, unlooked for.
imprimer, to print.
improviser, to extemporize, get up at a moment's notice.

imprudence, *f.*, imprudence.
inaction, *f.*, inaction, inertia.
inadmissible, inadmissible.
inanimé, -e, inanimate, life-less.
inaperçu, -e, unseen.
inattendu, -e, unforeseen, un-expected.
inattentif, -ive, inattentive.
incapable, incapable, unfit for.
incarnat, *m.*, flesh color, car-nation.
incarne (s'), *see* incarner (s').
incarner (s'), to incarnate, personify.
incertain, -e, uncertain.
incessant, -e, ceaseless.
incident, *m.*, incident, occur-rence.
inclination, *f.*, inclination, bending, attachment.
incliner (s'), to bow, incline, lean.
inclus, -e, inclosed, included.
incohérent, -e, incoherent.
incommode, inconvenient.
incommoder, to inconvenience.
incomparable, incomparable.
incomparablement, incom-parably.
incomplet, -ète, incomplete.
incompréhensible, incompre-hensible.
incompris, -e, not understood, misunderstood.
inconnu, -e, unknown.
inconnu, *m.*, -e, *f.*, stranger, unknown quantity.

inconséquent, -e, inconse-quent, incautious.
inconsolable, inconsolable.
inconstance, *f.*, inconstancy.
inconstant, -e, fickle, incon-stant.
inconvénient, *m.*, inconven-ience.
incorrect, -e, incorrect, inac-curate.
incrédule, incredulous.
incroyable, incredible.
indécis, -e, undecided, doubt-ful.
indéfiniment, indefinitely.
indépendance, *f.*, indepen-dence, freedom.
indice, *m.*, indication, sign.
indienne, *f.*, printed calico.
indifférence, *f.*, indifference.
indifférent, -e, indifferent, un-important.
indifférent, *m.*, indifferent person.
indigne, unworthy.
indigner, to rouse indignation.
indiquer, to indicate, point out.
indirectement, indirectly.
indiscret, -e, indiscreet.
indiscrétion, *f.*, indiscretion.
indispensable, indispensable.
indisposer, to put one against; être indisposé, to be unwell.
indistinct, -e, indistinct.
indolent, -e, indolent.
indulgence, *f.*, indulgence.
indulgent, -e, indulgent.

inégal, -e, unequal.
inégalité, *f.*, inequality, irregularity.
inénarrable, unheard of, stupendous.
inépuisable, inexhaustible.
inespéré, -e, unhoped for.
inestimable, priceless.
inévitable, inevitable.
inexact, -e, inexact, incorrect.
inexcusable, inexcusable.
infâme, infamous.
inférieur, -e, inferior.
infernal, -e, infernal.
infidèle, faithless, false.
infini, -e, infinite, boundless.
infiniment, infinitely.
infliger, to inflict, impose.
influence, *f.*, influence, sway, bias.
influer, to influence, have an influence over.
information, *f.*, information.
informer, to inform, tell.
infortune, *f.*, misfortune.
infortuné, -e, unfortunate, ill-fated.
infranchissable, insurmountable.
ingénu, -e, artless, guileless.
ingrat, -e, ungrateful, thankless.
ingratitude, *f.*, ingratitude.
inhabile, unskilled, awkward.
inhumain, -e, inhuman.
inimitable, inimitable.
inimitié, *f.*, enmity, ill will.
iniquité, *f.*, iniquity.

initiation, *f.*, initiation.
injouable, impossible to play.
injure, *f.*, wrong, injury, insult.
injurieux, -euse, insulting, taunting.
injuste, unjust.
injustement, unjustly, wrongfully.
injustice, *f.*, injustice, wrong.
inné, -e, inborn, innate.
innocent, *m.*, -e, *f.*, foolish person, simpleton.
innocent, -e, innocent, guileless.
inopinément, unexpectedly, suddenly.
inopportun, -e, ill-timed, inopportune.
inouï, -e, unheard of, wonderful.
inquiet, -ète, disquieted, uneasy.
inquiétant, -e, disquieting.
inquiéter, to alarm, disturb.
inscrire, to inscribe, write down.
insensé, -e, insane, rash, foolish.
insensible, insensible, unfeeling, unconcerned.
inséparable, inseparable.
insignifiant, -e, insignificant, meaningless.
insister, to insist, persist, urge.
insolence, *f.*, insolence.
insolent, -e, insolent, disrespectful, saucy.

insouciant, -e, heedless, care-
less.
inspiration, *f.*, inspiration.
inspirer, to inspire.
installer, to instal; s'—, to
settle, establish one's self.
instamment, earnestly.
instance, *f.*, suit, demand.
instant, *m.*, moment; à l'—,
now, directly.
instinct, *m.*, instinct.
instruction, *f.*, instruction.
instruire, to teach, educate.
instruit, -e, *see* instruire.
instrument, *m.*, instrument.
insu, à l'— de, unknown to.
insuffisant, -e, insufficient.
insulte, *f.*, insult.
insulter, to insult.
insupportable, unbearable.
intact, -e, intact, whole.
intelligence, *f.*, intelligence.
intelligent, -e, intelligent.
intendance, *f.*, stewardship,
management.
intendant, *m.*, steward, agent.
intense, intense, violent.
intensité, *f.*, intensity.
intention, *f.*, intention, purpose.
intercéder, to intercede.
interdire, to forbid, suspend.
intéressant, -e, interesting.
intéresser, to interest; s'— à,
to interest one's self in.
intérêt, *m.*, interest, selfishness; mettre à —, to invest.
intérieur, -e, inside, interior.

interminable, never ending.
interroger, to question, make
inquiries.
interrompit, *see* interrompre.
interrompre, to interrupt,
break off.
interrompu, -e, *see* interrompre.
intime, intimate.
intimement, intimately.
intimer, to notify.
intimider, to intimidate.
intimité, *f.*, intimacy.
intituler, to entitle, name.
intolérant, -e, intolerant.
intrépide, intrepid, fearless.
intrigant, *m.*, -e, *f.*, intriguer,
adventurer.
intrigue, *f.*, intrigue, plot.
intriguer, to perplex, intrigue.
introduire, to introduce.
introduit, -e, *see* introduire.
introuvable, not to be found,
matchless.
intrus, *m.*, -e, *f.*, intruder.
inutile, useless.
inutilement, to no purpose,
uselessly.
invariable, invariable.
invective, *f.*, invective, railing.
inventer, to invent, get up.
invention, *f.*, invention.
invincible, invincible.
invisible, invisible.
invitation, *f.*, invitation.
inviter, to invite.
invraisemblance, *f.*, unlike-
lihood.

ironie, *f.*, irony.
irréel, unreal, outside of reality.
irrégulier, -ère, irregular.
irréparable, irreparable.
irréprochable, blameless, irreproachable.
irrésistible, irresistible.
irrésolu, -e, irresolute, unsteadfast.
irrespectueux, -euse, disrespectful.
irritable, irritable.
irritant, -e, irritating.
irriter, to irritate.
isolement, *m.*, loneliness, solitude.
isoler, to isolate, separate.
issue, *f.*, egress, outlet.
italien, -ne, Italian; à l'—, -ne, in Italian fashion.
ivresse, *f.*, rapture, intoxication.
ivrogne, *m.*, drunkard.

J

Jacques, maître, personage of *L'Avare*, comedy by Molière.
jadis, once, formerly; au temps —, in the days of yore.
jaillir, to gush out, spurt, spring up.
jalousie, *f.*, jealousy, Venetian blind.
jaloux, -ouse, jealous.
jamais, never, at no time; il n'y est presque —, he is scarcely ever there.

jambe, *f.*, leg.
janséniste, *m.*, Jansenist (Port Royal religious).
jardin, *m.*, garden.
jardinier, *m.*, -ère, *f.*, gardener.
jargon, *m.*, jargon.
jaser, to chatter, gossip.
jasmin, *m.*, jassamine, jasmin.
jaune, *m.*, yellow.
javelot, *m.*, javelin, spear.
je, I.
jésuite, *m.*, Jesuit.
Jésus, Jesus.
jeter, to throw fling, hurl, cast; — un sort, to cast a spell.
jeu, *m.*, play, sport, freak.
Jeu de l'Amour et du Hasard, le, comedy by Marivaux.
jeudi, *m.*, Thursday.
jeune, young, junior, green.
jeûne, *m.*, fasting.
jeunesse, *f.*, youth.
Jodelle, French dramatic author of the sixteenth century.
joie, *f.*, joy, happiness, mirth.
joignant, *see* joindre.
joindre, to join, annex, unite, overtake; se — à, to associate with; il se joignit à moi pour, he joined his efforts to mine.
joint, -e, *see* joindre.
joli, -e, pretty, nice.
joliment, prettily, nicely.
joncher, to strew, heap up.
jongleur, *m.*, juggler.
joue, *f.*, cheek.

jouer, to play, act, gamble, venture, befool; **qu'il ne s'y joue pas,** let him beware; **se — des difficultés,** to laugh at difficulties.

joueur, *m.*, player, gambler.

Joueur, le, comedy by Regnard.

jouir, to enjoy.

jour, *m.*, day; **éclairé à —,** as light as day; **ce sera pour un autre —,** we will put it off to another day; **bon —,** good morning.

Jourdain, principal personage of the *Bourgeois Gentilhomme*, comedy by Molière.

journée, *f.*, day.

joute, *f.*, tilt, joust.

joyeux, -euse, joyous.

juge, *m.*, judge.

jugement, *m.*, judgment, sentence, opinion, discrimination.

juger, to judge.

juif, -ive, Jew, Jewess.

jurer, to swear, jar, clash.

jusque, even, to, till, up, down; **jusqu'à,** until; **c'est très bien jusqu'ici,** it is all right until now; **jusqu'aux larmes,** even unto tears; **jusques ici,** old form of **jusqu'ici,** up to this time.

juste, just, upright, warrantable.

juste, *adv.*, accurately, well to the point; **au —,** exactly.

justement, justly, deservedly, exactly.

justice, *f.*, justice, fairness.

justifier, to justify.

L

la, l', the, her, she.

la ! la ! there ! there !

là, there; **— bas,** yonder; **— haut,** up there.

lâche, *m.*, coward, caitiff.

lâcher, to loosen, slacken, let go of.

lâcheté, *f.*, cowardice.

Ladiète, allegoric character representing diet.

ladrerie, *f.*, avarice, stinginess.

Lagoutte, allegoric character representing gout.

laid, -e, ugly, plain.

laisser, to leave, part with, leave behind, omit, leave off, let alone, give up, allow.

Lamballe, **princesse de,** friend of Marie Antoinette.

lambeau, *m.*, rag, shred, fragment.

lance, *f.*, lance, spear.

lancer, to fling, hurl; **se —,** rush, start; **— dans cette voie,** to start on that road.

lancette, *f.*, lancet.

Lancret, French painter of the eighteenth century.

langage, *m.*, language.

langue, *f.*, tongue, language.

langueur, *f.*, languor.

languir, to languish, droop.
laquais, *m.*, footman.
larcin, *m.*, theft, larceny.
Lare, household god.
large, wide, broad.
largement, largely, amply, generously.
Largillière, portrait painter of the eighteenth century.
Larivay, French comic dramatic author of the sixteenth century.
larme, *f.*, tear.
larmoyant, -e, rueful, weeping.
larmoyer, to shed tears.
las, -se, weary.
Lasoif, allegoric character representing thirst.
lasser, to tire out, weary.
lassitude, *f.*, lassitude, weariness.
latin, -e, Latin; **au bout de son** —, to be at his wit's end.
laver, to wash.
le, l', the, him, it, he, they, so; **je** — **crois**, I think so.
leçon, *f.*, lesson.
lecteur, *m.*, -rice, *f.*, reader.
lecture, *f.*, reading.
légal, -e, legal.
légataire, legatee.
Légataire universel, comedy by Regnard.
légende, *f.*, legend.
léger, -ère, light, flimsy, nimble.
légèrement, lightly.

légitime, lawful, rightful.
lendemain, *m.*, next day; **du jour au** —, in the space of a day.
lent, -e, slow.
lentement, slowly.
lequel, laquelle, lesquels, lesquelles, who, that, whom, which.
les, the.
Lesage, writer of the seventeenth and eighteenth centuries.
lésiner, to be stingy.
leste, brisk, nimble, free.
lestement, briskly, lightly, cleverly.
lettre, *f.*, letter; **belles** —**s**, polite learning, literature; **homme de** —**s**, writer.
leur, them, to them, their; **le, la,** —, **les** —**s**, theirs, their own, their kinsmen.
levant, *see* lever.
lever, to raise, lift up; — **du soleil**, sunrise; **se** —, to get up, rise.
lèvre, *f.*, lip.
liaison, *f.*, binding, joining, connection.
libéral, -e, generous, liberal.
libéralité, *f.*, liberality.
libérer, to discharge, liberate.
liberté, *f.*, freedom, liberty.
libertin, *m.*, libertine, rake.
libre, free.
librement, freely, unrestrainedly.

licence, *f.*, license, degree.

lien, *m.*, bond, band; en ses —s, Célimène l'amuse (characteristic expression of Molière), Célimène holds him in her wiles.

lier, to bind, fasten; se —, to form a friendship with.

lieu, *m.*, place, spot, scene; quel —? what reason? —x communs, platitudes; avoir —, to take place.

limite, *f.*, boundary, limit.

limiter, to limit, confine.

Lindigestion, allegoric character representing indigestion.

Lindor, supposed name of Almaviva in the *Barbier de Séville.*

linge, *m.*, linen.

liqueur, *f.*, liquor.

liquide, liquid.

liquider, to pay off.

lire, to read.

lisant, *see* lire.

Lisette, personage in the *Folies amoureuses*, comedy by Regnard, in *Le Jeu de l'Amour et du Hasard*, comedy by Marivaux, and in *Le Méchant*, comedy by Gresset.

liste, *f.*, list.

lit, *see* lire.

lit, *m.*, bed.

littérature, *f.*, literature.

livre, *m.*, book.

livre, *f.*, pound, franc (coin).

livrée, *f.*, livery.

livrer, to deliver, hand over; — son secret, reveal one's secret; — un combat, to engage in combat.

logement, *m.*, lodging.

loger, to put up, lodge.

logique, logical.

logis, *m.*, house, habitation.

loi, *f.*, law.

loin, far; plus —, farther; aller plus — que, to go beyond; c'est beau de —, it looks well from a distance; de — en —, from time to time; au —, afar off.

lointain,-e, far, distant, remote.

loisir, *m.*, leisure.

Londres, London.

long, -ue, long, slow.

longtemps, a long while; il y a —, it is a long time since.

longuement, long.

lors, then.

lorsque, when; — j'entrai, on my going in.

louange, *f.*, praise.

louer, to praise, let or hire a house.

louis d'or, a gold piece worth four dollars.

Louis XIII, king of France.

Louis-le-Grand, name of a college in Paris.

loup, *m.*, wolf.

lourd, -e, heavy.

lourdement, heavily.

loyal, -e, loyal, fair.

loyauté, *f.*, fairness, honesty.

lu, -e, *see* lire.

Lucile, character in *Le Bourgeois Gentilhomme.*

lugubre, lugubrious.

lui, he, him, it; — -même, himself, itself,

Lulli, musical composer under Louis XIV.

lumière, *f.*, light, knowledge, intellect.

lune, *f.*, moon.

luth, *m.*, lute.

lutte, *f.*, scuffle, struggle, fight.

lutter, to cope with, struggle.

luxe, *m.*, luxury, superfluity; — de cérémonie, with great luxury.

Lyon, Lyons, a city in France.

M

machoire, *f.*, jaw.

Mademoiselle, *f.*, Miss.

Madame, *f.*, Madam, Mrs.

Madrid, capital of Spain.

magistrature, *f.*, the Bench, magistracy.

magnanime, magnanimous.

magnificence, *f.*, magnificence.

magnifique, magnificent.

magnifiquement, elegantly.

maigre, thin, meager.

maigrir, to grow thin.

maille, *f.*, stitch, link; cotte de —, coat of mail, chain armor.

main, *f.*, hand, handwriting.

maint, -e, many a, a great many.

maintenant, now, nowadays.

maintenir, to uphold, sustain.

maintien, *m.*, demeanor, carriage, preservation.

mais, but, why.

maison, *f.*, house.

maître, *m.*, master; used sometimes instead of Monsieur, especially before the name of lawyers.

maîtresse, *f.*, mistress, teacher; word used during the seventeenth and eighteenth centuries meaning the woman one loves and hopes to marry.

maîtrise, *f.*, trade,. corporation; — d'église, church choir.

maîtriser, to rule, master, control.

Majesté, sa, his Majesty.

majesté, *f.*, majesty, dignity.

majestueux, -euse, majestic.

majeur, -e, major, most important.

majorité, *f.*, majority.

mal, *m.*, illness, wrong, evil; voilà ou le — le tient, there is where the trouble comes in.

mal, *adv.*, badly, amiss; — à l'aise, uncomfortable; se trouver —, to faint; c'est — à vous, it is wrong of you.

malade, ill, sick, unwell; **ren-dre** —, to make ill.

malade, *m.*, *f.*, invalid, sick person; **faire le** —, to play the invalid.

Malade imaginaire, le, comedy by Molière.

maladie, *f.*, sickness, malady.

maladresse, *f.*, awkwardness, clumsiness.

maladroit, -e, awkward, clumsy.

malaise, *m.*, uneasiness, slight sickness.

malaisé, -e, difficult, inconvenient.

mâle, manly, virile.

malédiction, *f.*, curse, malediction.

malentendu, *m.*, misunderstanding.

malepeste! plague take it!

malgré, in spite of, notwithstanding, but for.

malheur, *m.*, misfortune, misery, ill-luck, mishap.

malheureusement, unfortunately.

malheureux, -euse, unhappy, unfortunate, hapless.

malheureux, -euse, unfortunate man or woman.

malhonnête, dishonest, rude.

malice, *f.*, malice, mischief.

malicieux, -euse, mischievous, malicious.

malin, maligne, malicious, full of tricks.

malmener, to abuse, handle roughly.

malsain, -e, unhealthy, unwholesome.

maltraiter, to ill-use, deal harshly with.

malveillance, *f.*, ill-will.

malveillant, -e, ill-natured, ill-disposed.

mamamouchi, supposed Turkish word used in the *Bourgeois Gentilhomme*, comedy by Molière.

Maman, *f.*, mama.

manche, *f.*, sleeve.

manche, *m.*, handle.

manger, to eat; — **son bien,** to run through a fortune.

Mangetout, allegoric character representing gluttony.

manie, *f.*, mania, rage, fad.

manier, to handle, wield, manage.

manière, *f.*, way, manner, kind, style; **les** —s, fashion, way of being.

maniéré, -e, affected.

manque, *m.*, want; — **de,** lack of.

manquement, *m.*, failure, lack of.

manquer, to fail, miss; — **de respect,** to be wanting in respect; **le pied lui manqua,** he slipped; **n'y manquez pas,** do not fail.

manteau, *m.*, cloak.

marabakasahem,   supposed

Turkish word, purporting to mean, " I am deeply in love with her," in the *Bourgeois Gentilhomme*, comedy by Molière.

maraud, *m.*, knave, you fellow you!

marbre, *m.*, marble.

marchand, *m.*, merchant, dealer.

marchander, to bargain; **nous marchandons à qui parlera**, we are bargaining as to who shall speak.

marchandise, *f.*, merchandise.

marche, *f.*, march, walking.

marché, *m.*, market; **par dessus le —**, over and above.

marcher, to walk, tread, march, go.

mari, *m.*, husband.

mariage, *m.*, marriage, matrimony.

Mariage de Figaro, comedy by Beaumarchais.

Mariane, personage in *L'Avare*, comedy by Molière.

marier, to marry, join; **se —**, to be married.

Marine, personage in *Turcaret*, comedy by Lesage.

marivaudage, *m.*, word derived from Marivaux, meaning gallant and witty talk.

Marivaux, Pierre de Chamblain de, dramatic writer of the eighteenth century.

marmite, *f.*, pot, copper.

marque, *f.*, mark, token, brand, pit.

marquer, to mark, stamp, brand, show.

marquis, *m.*, -e, *f.*, marquess, marchioness.

marraine, *f.*, godmother.

marri, -e, concerned, sorry.

martyr, *m.*, -e, *f.*, martyr.

martyre, *m.*, martyrdom.

Mascarille, name of several valets in Molière's plays.

masculin, -e, masculine.

masque, *m.*, mask.

masquer, to mask, disguise, hide.

massacre, *m.*, massacre.

massacrer, to massacre, spoil, botch.

masse, *f.*, mass, heap, lump.

massif, -ive, massive, heavy, clumsy.

massue, *f.*, club; **coup de —**, stunning blow.

matériel, -le, material, gross.

maternel, -le, motherly, maternal.

matière, *f.*, matter, subject, topic, ground.

matin, *m.*, morning.

matinal, -e, early, early riser.

matinée, *f.*, morning, forenoon.

maturité, *f.*, maturity.

maudire, to curse.

maudit, -e, cursed.

Maupeou, a French Parliament president of the eighteenth century.

mauvais, -e, bad, evil-minded, mischievous.

me, me, to me, I.

méchant, -e, wicked, bad, contemptible.

Méchant, le, comedy by Gresset.

mécompte, *m.*, disappointment, mistake.

méconnaître, not to recognize, slight.

mécontent, -e, discontented.

médecin, *m.*, physician, doctor.

Médecin amoureux, le, comedy by Molière.

Médecin malgré lui, le, comedy by Molière.

Médecin volant, le, comedy by Molière.

médecine, *f.*, medicine.

médiocre, mediocre, ordinary.

médire, to slander, speak ill of.

médisant, -e, slanderous.

méditation, *f.*, meditation, musing.

méditer, to meditate, ponder over.

méfiance, *f.*, mistrust, distrust.

méfiant, -e, distrustful, suspicious.

méfier (se), to distrust, suspect.

mégarde, *f.*, inadvertence; par —, inadvertently, unawares.

meilleur, -e, better; ce qu'il y a de —, what is best.

mélancolique, melancholy, dismal.

mélange, *m.*, mixture, medley.

mélanger, to mix, blend.

mêler, to mix, intermingle, join.

mélodie, *f.*; melody.

mélodieux, -euse, melodious.

mélodrame, *m.*, melodrama.

membre, *m.*, member, limb.

même, even, same, very; lui —, elle —, himself, herself, itself; la sages — se —, wisdom itself; eux —s, elles —s, themselves; tout de —, all the same.

mémoire, *f.*, memory, recollection.

mémorable, memorable.

menaçant, -e, menacing, threatening.

menace, *f.*, menace, threat.

menacer, to threaten.

ménage, *m.*, household; faire le —, to do housework; faire bon —, to be happy as husband and wife.

ménagement, consideration, caution.

ménager, to husband, save; se —, to take care of one's self.

mener, to lead, take, guide, go; — à bonne fin, to carry out successfully.

mensonge, *m.*, lie, falsehood, untruth.

menteur, *m.*, liar.

Menteur, le, comedy by Corneille.

mention, *f.*, mention.

mentir, to lie.

menton, *m.*, chin.

menu, -e, small, slender.

menuet, *m.*, minuet.

méprendre (se), to make a mistake, be mistaken in.

mépris, *m.*, scorn, contempt.

méprisant, -e, scornful.

mépriser, to despise, scorn.

merci, thanks.

mère, *f.*, mother; belle —, mother-in-law, stepmother.

mérite, *m.*, merit, worth.

mériter, to deserve, merit.

merveille, *f.*, marvel, wonder; à —, wonderfully; faire —s, to do great deeds.

merveilleusement, wonderfully.

merveilleux, -euse, wonderful, marvelous.

mésaventure, *f.*, mishap, misadventure.

mesquin, -e, shabby, mean.

messager,*m.*,-ère,*f.*, messenger.

messieurs, gentlemen, sirs.

mesure, *f.*, measure, size.

mesurer, to measure, measure out, weigh.

métaphore, *f.*, metaphor.

méthode, *f.*, method, way, habit.

métier, *m.*, trade, craft.

mets, *m.*, dish, viands.

mettre, to put, lay, set, place; — à la raison, to reduce to obedience; — à execution, to carry out; se — en tête,

to imagine; — en scène to stage.

meubles, *m. pl.*, furniture.

meurt, *see* mourir.

meurtre, *m.*, murder.

meurtri, -e, bruised.

meutrir, to bruise, wound.

meurtrissure, *f.*, bruise.

mi, half, mid.

microc, mock word in the *Folies amoureuses*, comedy by Regnard.

midi, *m.*, noon, midday.

mie, *f.*, crumb (*old French*), meaning dear.

mielleux, -euse, sweet, honeyed.

mien, -ne, mine, my own; les miens, my family.

miette, *f.*, crumb.

mieux, better, handsomer, best; pour — dire, to speak more correctly; de — en —, better and better; le — du monde, the best possible.

Mignard, French portrait painter of the eighteenth century.

mignardise, *f.*, word derived from the name of Mignard, meaning something dainty, pretty, and a little false.

mignon, -ne, pretty, delicate, tiny.

mil, mille, *m.*, thousand.

milieu, *m.*, middle, midst, mean; dans le — où il vit, in the society in which he lives.

militant, -e, militant.
mille, *m.*, mile, thousand.
millier, *m.*, thousand.
million, *m.*, million.
mimer, to act in pantomime.
mimique, *f.*, mimic.
mince, thin, inconsiderable.
mine, *f.*, look, bearing, mien.
minuit, *m.*, midnight.
minute, *f.*, minute.
minutieux, -euse, particular, careful.
miracle, *m.*, miracle.
miraculeux, -euse, miraculous.
miroir, *m.*, mirror.
mis, -e, *see* mettre.
mis, *see* mettre.
misanthrope, *m.*, misanthrope.
Misanthrope, le, comedy by Molière.
misérable, wretched, miserable.
misérable, *m.*, *f.*, wretch, wretched man or woman.
misère, *f.*, misery, poverty; la —! the pity of it!
mission, *f.*, mission.
mit, *see* mettre; se — à dire, said.
mobile, *m.*, motive, spring.
mode, *f.*, fashion, mode; à la —, fashionable.
modèle, *m.*, model, pattern.
modération, *f.*, moderation.
modérer, to moderate, restrain.
moderne, modern.

modernes, *m. pl.*, persons of the present day.
modeste, modest, unassuming.
modifier, to modify.
mœurs, *m. pl.*, morals, morality, manners, customs.
moi, I, me, to me; c'est —, it is I; c'est à —, it is mine; quant à —, for my part.
moindre, lesser, smaller, less important, inferior, the least.
moins, less than, fewer, the least, except; non — que, as well as, no less than; à — que, unless; en — de rien, in no time; pas le — du monde, not in the least.
mois, *m.*, month.
moitié, *f.*, half.
molester, to molest, annoy.
Molière, French dramatic author of the seventeenth century.
mollir, to soften, slacken.
moment, *m.*, moment.
momentanément, momentarily.
mon, ma, mes, my.
monarque, *m.*, monarch.
mondain, -e, worldly.
monde, world, people, crowd; tout le —, everybody; homme du —, gentleman, man of the world; aller dans le —, to go into society.
monotone, monotonous.
Monseigneur, title, my lord.
Monsieur, sir, Mr.

monstre, *m.*, monster.
monstrueux, -euse, monstrous.
mont, *m.*, mountain, mount.
montagne, *f.*, mountain.
montée, *f.*, ascent.
monter, to mount, climb, ride.
Montfleury, French writer of the seventeenth century.
montre, *f.*, watch.
montrer, to show, exhibit, prove, teach; se —, to show one's self.
moquer (se), to laugh at, quiz,
· deride.
moqueur, *m,.* -euse, *f.*, scoffer, wag, quiz.
moral, -e, moral.
moral, *m.*, mind, moral faculties.
morale, *f.*, morality, moral.
moralement, morally.
moraliste, *m.*, moralist.
moralité, *f.*, old play, morality.
morbleu! zounds!
morceau, *m.*, bit, piece, morsel; — de musique, a sheet of music.
mordant, -e, biting, sarcastic.
mordre, to bite.
moribond, -e, dying man or woman.
morne, dismal, dull.
mort, *f.*, death.
· mort, -e, dead, lifeless.
mort, -e, dead man or woman, corpse; les —s, the dead.
mortel, -le, deadly, mortal.
mortellement, mortally.

mortifier, to mortify.
morveux, *m.*, used in derision, boy, very young man.
mot, *m.*, word, saying, witty remark; gros —, oath, coarse expression.
motif, *m.*, motive.
mou, molle, soft, flabby.
moue, *f.*, wry face; faire la —, to pout.
mouillé, -e, wet.
mouiller, to wet.
mourant, -e, dying.
mourir, to die, expire.
mourut, *see* mourir.
mouton, *m.*, mutton, sheep.
mouvement, *m.*, movement, impulse.
mouvoir, to move.
moyen, -ne, average, middle size.
moyen, *m.*, means, way, contrivance.
moyennant, by means of.
muet, -te, dumb.
munir, to provide, arm, strengthen.
mûr, -e, ripe; homme —, man of mature age.
mur, *m.*, wall, fence.
muraille, *f.*, wall.
mûrir, to ripen.
murmure, *m.*, murmur.
murmurer, to murmur, grumble, repine.
muscle, *m.*, muscle.
museler, to muzzle, gag.
musicien, *m.*, -ne, *f.*, musician.

musique, *f.*, music.
mutiler, to mutilate, maim.
mutin, -e, froward, headstrong, arch, sprightly.
mutisme, *m.*, silence, dumbness.
mutuel, -le, mutual.
mutuellement, mutually.
mystère, *m.*, mystery.
mystérieux, -euse, mysterious.
mysticisme, *m.*, mysticism.
mystifier, to hoax, mystify.
mystique, mystic, mystical.

N

naïf, -ive, artless, ingenuous, simple, silly.
naissance, *f.*, birth; **de haute** —, high born.
naissant, *see* **naître.**
naître, to be born, spring from.
naïveté, *f.*, artlessness, unaffectedness.
naquit, *see* **naître.**
Narbonne, town in France.
narrer, to narrate, tell a story.
nasal, -e, nasal.
nation, *f.*, nation.
nature, *f.*, nature; — **humaine,** human nature.
naturel, -le, natural.
naturel, *m.*, nature, disposition, temper; **le bon petit** —, the sweet disposition.
naturellement, naturally, certainly.
navire, *m.*, ship.

navrant, -e, harrowing, distressing.
navrer, to grieve.
ne, no, not.
né, -e, *see* **naître.**
néanmoins, however.
néant, *m.*, nought, nothingness.
nécessaire, necessary, needful.
nécessaire, *m.*, the needful, necessary thing.
nécessairement, of course.
nécessité, *f.*, necessity, need.
néfaste, inauspicious, fatal.
négligence, *f.*, neglect, remissness.
négliger, to neglect.
négociant, *m.*, merchant.
nerf, *m.*, nerve.
Néricault-Destouches, writer of the seventeenth and eighteenth centuries.
nerveux, -euse, nervous.
net, -te, clean, neat, precise.
nettoyer, to clean.
neuf, -euve, new, fresh, raw, inexperienced.
neuf, nine.
neveu, *m.*, nephew.
nez, *m.*, nose.
ni, all, neither, nor.
niais, -e, silly, foolish, simple.
Nicole, personage of *Le Bourgeois Gentilhomme,* comedy by Molière.
nid, *m.*, nest.
nièce, *f.*, niece.

nier, to deny.

nigaud, *m.*, -e, *f.*, booby, foolish person.

niveau, *m.*, level.

Nivelle de la Chaussée, writer of the eighteenth century.

noble, noble.

noble, *m.*, nobleman.

noblesse, *f.*, nobility, nobleness.

noce, *f.*, wedding; carillon de —s, wedding bells.

nœud, *m.*, knot, bow.

noir, -e, black.

nom, *m.*, name, renown.

nomade, wandering.

nombre, number, quantity, multitude.

nombreux, -euse, numerous.

nommer, to name, call, appoint.

non, no, not.

nonchalant, -e, listless.

nonobstant, notwithstanding.

Nord, north.

normal, -e, normal.

notable, notable.

notaire, *m.*, notary public, solicitor.

note, *f.*, note, bill.

noter, to note, remark, mark, bear in mind.

notice, *f.*, notice, announcement.

notifier, to notify.

notion, *f.*, notion, idea.

notre, our.

nôtre, ours, our own; du —, ours.

nouer, to knot, tie up.

nourrir, to nourish, feed.

nourriture, *f.*, food.

nous, we; — mêmes, ourselves.

nouveau, -elle, new, recent, novel.

nouveauté, newness, novelty.

nouvelles, *f. pl.*, news.

noyer, to drown.

nu, -e, naked.

nuage, *m.*, cloud.

nuance, shade; plein de —s, subtle.

nuire, to injure, harm.

nuisible, harmful.

nuit, *f.*, night.

nul, -le, no, not one, null and void.

nullement, nowise, by no means.

nullité, *f.*, nullity.

numéro, *m.*, number.

nuptial, -e, nuptial.

nuque, *f.*, nape of the neck.

nymphe, *f.*, nymph.

O

obéir, to obey.

obéissance, *f.*, obedience.

obéissant, -e, obedient.

objet, *m.*, object, thing.

obligation, *f.*, obligation.

obligeant, -e, obliging.

obliger, to oblige, do a favor.

obscur, -e, obscure.

obscurcir, to obscure.

obscurité, *f.*, obscurity, darkness.

obséder, to beset, possess.

observateur, *m.*, -rice, *f.*, observer.

observation, *f.*, observation, observance.

observer, to observe; s'—, to be upon one's guard.

obstacle, *m.*, hindrance, obstacle.

obstination, *f.*, obstinacy.

obstinément, willfully.

obstiner, to make obstinate; s'—, to be bent upon.

obtenir, to obtain, prevail, get.

obtenu, -e, *see* obtenir.

obtint, *see* obtenir.

occasion, *f.*, occasion, opportunity.

occupation, *f.*, occupation.

occuper, to occupy, busy.

occurrence, *f.*, occurrence, occasion.

odieux, -euse, odious.

œil, *m.*, yeux, *pl.*, eye; vous voit d'un — fort doux (*id.*), looks upon you favorably.

œuvre, *f.*, work, literary work, deed, act.

offense, *f.*, offense, transgression.

offenser, to offend, trespass against; s'—, to take offense.

offert, -e, *see* offrir.

officier, *m.*, officer.

offre, *f.*, offer, tender.

offrir, to offer, proffer.

oisif, -ive, idle, unoccupied.

ombrage, *m.*, shade; prendre —, to take offense.

ombre, *f.*, shadow, shade, ghost.

omettre, to omit, leave out.

on, one, we, people, a man, you, they, some one; — dit, they say.

oncle, *m.*, uncle.

onde, *f.*, wave, body of water.

ongle, *m.*, nail; — long, it was the custom among the fops of the seventeenth century to let the nail of the little finger grow long enough to scratch at a door instead of knocking; this is mentioned in the *Misanthrope*, comedy by Molière.

ont, *see* avoir.

opéra, *m.*, opera.

opérer, to operate, affect.

opiniâtre, obstinate, stubborn.

opinion, *f.*, opinion.

opposer, to oppose; s'— à, to be opposed to.

or, *m.*, gold.

or, now, furthermore.

orageux, -euse, stormy, tempestuous.

orange, *f.*, orange.

ordinaire, usual, common, ordinary.

ordonner, to order, decree, command, to regulate.

ordre, *m.*, order, command.

oreille, *f.*, ear.

Orgon, a character in the play
of *Tartuffe*, by Molière.
orgueil, *m.*, pride.
orgueilleux, -euse, arrogant,
haughty, proud.
orienter (s'), to find one's
way.
original, -e, original.
originalité, *f.*, originality.
origine, *f.*, origin.
orner, to adorn, decorate.
Oronte, character in the *Misanthrope*, comedy by Mo-
lière.
orthographe, *f.*, spelling, or-
thography.
os, *m.*, bone.
oser, to dare, venture.
ôter, to remove.
ou, or.
où, where, whither, when, that,
in which; — en êtes-vous
de cette affaire? how are
you getting on with that
business? d'—, whence; par
—, which way; — le mu-
tisme — vous vous en-
fermez, the silence you
keep.
ouais! heyday!
oublier, to forget.
ouf! what a relief!
oui, yes; — da! ah! indeed!
outil, *m.*, tool, implement.
outre, further, beyond; passer
—, to go further.
outre, *prep.*, in addition to.
ouvert, -e, *see* ouvrir.

ouvrage, *m.*, work.
ouvragé, -e, chiseled, wrought.
ouvrir, to open; s'—, to open;
la porte s'ouvrit toute
grande, s'entr' —, to open;
half open.
ouvrit, *see* ouvrir.

P

page, *f.*, page, sheet of paper.
page, *m.*, page, servant.
païen, -ne, pagan.
Pailleron, dramatic author of
the nineteenth century.
pair, peer, equal; de —, on
equal footing; les —s du
royaume, peers of the realm.
paisible, peaceful, quiet.
paix, *f.*, peace, quiet, calm.
Palais Royal, palace and
theater in Paris.
pâle, pale, pallid.
pâleur, *f.*, paleness, pallor.
pâlir, to turn pale.
palpitant, -e, gasping, pal-
pitating.
palpiter, to palpitate, flutter,
throb.
pantoufle, *f.*, slipper.
papier, *m.*, paper.
par, by, through, out of, from,
about, into; — pitié, for
pity's sake; de — le roi, in
the king's name.
paradis, *m.*, Paradise.
paraître, to appear, come in
sight.

parbleu! egad! forsooth!

parc, *m.,* park.

parce que, because.

parcourir, to travel over, go over, ride through.

pardi! to be sure!

pardon, *m.,* forgiveness, pardon.

pardonnable, pardonable.

pardonner, to pardon, forgive.

pareil, -le, alike, such, equal, the like; **sans —,** unequaled.

pareil, *m.,* fellow-being.

parent, *m.,* **-e,** *f.,* relation, kinsman; **—s,** parents.

paresse, *f.,* idleness, sloth.

paresseux, -euse, idle.

parfait, -e, perfect.

parfaitement, perfectly.

parfois, sometimes, now and then.

par hasard, accidentally.

Paris, capital of France.

parisien, -ne, Parisian.

Parlement, *m.,* Parliament.

parler, to speak.

par le sang bleu! exclamation of impatience.

parmi, among, amidst.

parole, *f.,* word, speech, utterance.

part, *f.,* part, share; **prendre —,** take a hand in; **de la — de,** from; **d'autre —,** on the other side; **nulle —,** nowhere; **quelque —,** somewhere; **à —,** aside, apart, distinct from; **à — moi,** to myself; **avoir — à,** to participate in.

partager, to divide, share.

partant, *see* **partir.**

parti, *m.,* party, part, decision, resolution; **de son —,** on his side; **prendre —,** to make up one's mind.

particulier, -ère, peculiar, particular.

particulier, *m.,* individual; **en —,** privately.

particulièrement, particularly, in particular.

parti, -e, *see* **partir.**

partie, *f.,* part, lot, parcel, game, match, party, opponent.

partir, to go, set out, start, leave, flash.

partout, everywhere; **de —,** from all sides.

paru, -e, *see* **paraître.**

parut, *see* **paraître.**

parvenir, to reach, arrive at, come to hand, attain, rise to dignities, succeed in; **faire —,** forward.

parvenu, -e, *see* **parvenir.**

parvenu, *m.,* **-e,** *f.,* upstart, purse-proud person.

parvint, *see* **parvenir.**

pas, *m.,* step, pace, rate, footstep, footprint, dilemma; **à grands —,** hasty strides; **au —,** slowly.

pas, not.

Pasquin, personage in the

Glorieux, comedy by Destouches, and in the *Jeux de l'amour et du hasard,* comedy by Marivaux.

passable, tolerable, middling.

passage, *m.,* passage, transition.

passe, *f.,* pass, way, situation, passage; **en — de,** about to, in the process of.

passé, *m.,* past, bygones.

passer, to pass, go, overlook, fade; **— la rampe** (*id.*), to pass the footlights; **se — de,** to do without.

passe-temps, *m.,* pastime, sport.

passion, *f.,* passion.

passionner (se), to be all flame, give way to passion, to enthusiasm.

paternel, -le, paternal.

pathétique, pathetic.

patience, *f.,* patience, endurance.

patron, *m.,* **-ne,** *f.,* patron, employer.

pauvre, poor, wretched.

pauvre, *m.,* *f.,* poor person, beggar.

pauvreté, *f.,* poverty, wretchedness.

pavillon, *m.,* pavilion, tent.

Pavillon, proper name.

payer, to pay, atone for.

pays, *m.,* country, land, birthplace.

paysage, *m.,* landscape.

paysan, *m.,* **-ne,** *f.,* peasant.

peau, *f.,* skin.

péché, *m.,* sin.

pédant, -e, pedantic.

pédantisme, *m.,* pedantry.

peindre, to paint, depict.

peine, *f.,* penalty, pain, punishment; **j'étais de vous en —** (*old French*), I was anxious on your account; used in the *Misanthrope,* comedy by Molière; **faisait — à voir,** was a pitiful object; **n'en valait pas la —,** was not worth while; **à grand' —,** with trouble.

peintre, *m.,* painter.

peinture, *f.,* painting.

penaud, -e, abashed, sheepish.

penchant, *m.,* slope, side, inclination, proneness; **avoir du — pour,** to be attracted to.

pencher, to lean, bend over, stoop.

pendable, abominable; **cas —,** hanging matter; **tour —,** shabby trick.

pendant, during, for; **— que,** whilst.

pendard, *m.,* rogue.

pendit, *see* **pendre.**

pendre, to hang, hang up.

pends toi, hang thyself.

pendu, -e, *see* **pendre.**

pénétrant, -e, penetrating.

pénétrer, to penetrate, pierce.

pénible, painful.

pénitence, *f.*, penance; **mettre en** —, to punish.

pensée, *f.*, thought, opinion, mind.

penser, to think, consider.

pension, *f.*, allowance, pension.

perçant, -e, piercing, sharp.

perdre, to lose, waste, idle away, be undone, ruin.

perdu, -e, *see* perdre.

père, *m.*, father.

Père de famille, comedy by Diderot.

perfection, *f.*, perfection.

perfide, *m.*, perfidious person.

perfidie, *f.*, perfidy, perfidiousness.

péri, -e, *see* périr.

péril, *m.*, peril, danger, hazard.

périlleux, -euse, perilous, hazardous.

période, *f.*, period.

péripétie, *f.*, catastrophe; —s, ups and downs, incidents.

périr, to perish.

permet, *see* permettre.

permettre, to permit, allow.

permis, -e, *see* permettre.

permission, *f.*, permission.

perpétuel, -le, perpetual.

perruque, *f.*, wig.

persécution, *f.*, persecution.

persévérance, *f.*, perseverance.

persiflage, *m.*, flippant, raillery.

persifleur, *m.*, scoffer, quiz.

persister, to persist.

personnage, *m.*, personage.

personne, *f.*, person, nobody; **jeune** —, young girl.

personnel, -le, personal, selfish.

personnifier, personify, impersonate.

persuader, to persuade, prevail upon.

perte, *f.*, loss, waste.

pervers, -e, perverse, froward.

pesant, -e, heavy, ponderous.

peser, to weigh.

peste! plague take it! the deuce!

petit, -e, little, small.

Petit Bourbon, theater in Paris.

peu, little, few; — **à** —, little by little, by degrees; **sous** —, shortly; **un** —, somewhat; **pour** — **que**, provided, let only; **si** — **que**, a mere nothing, however little.

peuple, *m.*, people, nation.

peur, *f.*, fear, fright, dread; **de** — **de**, for fear of; **avoir** —, to be afraid.

peureux, -euse, timorous, fearful, shy.

peut, *see* pouvoir.

peut-être, perhaps, maybe.

pharaon, *m.*, faro.

pharmacie, *f.*, pharmacy.

phase, *f.*, phase, aspect.

Philinte, personage in the *Misanthrope*, comedy by Molière.

philosophe, *m.*, philosopher.
Philosophe sans le savoir,
comedy by Sedaine.
philosophie, *f.*, philosophy.
phrase, *f.*, phrase, sentence.
physiologie, *f.*, physiology.
physionomie, *f.*, physiognomy,
face, expression.
pic, *m.*, pickax, peak, pre-
cipitous.
pièce, *f.*, piece, bit, play, document, coin.
pied, *m.*, foot, footing; pointe
des —s, tiptoe; coup de —,
kick.
piège, *m.*, snare, trap.
pierre, *f.*, stone.
Pierre, Peter.
pierreries, *f. pl.*, jewels.
Pierrot, personage of the
Italian farce.
piéton, *m.*, pedestrian.
piller, to plunder.
Pimbesche, la comtesse de,
character in *Le Menteur*.
pimpant, -e, dainty, smart,
spruce.
piquant, -e, pointed, prickly,
stinging, cutting, lively,
smart.
piquer, to prick, sting, goad,
rouse; se — de, to pride
one's self on.
piqure, *f.*, prick, puncture.
pire, worst, the worst.
pis, worse.
pistole, *f.*, old French coin
worth two dollars.

piteusement, woefully, pite-
ously.
piteux, -euse, piteous, woeful.
pitié, *f.*, pity.
place, *f.*, place, room, seat,
spot, stronghold.
placer, to place, put, set, lay,
invest.
plaider, to plead, go to law,
argue.
plaideur, *m.*, -euse, *f.*, litigant.
Plaideurs, Les, comedy by
Racine.
plaidoirie, *f.*, pleading; entendre les —s, to hear the
trial, argument.
plaignant, *m.*, -e, *f.*, plaintiff.
plaindre, to pity; se —, to
complain.
plaine, *f.*, plain.
plaint, *see* plaindre.
plainte, *f.*, complaint, wailing;
porter —, to lodge a com-
plaint.
plaire, to please; se — à, to
be happy in; s'il vous plaît,
if you please; à Dieu ne
plaise! God forbid! vous
plaît-il? may it be your
pleasure to? plaît-il? what
is it? plût à Dieu! would
to Heaven!
plaisant, -e, pleasant, pleasing,
laughable, amusing.
plaisanter, to jest, trifle, joke.
plaisanterie, *f.*, joke, pleas-
antry, practical joke, mockery.

plaisir, *m.*, pleasure, diversion, sport, kindness; faire — à, to give pleasure to.

plan, *m.*, plan, scheme.

plancher, *m.*, floor, ceiling.

planer, to soar, hover, look down upon.

planter, to plant.

plat, -te, flat, level.

platitude, *f.*, flatness, vapidness.

Plaute, Latin comic author.

plein, -e, full; en —, in the midst of; — jour, full daylight.

pleurard, *m.*, whimperer.

pleurer, to cry, weep, mourn.

plier, to bend, bow, fold.

plonger, to plunge.

pluie, *f.*, rain.

plume, *f.*, feather, pen.

plupart, most, the greatest part of, for the most part.

plus, more, the most, above, any more; en —, beside; — tard, later.

plusieurs, several, many.

plut, *see* plaire.

plutôt, rather, sooner.

Plutus, comedy by Aristophanes.

poche, *f.*, pocket.

poème, *m.*, poem.

poésie, *f.*, poetry.

poète, *m.*, poet.

poétique, poetical.

poing, *m.*, fist.

point, no, not.

point, *m.*, stitch, point, speck, dot; au dernier —, to the last degree; — de vue, point of view; au — de mourir, at death's door; à —, to the point, to a turn.

pointe, *f.*, point, tip, head; — du pied, toes.

pointu, -e, pointed, captious.

poison, *m.*, poison.

poitrine, *f.*, chest, breast.

poli, -e, polite, polished.

policier, *m.*, police agent; mi —, half detective.

poliment, politely.

polir, to polish.

polissonnerie, *f.*, naughtiness, trickiness.

politesse, *f.*, politeness.

politique, *m.*, politician; mi —, one who dabbles in politics; politics.

politique, political.

pompe, *f.*, magnificence, pomp.

pompeux, -euse, pompous.

pondre, to lay eggs.

populace, *f.*, mob, rabble.

Poquelin, Jean, called · Molière, dramatic author (1622–1673).

portant, -e; bien —, to be well.

porte, *f.*, door; mettre à la —, to turn out; — voix, spokesman.

Porte, la, Turkey.

portée, within reach, hearing,

call, range, sight; **à — de**, near by.

porter, to carry, bear, convey, take, bring, wear; **tous les mots portèrent**, all the allusions were understood; **coup qui porte**, a telling blow; **coups portés**, thrusts; **se bien —**, to be well.

portier, *m.*, porter.

portrait, *m.*, portrait, likeness.

poser, to sit, lay, set before, place, put down; **— pour son portrait**, to sit for one's portrait.

positif, -ive, positive.

position, *f.*, position, station in life.

posséder, to possess, own, hold.

possession, *f.*, possession, ownership.

possible, possible, possibility.

poste, *m.*, post, posthouse, stage, post office.

poste, *m.*, guardhouse, guard, station, position.

postérité, *f.*, posterity, children.

potage, *m.*, soup.

potence, *f.*, gibbet, gallows.

poudre, *f.*, powder.

poudrer, to powder.

poule, *f.*, hen, fowl.

poulet, *m.*, chicken.

pour, for, on account of, to, as for; **— que**, that, so that, in order that; **— que vous**

sachiez, so that you may know.

pourquoi, why, wherefore, what for, why so, therefore, for which reason.

pourrai, *see* **pouvoir**.

pourrait, *see* **pouvoir**.

poursuit, *see* **poursuivre**.

poursuite, *f.*, pursuit.

poursuivre, to pursue, follow, persecute, annoy.

pourtant, however, yet, still, nevertheless, meanwhile.

pourvoir, to provide, supply with.

pourvu que, provided that.

pousser, to push, thrust, spurn; **—à bout**, to drive to despair.

pouvoir, to be able, may be; **on peut le voir tous les jours**, he is to be seen every day; **puis-je le faire?** may I do it? **puisse-t-il arriver bientôt,** may he be here soon.

pouvoir, *m.*, power.

pratique, *f.*, practice, way, method, experience.

pratique, practical, matter of fact.

pratiquer, to practice, associate with, make; **comme cela se pratique**, as is the custom.

pré, *m.*, meadow.

précaire, precarious, uncertain.

précaution, *f.*, precaution, caution, wariness.

Pr**écaution inutile**, title of a song.

pr**écédent, -e**, preceding, by-gone.

pr**écéder**, to precede, go before ; pr**écédé de**, preceded by.

pr**écepteur**, *m.*, tutor, teacher.

pr**êcher**, to preach.

pr**écieuse**, *f.*, affected lady.

Pr**écieuses ridicules**, les, comedy by Molière.

pr**écieux, -euse**, precious, valuable, æsthetic.

pr**éciosité**, *f.*, affectedness, over-refinement.

pr**écisement**, precisely.

pr**édire**, to foretell, forewarn.

pr**éférable**, preferable, more eligible than.

pr**éférence**, *f.*, preference, liking.

pr**éférer**, to prefer, choose one rather than the other.

premier, -**ère**, first, former, foremost.

premi**ère**, *f.* (*représentation*), first representation.

premi**èrement**, first, firstly.

prendre, to take, snatch, take hold of, capture ; se — **à**, old form of s'en — **à**, to accuse, attack ; elle se prend **à** ses propres filets, she is caught in her own nets ; — mal une chose, to take a thing amiss ; se laisser —, to be taken in.

pr**éoccupation**, *f.*, preoccupation, anxiety.

pr**éoccuper**, to preoccupy.

pr**éparer**, to prepare, dispose, make ready, pave the way.

pr**ès**, near, close by ; — de, close by ; à peu —, about.

prescrire, to prescribe, bid, forbid.

pr**ésence**, *f.*, presence.

pr**ésent, -e**, present.

pr**ésent**, *m.*, gift.

pr**ésent**, *m.*, present; à —, now ; jusqu'à —, up to this time ; pour le —, for the time being ; quant à —, as to now.

pr**ésenter**, to present; faire —, to have introduced to some one.

pr**éserver**, to preserve, keep.

pr**ésider**, to preside over.

presque, almost, nearly, scarcely.

pressant, -e, pressing, urgent, earnest, in a hurry.

pressentir, to have presentiment of, forebode.

presser, to squeeze, crowd, press.

pressurer, to press, grind down.

pr**ésumer**, to presume.

pr**êt**, *m.*, loan.

pr**êt, -e**, ready, prepared.

pr**étendre**, to pretend, claim.

pr**étendu, -e**, so-called, sham, fictitious.

pr**étendu, -e**, intended.

prétentieux, -euse, conceited, pretentious.

prétention, *f.*, pretension, claim, fatuity.

prêter, to lend, ascribe to; — les mains (*id.*), to give help.

prétexte, *m.*, pretext, pretense.

preuve, *f.*, proof, token, testimony.

prévaloir, to prevail, obtain.

prévenir, to warn, forestall, ward off, prevent, bias.

prévention, *f.*, prepossession, prejudice.

prévoir, to foresee.

prévôt, *m.*, provost.

prévoyance, *f.*, foresight.

prévoyant, -e, prudent, shrewd.

prévu, -e, *see* prevoir.

prier, to pray; je vous prie, I ask of you.

prière, *f.*, prayer.

prince, *m.*, prince.

princesse, *f.*, princess.

principal, -e, principal, essential.

principe, *m.*, principle.

pris, -e, *see* prendre.

prise, *f.*, capture, prize; donner — (*id.*), giving reason for believing; mettre aux —s, to bring on a contest between.

priser, to value, appraise.

prison, *f.*, prison.

prisonnier,*m.*, -ère, *f.*, prisoner.

prit, *see* prendre.

privation, *f.*, privation, want.

privé, -e, private; vie —e, private life; l'homme —, private individual.

priver, to deprive, bereave of, debar from.

privilège, *m.*, privilege, license.

prix, *m.*, price, cost, value; à tout —, at any cost.

probable, probable, likely.

probablement, probably, in all likelihood.

probité, *f.*, integrity, honesty.

problématique, problematical.

problème, *m.*, problem.

procédé, proceeding, behavior, process.

procès, *m.*, trial, lawsuit.

prochain, -e, next, nearest, coming, near, early.

prochain, *m.*, neighbor, fellow-being.

prochainement, shortly, soon.

proclamer, to proclaim.

procureur, *m.*, attorney, proxy, purveyor.

prodige, *m.*, wonder.

prodigieux, -euse, prodigious, tremendous.

prodiguer, to be lavish of, waste.

production, *f.* (*law*), production of documents.

produire, to produce.

produit, -e, *see* produire.

professeur, *m*, professor, teacher.

profession, *f.*, profession, pursuit, calling; faire — d'être, profess to be.

profil, *m.*, profile.

profit, *m.*, benefit, use.

profitable, profitable.

profiter, to profit, avail one's self of.

profond, -e, deep, low, profound, consummate, sound.

profondément, profoundly, deeply.

progrès, *m.*, progress, improvement.

proie, *f.*, prey.

projet, *m.*, project, design, purpose.

projeter, to contemplate, propose, scheme, cast forward.

prologue, *m.*, prologue.

prolonger, to prolong, lengthen.

promenade, *f.*, walk, stroll, walking.

promener, to take about, take out walking; se —, to walk, drive; — à cheval, horseback riding.

promesse, *f.*, promise.

promettre, to promise.

promis, -e, *see* promettre.

prompt, -e, prompt, sudden, quick.

promptement, promptly.

prononcer, to pronounce, utter, mention; se —, to declare one's self; se — sur, to give one's opinion on.

propos, *m.*, purpose, discourse, remark, gossip; à —, by the way, in the nick of time; — mielleux, honeyed words.

proposer, to propose, purpose, proffer.

propre, own, very, selfsame, peculiar, proper, appropriate, clean; — caractère, individual character; — à, fit for.

propriété, *f.*, property, ownership, estate.

prose, *f.*, prose.

prospère, prosperous.

prospérer, to prosper, thrive.

prosterner (se), to prostrate one's self, fall down.

protecteur, *m.*, -trice, *f.*, protector.

protection, *f.*, protection, shelter.

protéger, to protect.

protestation, *f.*, protestation, protest.

protester, to protest.

prouesse, *f.*, prowess, exploit.

prouver, to prove, make good, substantiate.

province, *f.*, province.

provision, *f.*, provision, supply.

provoquer, to provoke, elicit, call forth.

prude, prudish, demure.

prude, *f.*, prude.

prudence, *f.*, prudence, discretion.

prudent, -e, prudent, discreet.

pruderie, *f.*, prudery.

pu, -e, *see* **pouvoir.**

public, -que, public, notorious.

public, *m.,* the public.

publier, to publish.

puis, then, next, afterwards, besides.

puiser, to draw from, fetch.

puisque, since, as.

puissance, *f.,* power, might; **toute** —, supreme power.

puissant, -e, powerful, mighty, potent.

puissions-(nous), *see* **pouvoir.**

punir, to punish.

pupille, *f.,* ward, pupil.

pupitre, *m.,* desk, music stand.

pur, -e, pure, simple, unalloyed, genuine, spotless.

purger, to purge, cleanse, clean.

puriste, *m.,* purist.

put, *see* **pouvoir.**

Q

qualité, *f.,* quality; **une personne de** —, a well-born person.

quand, when; **depuis** —, how long is it since?

quand, though, even; — **même,** even though; **le faire** — **même,** to do it in spite of.

quant, — **à,** as for, as to, with respect to; — **à moi,** for my part.

quantité, *f.,* quantity.

quarante, *m.,* forty.

quart, *m.,* quarter.

quartier, *m.,* quarter, ward, district.

quatorze, *m.,* fourteen.

quatrain, *m.,* quatrain.

quatre, *m.,* four; — **heures,** four o'clock.

quatrième, *m.,* fourth.

que, whom, that, which, what, on which; **vous ne pouvez pas** — **vous n'ayez raison** (*old French*), you are doubtless right.

que, how, how much, wherefore; **qu'il fait froid,** how cold it is; — **n'est-il ici ?** why is he not here?

quel, -le, what, who; — **orateur !** what a great orator ! — **est cet homme ?** who is that man? — **que soit,** whoever, whatsoever.

quelconque, whatever, any, any kind.

quelque, *adj.,* some, any, a few; — **chose,** something.

quelque, *adv.,* however, howsoever; — **content qu'il soit,** however well pleased he may be; — **peu,** somewhat.

quelquefois, sometimes.

querelle, *f.,* quarrel, strife; **se prendre de** —, to quarrel.

quereller, to quarrel; **se** —, to wrangle, fall out.

quérir, to fetch; **envoyer** —, to send for.

question, *f.,* question; **donner la** —, to torture.

qui, who, that, whom; **celui —**, he that; **— que ce** soit, whoever; **— plus est,** what is more.

quiconque, whoever, whatsoever.

quinze, fifteen.

quiproquo, *m.*, cross purposes.

quitter, to leave, quit, part from, swerve from; **se —**, to part from each other.

quoi, which, what; **— que**, whatever.

quoi ! what ! how ! **— donc !** what then !

R

Rabelais, French writer of the sixteenth century.

Racine, dramatic poet of the seventeenth century.

raconter, to tell, relate, recite.

radieux, -euse, beaming, radiant.

raffiné, -e, refined, delicate, highly cultivated.

raffiné, *m.*, -e, *f.*, a refined person, dandy, fop.

raffoler, to dote; **en —**, to be wild over.

rage, *f.*, madness, violent pain, fury.

railler, to banter, mock, scoff at, gibe.

raison, *f.*, reason, sense, satisfaction, proof; **mettre à**

la **—**, to bring to his senses; **il a —**, he is right.

raisonnable, reasonable, rational.

raisonner, to reason, argue.

rajeunir, to grow young, revive; **se —**, to take from one's age.

ramage, *m.*, warbling, singing, crowing.

ramasser, to gather up, pick up, concentrate.

rameau, *m.*, bough, branch.

ramener, to bring back, take back.

rancune, *f.*, spite, ill-will, rancor.

rang, *m.*, rank, row, range, tier, order.

rapide, rapid.

rapidement, rapidly, swiftly.

rapidité, *f.*, rapidity, swiftness.

rappeler, to call again, recall, bring back, think of; **se —**, to remember, bear in mind.

rapport, *m.*, revenue, income, report; **par — à,** in relation to.

rapporter, to bring back, bring home, yield, tell tales.

raquette, *f.*, racket.

rare, rare, unusual, scanty.

rarement, seldom, rarely.

raser, to shave.

rasoir, *m.*, razor.

rassembler, to assemble, gather together.

rasseoir, to reseat, replace, settle, reassure.

rassis, -e, see rasseoir.

rassurer, to reassure, tranquilize.

rattacher, to fasten up again, link together.

ravir, to ravish, carry off, rob, delight.

ravisseur, m., ravisher.

rayer, scratch, scratch out; rayez cela de vos papiers (id.), do not count on that.

rayon, m., beam, ray.

réaliser, to realize.

réalisme, m., realism.

réaliste, m., realist.

réalité, f., reality; en —, truly.

rebrousser, to turn back.

récent, -e, recent, fresh, late.

recevoir, to receive, accept, welcome.

recherche, f., quest, search, pursuit.

rechercher, to seek, look again for, investigate.

récit, m., recital, story, narration.

réclame, f., advertisement, puff.

réclamer, to intreat, claim.

recommencer, to begin again.

reconnaissance, f., recognition, examination, acknowledgment, gratitude.

reconnaître, to recognize, know again, discover, acknowledge, explore.

reconnu, -e, see reconnaître.

recouvrir, to recover, cover over.

reçu, -e, see recevoir.

reculer, to move back, retreat.

redevenir, to become again.

redoubler, to redouble, renew.

redouter, to dread, fear.

redresser, to straighten, hold up.

réduire, reduce, bring down, grind, bring under.

réduit, -e, see réduire.

réel, -le, real, actual.

réellement, really, actually.

refaire, to make over, do again.

refait, -e, see refaire.

refarder (obs.), used for dire.

réfléchir, to reflect, think, weigh.

refléter, to reflect.

réflexion, f., reflection, meditation.

réformateur, m., reformer.

refuge, m., refuge.

refus, m., refusal, denial.

refuser, to refuse, deny.

regagner, to recover, regain, win back.

regard, m., look, glance, scowl, glare; à mes —s (id.), to my mind.

regarder, to look, look at, consider; cela ne vous regarde pas (id.), that is none of your business.

Régent, the duc d'Orleans, who was regent of France during the minority of Louis XV.

régiment, *m.,* regiment.

règle, *f.,* rule, ruler, regularity, order.

Regnard, dramatic writer of the seventeenth and eighteenth centuries.

règne, *m.,* reign, sway.

régner, to reign, rule.

regret, *m.,* regret, repining.

regretter, to regret.

régulier, -ère, regular.

réhabiliter, to rehabilitate.

rehausser, to raise, heighten, enhance.

reine, *f.,* queen.

rejoindre, to rejoin, overtake.

réjouir, to gladden, cheer.

réjouissant, -e, diverting.

relâche, *f.,* respite, intermission; **sans —,** unceasing.

relâcher, to slacken, loosen, release.

relativement, relatively, in reference to.

relevé, -e, high, exalted.

relever, to raise up, set up again, lift up; **se —,** to stand up.

relief, *m.,* relief, luster, consideration.

religieux, -euse, religious.

relire, to read again.

remarquable, remarkable.

remarquer, to remark, observe, take notice of.

remède, *m.,* remedy, cure.

remercier, to thank, decline, desire to be excused.

remerciement, thanks, thank you.

remettre, to put back, put down.

Rémi, personage of *Les Fausses Confidences,* comedy by Marivaux.

remis, -e, *see* **remettre.**

remonter, to wind up, get up again.

remords, *m.,* remorse.

rempart, *m.,* rampart, bulwark.

remplacer, to replace, supersede, substitute.

rempli, -e, *see* **remplir.**

remplir, to fill, stock, crowd; **notre sort** (*id.*), fulfill our destiny.

remporter, to carry back, carry away; **— une victoire,** to gain a victory.

remuer, to move, stir, shake.

renard, *m.,* fox.

rencontre, *f.,* meeting, shock, encounter.

rencontrer, to meet, encounter, fall in with.

rendez-vous, *m.,* appointment, place of meeting.

rendit, *see* **rendre.**

rendre, to render, return, convey, yield up, surrender;

rends-toi! yield! — digne, to make worthy of; je ne me suis pas rendu, I have not given up.

rendu, -e, see rendre.

renfermer, to shut up, confine.

renfort, m., reënforcement, help; — de potage (id.), superaddition.

renommé, -e, renowned, famous.

renoncer, to renounce, give up.

renouer, to knot again, put together.

renouveler, to renew, revive.

renseignement, m., information, reference.

rente, f., income, funds, annulty.

rentrer, to reënter, go home, return.

renverser, to throw, overthrow, upset.

renvoyer, to send back, return, dismiss.

répandre, to spread, pour out, spill. ·

répandu, -e, see répandre.

réparer, to repair, restore, retrieve.

repartie, f., repartee, retort, reply.

repas, m., repast, meal.

répéter, to repeat, tell, say again, rehearse.

répétition, f., repetition, rehearsal.

réplique, f., reply, rejoinder.

répliquer, to answer, reply.

repolir, to polish again, retouch, correct.

répondit, see répondre.

répondre, to answer, reply, write back.

répondu, -e, see répondre.

réponse, f., answer.

repos, m., rest.

reposer, to rest, lay down again, lie down.

repoussant, -e, repulsive, forbidding.

reprendre, to take again, resume, admonish.

représentation, f., representation, display; première —, first representation of a play.

représenter, to present again, produce, argue.

réprimer, to repress, curb.

repris, -e, see reprendre.

reprise, f., resumption, renewal, refrain.

reprit, see reprendre.

reproche, m., reproach, objection.

reprocher (à), to upbraid, reproach.

république, f., republic, commonwealth.

répugnance, f., repugnance, dislike.

réputation, f., repute, reputation.

réputer, to repute, hold, deal; réputé pour homme de bien, held to be an honest man.

requérir, to request, call upon.

requête, f., petition.

réseau, m., network, net, tracery.

réserver, to reserve, keep back.

résister (à), to resist, withstand.

résolu, -e, see résoudre.

résolution, f., resolution.

résoudre, to resolve, solve.

respect, m., respect, regard.

respectable, respectable.

respecter, to respect.

respectueux, -euse, respectful.

respirer, to breathe.

responsable, responsible.

ressaisir, to snatch again.

ressemblance, f., likeness, similarity.

ressemblant, -e, like, resembling.

ressembler, to be like, resemble.

ressentir, to feel, resent.

ressource, resource, expedient.

ressouvenir, m., recollection, remembrance.

ressouvenir (se), to recollect, bear in mind.

ressusciter, to revive, call back to life.

restant, m., remnant.

reste, m., remainder, remnant; au —, du —, besides, withal.

rester, to remain, be left, dwell, live in.

résultat, m., result.

retard, m., delay.

retardement, m. (old French), delay.

retarder, to retard, delay, be slow.

retenir, to hold, withhold, retain.

retentissant, -e, resounding, echoing.

retirer, to draw again, withdraw, pull back, retract, remove, take out.

retors, twisted, crafty, artful.

retour, m., return, coming back.

retourner, to return, turn back, revert.

retrouver, to find again, meet, recognize.

réunion, f., reunion, assembly, party.

réunir, to reunite, rejoin.

réussi, -e, see réussir.

réussir, to succeed, prosper.

réussit, see réussir.

revanche, f., revenge, turn; en —, in return; prendre sa —, to have one's turn, retaliate.

rêve, m., dream.

réveiller, to awaken, arouse.

révéler, to reveal, disclose.

revenir, to come back, return.

revenu, -e, see revenir.

rêver, to dream.

révérence, f., low bow, reverence, courtesy.

rêverie, f., reverie, musing.

revêtir, to clothe, dress, buckle on, don.
revêtu, -e, see revêtir.
rêveur, -euse, dreaming, thoughtful.
rêveur, m., -euse, f., dreamer.
revoir, to see again, behold, review.
révoltant, -e, revolting, shocking.
révolte, f., revolt, rebellion, mutiny.
révolter, to revolt, stir up, shock.
révolution, f., revolution.
ri, see rire.
riant, -e, smiling, laughing, pleasing.
riche, rich, wealthy, plentiful.
richesse, f., wealth.
rideau, m., curtain, screen.
ridicule, ridiculous.
ridicule, m., ridicule, folly; les —s des gens, people's weaknesses.
ridiculiser, to ridicule, laugh at.
rien, nothing, not anything, nought.
rieur, m., -euse, f., merry person, joker, quiz.
rigoriste, m., puritan, rigid, strict person.
rigoureux, -euse, rigorous, strict, severe.
rime, f., rhyme.
riposter, to reply, retort.
rire, to laugh; se mettre à —, to burst into laughter.

ris, m. (old French), laugh.
rit, see rire; se — de, mocks at.
rival, -e, rival.
robe, f., dress, gown; — de chambre, dressing gown.
rôder, to prowl, roam.
rogner, to cut, pare, clip.
roi, m., king.
rôle, m., rôle, character, part.
Romain, -e, Roman.
roman, m., novel, romance.
romance, f., romance, ballad, song.
romanesque, romantic.
rompre, to break, break asunder.
rompu, -e, see rompre.
rond, -e, round.
rondelet, -te, plump.
Ronsard, French poet of the sixteenth century.
rosé, -e, roseate.
Rosine, personage in the Barbier de Séville, comedy by Beaumarchais.
rôt, m., roast, joint.
rouerie, f., trick, cunning.
route, f., route, road, way.
rouge, red, cosmetic.
rougi, -e, see rougir.
rougir, to blush, redden.
rougissant, -e, blushing, reddening.
rouler, to roll, roll along, rattle.
routine, f., routine, practice.
royal, -e, royal.

royaume, *m.*, kingdom.
ruban, *m.*, ribbon.
rude, rough, hard, harsh.
rue, *f.*, street.
ruer, to hurl, kick.
ruine, *f.*, ruin.
ruineux, -euse, ruinous.
ruminer, to ruminate.
ruse, *f.*, cunning, double dealing, artifice.
rusé, -e, sly, cunning.
ruser, to use craft, dodge.

S

sa, son, his, her, its, one's.
sacré, -e, sacred, cursed, confounded.
sacrifier, to sacrifice, devote.
sage, wise, sensible, steady, discreet.
sage, *m.*, wise man.
saigner, to bleed, draw money from.
sain, -e, healthy, sound.
saint, -e, saint, holy.
Saint Denis (rue), street in Paris.
Sainte-Beuve, French critic of the nineteenth century.
Saint Gabriel, Saint Gabriel.
Saint Michel, Saint Michael.
saisi, -e, *see* saisir.
saisir, to lay hold of, snatch; elle est saisie, she is overcome.
saisit, *see* saisir.
sait, *see* savoir.

salaam, *m.*, salute, low bow.
salaire, *m.*, salary, hire, pay, reward.
salamalec, *m.*, low bow.
sale, dirty.
salle, *f.*, room, hall; — de festin, banqueting hall.
salon, *m.*, drawing-room.
saluer, to salute, greet.
sang, *m.*, blood.
sans, without, but, for; — gêne, free and easy.
Santa Barbara, Italian for Saint Barbara.
santé, *f.*, health, constitution.
satiété, *f.*, satiety.
satire, *f.*, satire.
satirique, satirical.
satisfaction, *f.*, satisfaction, indulgence.
satisfaire, to satisfy, gratify.
satisfait, -e, *see* satisfaire.
sauf, excepting, save.
sauf, -ve, safe; l'honneur est —, honor is safe, intact.
saurait, *see* savoir; on ne — les soupçonner, one could never suspect them; ne —, would be incapable of.
sauriez, *see* savoir; vous ne — m'aimer, you could not love me.
saut, *m.*, leap, jump.
sauter, to jump, leap, hop; — au cou, to embrace.
sauver, to save, deliver.
sauvez, *see* sauver; — vous, run away.

sauvons, *see* sauver; — nous, let us run away.

savant, -e, learned, well-informed.

savant, *m.*, -e, *f.*, scholar.

savoir, to know, be conscious of.

savoir-faire, *m.*, skill.

savonner, to soap, lather.

savoureux, -euse, savory, nice tasting.

scandale, *m.*, scandal, exposure, noise.

scandaleux, -euse, scandalous, disgraceful.

scandaliser, to scandalize, shock.

scélérat, -e, villainous, rascally.

scène, *f.*, scene, stage; mettre en —, to put on the stage.

sceptique, skeptical.

sceptique, *m.*, skeptic.

science, *f.*, science, knowledge.

scientifique, scientific.

scintiller, to sparkle, scintillate.

scrupule, *m.*, scruple.

scrupuleux, -euse, scrupulous.

sculpture, *f.*, sculpture.

se, himself, herself, one's self.

séance, *f.*, meeting, sitting.

sec, sèche, dry, unfeeling.

sécher, to dry.

second, -e, second.

seconde, *f.*, second, moment.

secourir, to help, relieve.

secours, *m.*, help, succor; au — help!

secret, -ète, secret, secretive.

secret, *m.*, secret.

secrétaire, *m.*, secretary, desk.

Sedaine, French dramatic author of the eighteenth century.

séduction, *f.*, seduction, allurement.

séduire, to seduce.

séduisant, -e, seductive, enticing, tempting, winning.

séduit, *see* séduire.

seigneur, *m.*, lord; grand —, nobleman.

séjour, *m.*, stay, abode.

selle, *f.*, saddle.

selon, according to, agreeably to; — que, according as.

semaine, *f.*, week.

semblable, like, similar, alike.

semblable, *m.*, fellow-creature.

semblant, seeming, appearance, show; faire — de rien, to make no sign.

sembler, to seem, appear, think.

semer, to sow, strew.

sens, *m.*, sense, meaning, purport, opinion; bon —, common sense; contre —, without reason, contradictory; les —, the senses.

sensé, -e, sensible, judicious; il est — faire, he is supposed to do.

sensible, sensible, sensitive, sore; vous êtes — à son amour, you return his love; kind, good-hearted.

senti, -e, *see* sentir.
sentiment, *m.*, sentiment, sensation, feeling.
sentimental, -e, sentimental.
sentir, to feel, be conscious of, foresee, smell.
séparation, *f.*, parting, separation.
séparer, to separate, part, divide.
sept, *m.*, seven.
sera, *see* être.
serein, -e, serene, benign, placid.
sérénade, *f.*, serenade.
sérieusement, seriously.
sérieux, -euse, serious, grave, thoughtful.
serment, *m.*, oath, protestation.
serpent, *m.*, serpent.
serpenteau, *m.*, small serpent, serpentwise.
serrer, to tighten, put away.
sert, *see* serrer.
servante, *f.*, servant, maid.
service, *m.*, service.
servir, to serve, attend.
serviteur, *m.*, servant, attendant.
seuil, *m.*, threshold.
seul, -e, alone, sole, only; — à —, two persons alone together.
seulement, solely, merely, only, but.
sévère, severe, stern.
sévèrement, severely.

Séville, town in Spain.
sexe, *m.*, sex.
Sganarelle, personage in several of Molière's plays.
Shakspeare, English dramatic author of the sixteenth century.
si, if, whether, what if, yet, however, yes, so, so very.
siècle, *m.*, century.
sied; il vous — bien, it suits you well.
siège, *m.*, seat, chair.
sien, -ne (le, la), siens, siennes (lés), his, his own, her, her own, its own, of his, of hers; mes livres et les —, my books and his.
signal, *m.*, signal.
signaler, to give the description of, mark out.
signature, *f.*, signature.
signe, *m.*, sign, nod, beckoning.
signer, to sign.
signifier, to signify, mean, import.
Signora, Italian for Madam, Lady.
silence, *m.*, silence, stillness.
Silvia, personage of *Le Jeu de l'amour et du hasard*, comedy by Marivaux.
simple, simple, mere.
simplement, simply, merely.
simplicité, *f.*, simplicity, simpleness.
simuler, to feign, simulate.
sincère, sincere.

sincèrement, sincerely.
sincérité, *f.*, sincerity.
singer, to mimic (like a monkey).
singulier, -ère, singular, peculiar, queer, single.
singulièrement, singularly, more especially.
sinistre, sinister, ominous.
sinon, otherwise, or else.
Sire, sire, Majesty.
site, *m.*, site.
sitôt, as soon, in a hurry.
situation, *f.*, situation.
situer, to place.
six, six.
sobrieté, *f.*, sobriety.
social, -e, social.
société, *f.*, society.
sœur, *f.*, sister.
soi, — -même, one's self, himself, herself, itself, self; à part —, within one's self; de —, of· itself; — disant, pretense; ne penser qu'à —, to think only of self.
soie, *f.*, silk.
soif, *f.*, thirst.
soigner, to take care of, look after, nurse, attend to.
soin, *m.*, care, attention; recevoir des —s, to receive attentions, care.
soir, *m.*, evening; un beau —, some fine evening.
soit, *see* être.
soixante, *m.*, sixty.

soldat, *m.*, soldier.
soleil, *m.*, sun, sunshine.
solide, solid, strong.
solitaire, solitary, lonesome.
solitude, *f.*, solitude.
sollicitude, *f.*, solicitude, care.
sombre, dark, somber, gloomy, dismal.
sombrer, to founder, capsize, drown, go down.
sommaire, summary, abstract.
somme, *f.*, sum, burden; en — (*id.*), after all; — toute, taking it all in all.
sommeil, *m.*, sleep.
somptueux, -euse, sumptuous.
son, sa, ses, his, hers, its, one's.
son, *m.*, sound, strain, blast.
sonder, to sound, probe, fathom.
songer, to dream, muse, think.
sonner, to sound, ring.
sonnet, *m.*, sonnet.
sonore, sonorous, ringing.
sont, *see* être.
sors, *see* sortir.
sort, *m.*, fate, lot, condition, spell, charm.
sorte, *f.*, kind, sort, species; toutes —s, all kinds of; d'autre —, otherwise.
sorti, -e, *see* sortir.
sortir, to go out, leave, issue, get away.
sot, -te, foolish, silly, senseless.
sot, *m.*, fool; —s, men who acted in the soties.

sotie, *f.*, popular play during the Middle Ages in France, farce.

sottement, foolishly, sillily.

sottise, *f.*, foolishness, silliness, folly; —s, insults, names.

sou, *m.*, penny.

soubrette, *f.*, lady's maid.

souci, *m.*, care, anxiety, solicitude; prenez —, have a care.

soucier, to disturb, trouble; se —, to be concerned with.

soucieux, -euse, anxious, full of care.

soudain, -e, sudden, unexpected.

soufflant, -e, blowing, panting.

souffle, *m.*, breath, breathing.

soufflet, *m.*, pair of blowers, bellows, slap, buffet, box on the ear.

souffrance, *f.*, suffering, pain.

souffrant, -e, ailing, unwell, in pain.

souffrir, to suffer, be in pain, tolerate, permit.

souhait, *m.*, wish, desire.

souhaitable, desirable.

souhaiter, to wish.

soulagement, *m.*, solace, relief.

soulager, to relieve, ease, lighten.

soulever, to raise, lift up, stir up.

soumettre, to subdue, subject, submit, lay before.

soumis, -e, *see* soumettre.

soumission, *f.*, submission, yielding, obedience.

soupçon, *m.*, suspicion, distrust.

soupçonner, to suspect, surmise, think.

souper, to sup.

souper, *m.*, supper.

soupir, *m.*, sigh.

soupirant, *m.*, suitor, wooer.

soupirer, to sigh, gasp.

souple, supple, pliant.

souplesse, *f.*, suppleness, pliancy.

source, *f.*, spring, source.

sourd, -e, deaf.

souriant, -e, smiling.

sourire, to smile.

sourire, *m.*, smile.

sous, under, beneath, below, on, upon, before, in.

soustraire, to subtract, take away, abstract; s'y —, to shirk, get out of something.

soutenir, to hold, support, sustain, prop.

soutenu, -e, *see* soutenir.

soutien, *m.*, support, prop, stay.

souvenir, se —, to call to mind, to recall.

souvenir, *m.*, recollection, memory, reminiscence.

souvent, often, frequently.

spécial, -e, special, particular.

spectacle, *m.*, spectacle, show, theater, play.

spectateur, *m.*, -rice, *f.*, spectator, looker-on.

spirituel, -le, spiritual, clever, witty, lively, intelligent.

spirituellement, spiritually, wittily.

splendide, splendid, glorious.

spontané, -e, spontaneous, voluntary.

st! st! pst! pst!

stérilité, *f.*, barrenness, sterility, scarcity.

stupide, stupid, dull.

style, *m.*, style.

styler, to endoctrinate, fashion.

subir, to undergo, suffer, endure.

subit, -e, sudden.

subitement, suddenly.

sublime, sublime.

sublime, *m.*, the sublime.

substituer, to substitute.

subtilité, *f.*, subtility.

succéder, to succeed, follow.

succès, *m.*, success.

succession, *f.*, succession, inheritance.

succomber, to sink, faint, succumb.

Suède, *f.*, Sweden.

suer, to sweat.

suffire, to suffice, be adequate.

suffisant, -e, enough, self-conceited, important and rather insolent.

suite, *f.*, the rest, retinue, followers, sequel, series, continuation; tout de —, at once.

suivant, *m.*, -e, *f.*, follower, maid.

suivi, -e, *see* suivre.

suivre, to follow, attend, go with, watch over.

sujet, *m.*, subject, cause, ground.

superbe, superb, magnificent, proud, arrogant.

superflu, -e, superfluous, needless.

superflu, *m.*, the unnecessary, superfluousness.

supérieur, -e, superior, higher, masterly.

supériorité, *f.*, superiority.

suppliant, *m.*, -e, *f.*, suppliant, supplicant.

supplice, *m.*, punishment, torture, suffering.

support, *m.*, support, rest, pillar.

supportable, supportable, bearable.

supporter, to support, prop, bear, endure.

supposer, to suppose, allege.

supprimer, to suppress, quell, leave out.

suprême, supreme, crowning.

sur, on, upon, over, above.

sûr, -e, sure, certain, steady, unerring, trusty; à coup —, upon sure ground, without doubt, surely.

surchaffé, -e, overheated.
surchauffer, to overheat.
sûrement, surely, to be sure, securely.
sureté, *f.*, security, safety.
surpasser, to surpass.
surprenant, -e, surprising, amazing.
surprendre, to surprise, detect, catch, overtake, overreach.
surprise, *f.*, surprise.
surtout, especially, above all, chiefly.
surveiller, to watch over, superintend, inspect.
suspendre, to suspend, hang up, lay over.
susse, sut, *see* savoir.
Suzanne, personage of the *Mariage de Figaro*, comedy by Beaumarchais.
Suzon, short for Suzanne.
svelte, slender, slim.
sympathique, sympathetic.

T

ta, *see* ton.
table, *f.*, table.
tableau, *m.*, picture.
tâche, *f.*, task, job.
tâcher, to endeavor, try, strive.
taille, *f.*, figure, size, waist, cutting.
tailleur, *m.*, tailor.
taire, to keep silence; taisez-vous, tais-toi, hold your tongue.

taise, *see* taire.
talent, *m.*, talent.
tandis, -que, while, whilst whereas.
tant, so much, such, so many, as well as, to such a degree, so long; — mieux, — pis, so much the better, so much the worse; en — que, in so far as; — s'en faut, far from it; si — est que, if it be true that.
tantôt, by and by, presently, a little while ago.
tapage, *m.*, racket, row, noise.
tapisser, to drape.
tapissier, *m.*, upholsterer.
tard, late; plus —, later.
tarder, to delay, loiter, be a long time.
Tartuffe, comedy by Molière.
tas, *m.*, heap.
tâter, to feel, taste, try.
tâtonner, to grope, feel one's way.
te, thee, thyself, you.
technique, technical, scientific.
teint, *m.*, dye, complexion, color, hue.
teinte, *f.*, tinge, hue, shade.
tel, -le, such, like, so, thus.
tel, -le, *ind. pron.*, such a one, so and so, a certain person.
tellement, so, in such a manner, so much.
témoigner, to witness, show, express, declare.

témoin, *m.*, witness, evidence, token, sign.

tempête, *m.*, storm, tempest.

temps, *m.*, time, while, season, age, weather, tense; beau —, fine weather; de son —, in his day; de tout —, always; à —, in time; en moins de — que, in less time than; de — en —, from time to time; quel — fait-il? how is the weather? alors que le — presse, when there is but a short time.

tendre, tender, soft, new.

tendre, stretch, strain, bend, spread, hang up.

tendresse, *f.*, tenderness, fondness.

tendu, -e, *see* tendre.

tenir, to hold, have, be master of, detain; ne peut se — de pleurer, can hardly keep from crying; tenez, asseyons-nous, listen, let us sit down.

tenter, to attempt, tempt.

tenu, -e, *see* tenir.

tenue, *f.*, deportment, bearing, appearance.

terme, *m.*, term, end.

terminer, to close, end, conclude.

terre, *f.*, earth, land, shore, soil; — à —, commonplace.

terreur, *f.*, terror, dismay, awe.

terrible, terrible, dreadful.

terriblement, terribly, awfully.

terriffier, to frighten, terrify.

tête, *f.*, head, top, mind, firmness; — à —, private conversation between two persons.

théâtre, *m.*, theater, stage, plays.

tic, *m.*, tic, nervous motion, habit.

tien (le), tienne (la), les tiennes, thine, thine own, yours, your own.

tiendra, *see* tenir.

tiens (les), your people, your race.

tiens! tenez! really now! bless me!

tient, *see* tenir, wishes to; à la fois — de — et de, derives equally from; — tête, fights without swerving; ce qu'en — cette belle, the faults of this beauty; — si bien son rôle, plays her part so well.

timbré, -e, "cracked," familiar for "mad."

timide, timid, faint-hearted.

timidement, timidly, bashfully.

tint, *see* tenir.

tirade, *f.*, tirade, long speech.

tirer, to pull, draw, lug, extract, tighten; s'en —, to escape, get out of a difficulty.

tireur, *m.*, marksman; — d'armes, fencing master.

titre, *m.*, title.

titré, -e, titled.

toi, thou, thee, you; — même, thyself, yourself.

toile, *f.*, linen, cloth, canvas; —s d'araignées, cobwebs.

Toinette, personage in the *Médecin malgré lui*, comedy by Molière.

tolérer, to tolerate, suffer.

tombe, *f.*, tomb, grave.

tomber, to fall, fall down, drop.

ton, ta, tes, thy, thine, your.

ton, *m.*, tone, tune, sound; bon —, good form.

torche, *f.*, torch, link.

tort, *m.*, wrong, fault, harm; j'ai eu —, I was wrong.

torturer, to torture.

tôt, soon, early, quickly; — ou tard, sooner or later; au plus —, as soon as possible; plus — que, sooner than.

touchant, -e, touching, moving.

toucher, to touch, feel, hit, offend, relate to; touchez là! give me your hand! — de près, to verge on.

toujours, always, ever, still, all the same, meanwhile, however, at least.

tour, *f.*, tower, castle.

tour, *m.*, turn, revolution, excursion, trick; — d'adresse, stratagem; legerdemain, — à —, one after the other, in turn.

tourment, *m.*, torment, pang, anguish.

tournant, *m.*, turn, turning.

tourner, to turn, turn round; le pied vous a tourné, you twisted your ankle; bien tourné, well expressed.

tournure, *f.*, shape, figure, appearance.

tout, toute, tous, toutes, all, whole, all the, every, any; — à fait, entirely.

tout, wholly, entirely, thoroughly, all; je suis — à vous, I am wholly yours; — en, while; — grand, quite; un —, a whole, a complete thing; — à coup suddenly; — à l'heure, presently; — à fait, quite.

toutefois, however, nevertheless.

trace, *f.*, track, trace, footstep.

tradition, *f.*, tradition.

traduction, *f.*, translation.

traduire, to translate, construe.

traduit, -e, *see* traduire.

tragique, tragical, tragic.

tragique, *m.*, tragic author, tragic.

trahi, -e, *see* trahir.

trahir, to betray, be false to.

trahison, *f.*, treachery, treason.

train, *m.*, pace, rate; — de vie, way of living.

trainée, *f.*, trail, track.

traîner, to draw, drag, haul, put off.

trait, *m.*, shaft, arrow, fling, stroke, feature, deed, flash, action.

traitant, *m.*, name given to financiers in the eighteenth century.

traité, *m.*, treaty, treatise.

traiter, to treat, use, deal, entertain.

traître, traîtresse, treacherous, false.

traître, *m.*, traitor.

trajet, *m.*, passage, way, journey.

tranquilliser, to quiet, soothe.

tranquillité, *f.*, tranquillity, stillness.

transformer, to transform, change.

transition, *f.*, transition.

transparent, -e, transparent, clear.

transport, *m.*, transport, conveyance, transfer.

transporter, to transport, remove, transfer.

travail, *m.*, work, trouble, toil, task.

travailler, to work.

travailleur, *m.*, -euse, *f.*, worker, laborer.

travers, *m.*, oddity, freak; à —, through.

traverser, to cross, go through.

tréfonds, *m.*, under soil, lowest depths.

treize, *m.*, thirteen.

tremblant, -e, trembling.

trembler, to tremble, shake, shiver.

tremper, to soak, drench; — dans un crime, to partake in a crime.

trente, *m.*, thirty.

trentième, *f.*, about thirty.

trépas, *m.*, death.

très, very, most, much.

tresaillir, to start, wince, bound, thrill.

trésor, *m.*, treasure, hoard, treasury.

trève, *f.*, truce; — de discours (*id.*), enough useless talking !

tribunal, *m.*, bench, tribunal.

tricher, to cheat.

Trigaudin, play by Montfleury.

triompher, to triumph, overcome.

triste, mournful, sad, melancholy.

tristesse, *f.*, sadness.

trois, *m.*, three; et de —! and there are three of them !

troisième, third.

trompe, *f.*, trumpet, horn.

tromper, to deceive, delude, outwit; se —, to be mistaken.

tromperie, *f.*, deceit, imposture.

trompeur, *m.*, deceiver.

trop, too much, too many, too far, too long, too well.

troquer, to exchange.

troquerait, *see* troquer.

trouble, *m.*, trouble, tumult, disturbance, emotion, uneasiness.

troubler, to disturb, trouble, flurry, disconcert.

troupe, *f.*, troop, band, crew, company of actors.

trousse, *f.*, razor case.

trouvaille, *f.*, finding, windfall, godsend.

trouver, to find, come across, hit upon.

trouvère, *m.*, troubadour, trouvere.

truchement, *m.*, spokesman, interpreter.

tu, thou, you.

tu, -e, *see* taire.

tuer, to kill.

Tuileries, palace and gardens in Paris.

tumulte, *m.*, tumult, uproar.

turc, -que, Turkish; a Turkish man and woman.

Turcaret, comedy by Lesage.

turquerie, *f.*, Turkish ways.

tutayer (*obsolete form of* tutoyer), to use the tu and toi.

tutelle, *f.*, tutelage, guardianship.

tuteur, -trice, guardian.

tutoyer, to use *thee* and *thou*, talk familiarly.

type, *m.*, type.

tyran, *m.*, tyrant.

tyrannie, *f.*, tyranny.

U

un, une, one; les uns et les autres, all of them, every one of them; ni l'— ni l'autre, neither.

uni, -e, united.

uniformité, *f.*, sameness.

union, *f.*, union, marriage.

unir, to unite, join together.

univers, *m.*, universe.

usage, *m.*, usage, custom, habit, use.

user, to use, employ, wear out; je n'en usais ainsi, I only acted thus (*id.*).; — en librement, to do as one likes.

usure, *f.*, usury, wear and tear.

utile, useful, serviceable, effective.

utilité, utility, usefulness, use.

V

va, *see* aller; qui — là? who goes there?

vague, vague, rambling.

vaguement, vaguely.

vaillance, *f.*, courage.

vaillant, -e, valiant, stalwart.

vain, -e, vain, ineffectual.

vaincre, to overcome, conquer, defeat.

vaincu, -e, *see* vaincre.

vainqueur, *m.*, conqueror, victor.

val, *m.*, vale, dale, glen, valley.

Valère, personage in *L'Avare* of Molière, and in *Le Joueur* of Regnard.

valet, *m.*, valet, footman; — de chambre du roi, gentleman of the king's household.

valeur, *f.*, value, worth; —s, stocks and bonds.

vallée, *f.*, valley. ·

valoir, to be worth; ne — plus rien, to be no longer of any use; — mieux, to be preferable; mieux vaut la mort que le déshonneur, better death than dishonor; autant vaut, it is quite as good; vaille que vaille, come what may; faire trop —, to overvalue; aspirer à se faire —, to aim at winning distinction.

vanité, *f.*, vanity, emptiness.

vanter, to praise, cry up.

vapeur, *f.*, vapor, steam; les —s, vapors.

variable, variable, uncertain.

variété, *f.*, variety.

vassal, *m.*, -e, *f.*, vassal, feudal retainer.

vaste, immense, vast, wide.

Vaudreuil, comte de, nobleman of the eighteenth century.

vaurien, *m.*, good-for-nothing fellow, scapegrace.

vaut, *see* valoir.

vautrer, to wallow.

Vauvenargues, writer of the eighteenth century.

vaux, *see* valoir.

vendre, to sell.

vendredi, *m.*, Friday.

vengeance, *f.*, vengeance, revenge.

venger (se), to be revenged, revenge one's self.

venir, to come, go; où voulez-vous en —? what are you driving at? (*id.*); se faire bien — (*id.*), to get into the good graces of.

ventre, *m.*, stomach, belly; à plat —, flat on the ground.

venu, -e, *see* venir.

verdissant, -e, springlike, fresh, wholesome.

vergogne, *f.*, shame; sans —, unblushing, shameless.

véritable, veritable, true, genuine, real.

véritablement, truly, in reality.

vérité, *f.*, truth; à la —, in very truth.

verrai, *see* voir.

verre, *m.*, glass.

vers, *m.*, verse.

vers, towards, to, about.

Versailles, town in France.

vert, -e, green.

vertu, *f.*, virtue.

Vert-Vert, poem by Gresset.

verve, *f.*, animation, spirit.

vêtement, *m.*, clothing, garment, clothes.

vétérinaire, veterinary.

vêtir, to clothe.

veuf, *m.*, -ve, *f.*, widower, widow.

veut, *see* vouloir; il en — à, he bears malice.

veux, *see* vouloir; je — bien, I am willing.

viande, *f.*, meat.

vibrer, to vibrate.

vice, *m.*, vice, defect, blemish.

victime, *f.*, victim.

victoire, *f.*, victory.

vide, empty, void, vacant.

vie, *f.*, life, living, livelihood.

vieil, vieux, vieille, old, aged, ancient.

vieillard, *m.*, old person.

vieillir, to grow old.

Vienne, capital of Austria; town in France; river in France.

viens, *see* venir; — ça, — come, come.

vient, *see* venir; il en — à, he comes to it.

vif, -ive, lively, living, quick, brisk.

vif, *m.*, the quick; piquer au —, stung to the quick; sur le —, taken from life.

vigueur, *f.*, vigor, strength.

ville, *f.*, town, city.

vin, *m.*, wine.

vingt, *m.*, twenty.

vint, *see* venir.

violence, *f.*, violence.

violent, -e, violent.

violon, *m.*, violin.

viril, -e, virile, manly.

visage, *m.*, face, countenance, aspect.

vision, *f.*, vision, sight, scene, dream.

visite, *f.*, visit; dont vous souffrez — (*id.*), whose visits you allow.

visse, *see* voir.

vit, *see* voir.

vit, *see* vure.

vite, quick, swift, speedy.

vitesse, *f.*, quickness, swiftness.

vivacité, *f.*, vivacity, animation.

vivant, -e, living, alive, lively.

vivat! hurrah!

vive! long live!

vivement, vividly, briskly, eagerly.

vivre, to live, subsist.

vocation, *f.*, vocation, calling.

vœu, *m.*, -x, *pl.*, promise, vow, wish.

voici, here, look here! behold; me —, here I am.

voie, *f.*, way, road, line.

voie, *see* voir.

voilà! behold! see! there now! now! there is, there are.

voir, to see, behold, perceive, examine, do.

voisin, *m.*, -e, *f.*, neighbor.

voit, *see* voir.

voix, *f.*, voice, vote.
vol, *m.*, flight, theft.
volaille, *f.*, poultry, fowls.
volant, -e, flying.
voler, to fly, rob, steal.
voleur, *m.*, -euse, *f.*, thief.
volonté, *f.*, will, caprice, whim.
volontiers, willingly, gladly, oftentimes. ,
Voltaire, French writer of the eighteenth century.
volupté, *f.*, voluptuousness.
votre, vos, *pl.*, your, thy.
vôtre (le, la), vôtres (les), yours, your own.
vôtre (le), vôtres (les), your own, your property, your family.
voudrait, *see* vouloir.
vouer, to devote, dedicate.
vouloir, to will, order, require, insist upon; — bien, to please; je ne veux pas, I will not; — du bien à quelqu'un, to wish well to some one; — bien, to be willing, consent to; — dire, to mean, signify; en —, to bear a grudge to; m'en voulez-vous encore? are you still angry with me? s'en —, to be angry with one's self.
voulu, -e, *see* vouloir.
vous, you, ye, to you, yours; chez —, at home, in your house.

voyager, to travel.
voyageur, *m.*, -euse, *f.*, traveler.
voyant, *see* voir.
voyelle, *f.*, vowel.
vrai, -e, true, genuine, truly; à — dire, truly, verily.
vraiment, indeed, truly, really, now!
vraisemblance, *f.*, probability, likelihood.
vu, -e, *see* voir; il est bien —, he has a good standing.
vue, *f.*, sight, eyesight; mes —s, my intentions; point de —, point of view; à perte de —, out of sight.

W

Watteau, French painter of the eighteenth century.

Y

y, *adv.*, there, hither, here, at home, within; je m'— attendais, I expected as much.
y, *pron.*, it, them, him, her.
yeux (*pl. of* œil), eyes.

Z

zèle, *m.*, zeal.
zélé, -e, earnest.

THESE French texts are, in the main, those which are read most by classes following the recommendations of the Modern Language Association.

ELEMENTARY

AMERICAN BOOK COMPANY
(S. 216)

FRENCH TEXTS

AMERICAN BOOK COMPANY
(S. 217)

A BRIEF FRENCH COURSE

$1.25

By ANTOINE MUZZARELLI, Officier d'Académie,
Professor of Modern Languages and Literature

THE Brief French Course is intended for all students who can give but one year to the study of French, as required by the leading colleges and universities, and also fully meets the demands of college instructors for a brief but comprehensive manual. The work combines clearness and simplicity with completeness and thoroughness. Good judgment has been exercised in selecting for treatment only the most essential rules of syntax and the most important principles of grammar. The essential rules of French and English syntax are contrasted in such a way as to bring out most clearly the great differences in the two languages.

¶ The exercises in reading and writing French are bright and breezy, and embody French as it is used to-day. They furnish abundant practice on the topics discussed, and give the student an intelligent understanding of the difficulties of syntax. Because of the interesting nature and great variety of their words and phrases, these exercises are unusually helpful and instructive. The appendix contains those rules of syntax that have been purposely omitted from the body of the work. It gives also a complete list of irregular verbs conjugated in all their tenses, moods, and persons. The book incorporates the new laws of syntax officially promulgated by the Minister of Public Instruction of the French Republic and approved by the Académie Française.

AMERICAN BOOK COMPANY

BOOKS ON FRENCH PROSE COMPOSITION

By VICTOR E. FRANÇOIS, Instructor in French,
College of the City of New York

Introductory French Prose Composition $0.25
Advanced French Prose Composition 80

THE INTRODUCTORY FRENCH PROSE COMPOSITION is designed for students with some knowledge of French grammar—that is, in the second year in the high school, or the second term in college, although it may be used satisfactorily earlier in the course. Part I presents a systematic review of the elements of French grammar by means of an original narrative, and Part II contains an adapted story. The progressive exercises in grammar, transposition, and translation, the general review, and the vocabulary are all arranged for interesting and effective work.

¶ The ADVANCED FRENCH PROSE COMPOSITION is intended for the third and fourth years in high schools, or for the second year in colleges, and may be used with any complete grammar. Each exercise in Part I includes the rules of grammar to be reviewed, a list of verbs with the required preposition, a portion of French text, work in transposition, questions to be asked the student, and an English passage for translation into French. For Part II the author has chosen an interesting subject, "A Stranger Visiting Paris," and has based upon it numerous French and English passages for translation, in this way imparting much valuable information about that city.

AMERICAN BOOK COMPANY

LF.C
H4348c

Author Healy, Edith

Title La comédie classique en France.

University of Toronto
Library

—

DO NOT
REMOVE
THE
CARD
FROM
THIS
POCKET

Acme Library Card Pocket
Under Pat. "Ref. Index File"
Made by LIBRARY BUREAU

Lightning Source UK Ltd.
Milton Keynes UK
UKHW011304220119
335965UK00012B/1398/P

9 780265 314265